O PACIENTE COMO SER HUMANO

Dados Internacionais de Catalogação na Publicação (CIP)
(Câmara Brasileira do Livro, SP, Brasil)

Remen, Naomi.
 O paciente como ser humano / Rachel Naomi Remen ; [tradução Denise Bolanho]. – São Paulo: Summus, 1993.

 ISBN 85-323-0418-4.

 1. Doentes – Psicologia 2. Médico e paciente I. Título.

93-1322   CDD-610.696

Índices para catálogo sistemático:
1. Médicos e pacientes   610.696
2. Relacionamento médico-paciente   610.696

Compre em lugar de fotocopiar.
Cada real que você dá por um livro recompensa seus autores
e os convida a produzir mais sobre o tema;
incentiva seus editores a encomendar, traduzir e publicar
outras obras sobre o assunto;
e paga aos livreiros por estocar e levar até você livros
para a sua informação e o seu entretenimento.
Cada real que você dá pela fotocópia não autorizada de um livro
financia o crime
e ajuda a matar a produção intelectual de seu país.

O PACIENTE COMO SER HUMANO

Rachel Naomi Remen

summus editorial

Do original em língua inglesa
THE HUMAN PACIENT
Copyright © 1992 by Rachel Naomi Remen
Direitos desta tradução adquiridos por Summus Editorial

Tradução: **Denise Bolanho**
Revisão técnica: **Ruth Reveca Rejtman**
Capa: **Ettore Bottini**

Summus Editorial

Departamento editorial:
Rua Itapicuru, 613 – 7º andar
05006-000 – São Paulo – SP
Fone: (11) 3872-3322
Fax: (11) 3872-7476
http://www.summus.com.br
e-mail: summus@summus.com.br

Atendimento ao consumidor:
Summus Editorial
Fone: (11) 3865-9890

Vendas por atacado:
Fone: (11) 3873-8638
Fax: (11) 3873-7085
e-mail: vendas@summus.com.br

Impresso no Brasil

SUMÁRIO

Apresentação da Edição Brasileira 7

Carta aberta ao leitor 9

Prefácio 11

Agradecimentos 13

Introdução: A ciência e as necessidades humanas 15

1 O que está certo com o paciente? 19

2 Natureza humana e saúde humana 45

3 Uma maneira saudável de ter uma doença 99

4 Tempo do relógio e tempo da vida 129

5 Livre escolha 149

6 Carinho cooperativo 179

Apresentação da Edição Brasileira

Este livro foi escrito há quase vinte anos, muito antes do surgimento dos primeiros movimentos que culminaram no que hoje conhecemos como "Movimento Holístico" na saúde. Muito antes também da proliferação de teorias, práticas e livros nas áreas que relacionam mente e corpo, assim como de programas de auto-ajuda a pacientes com doenças e problemáticas específicas.

Portanto, *O paciente como ser humano*, é um livro altamente recomendado às pessoas que trabalham nas áreas acima referidas, porque traz em seu bojo importantes idéias, cujas sementes apenas agora começam a florescer, tomar consistência, e serem aceitas.

No 3º capítulo, intitulado "Uma forma saudável de ficar doente", o leitor irá se deparar com importantes relatos e exemplos, que certamente o induzirão a analisar e rever muitas de suas crenças preconcebidas em relação à saúde e à doença que ele vem aceitando sem questionar ao longo do tempo.

Os demais capítulos abordam temas fundamentais, que colocarão em cheque algumas das formas como os profissionais da saúde executam suas tarefas e se relacionam com seus pacientes. E em particular aqueles como nós, que lidamos com a mente humana e suas manifestações voltadas para a vida, sentimos a necessidade de uma profunda reflexão para poder ampliar e compreender melhor as sutilezas da livre escolha, da vontade do ser humano, e de como ele pode verdadeiramente potencializar sua capacidade, em benefício de sua própria vida.

Esta obra de Naomi Remen nos obriga a repensar as relações limitadas que nossa cultura nos impôs, no que diz respeito ao humano do ser que somos. Permite que visualizemos as possibilidades de re-definirmos e re-empregarmos o real sentido da compaixão nas relações entre paciente e profissionais da área de saúde.

Através de uma linguagem simples e esclarecedora, este livro abre as portas da nossa mente, para que comecemos a vislumbrar a desconhecida e incrível habilidade que o espírito humano pode ter, nas mais adversas situações, quando se harmoniza com a plena manifestação da vida.

Edmundo Silva Barbosa
Psicólogo, fundador e diretor do ReVida

Para Sukie Unobskey Miller,
cuja visão extraordinária e amor inesgotável
tornaram possíveis todas as coisas.

A solução para a alienação e a indiferença comuns em nossa sociedade não se encontra apenas em programas sociais amplos, mas se efetivará pela aceitação de uma nova imagem de nossos semelhantes e de nosso relacionamento com eles.

W. HARMON WILLIS,
The New Copernican Revolution

Carta aberta ao leitor

Caro leitor,

Este livro foi escrito em 1974 e publicado pela primeira vez nos Estados Unidos em 1980. Ele representa meus pensamentos e os de um grupo de colegas do Institute For The Study of Humanistic Medicine e foi escrito muito antes do surgimento do Movimento de Medicina Holística e dos Movimentos de Medicina do Corpo nos Estados Unidos. Por essa razão, gostaria de compartilhar a visão da saúde e da doença aprovada por mais de vinte anos de experiência.

Parece-me que a saúde não é a qualidade de uma pessoa, mas sim de uma vida...que pessoas fisicamente saudáveis podem viver de forma doentia e pessoas fisicamente doentes podem viver vidas sadias. Também penso que uma vida sadia é aquela fundada em valores e qualidades espirituais como respeito, compaixão, bondade, altruísmo, uma sensação de mistério, a capacidade de descobrir significados, a coragem, a fé e a habilidade de dar e receber amor, a percepção da preciosidade da vida em todas suas diferentes formas.

Trabalho atualmente apenas com pessoas que têm câncer.

Muitos dos meus pacientes, ao enfrentarem com integridade, coragem e receptividade a experiência terrível e brutal do câncer, surpreenderam-se ao descobrir que apesar do seu sofrimento e das perdas, estão vivendo vidas mais sadias.

Como este livre sugere, há uma maneira saudável de ter uma doença. E até, em alguns casos, as pessoas podem morrer de forma saudável, com valores mais positivos do que os valores mantidos durante a maior parte de sua vida.

Tenho uma resposta enérgica para quem chama a doença de "mestre" ou se refere a ela como "benção", afirmação comum nos livros que tratam do corpo-mente. Não foi isso que constatei em minha experiência pessoal ou profissional. Na verdade, creio que muitos que vivenciaram doenças importantes não as descreveriam dessa forma. Com freqüência, a doença é brutal, cruel, apavorante, dolorosa e solitária.

Entretanto, os seres humanos podem enfrentá-la e crescer. Talvez possamos considerar o crescimento como a mais poderosa das estratégias para lidar com a doença. Minha experiência sugere ser mais correto dizer que qualquer coisa positiva que possa vir da doença não é uma função ou característica da natureza da doença, mas dos seres humanos e da força do espírito humano: a infinita capacidade das pessoas para acolherem a vida nas circunstâncias mais difíceis.

R.N.R.
Bolinas, Califórnia, 1993

PREFÁCIO

Este livro foi escrito para todos aqueles que se interessam em melhorar o cuidado da saúde. Ele discute a doença e um sistema médico que reconhece que o tratamento de pessoas enfermas pode ser sensível e eficiente e, portanto, ser considerado uma resposta ao contínuo desafio de se adaptar as disciplinas científicas às necessidades, valores e prioridades humanos.

Embora focalize áreas que exigem mudanças, é particularmente solidário com as pessoas que se dedicam ao ensino, pesquisa e prática de profissões relacionadas à saúde, reconhecendo sua luta diária para utilizar meios científicos e obter resultados humanos, para transcender a impessoalidade das instituições, as pressões do tempo e, em alguns casos, os limites de seu próprio sistema de crença, visando beneficiar e auxiliar outras pessoas de modo mais eficaz. Acredito que os próximos avanços na evolução do cuidado da saúde serão alcançados graças ao esforço dessas pessoas.

Torna-se cada vez mais evidente que a "ética" da tecnologia — os valores subjacentes aos sistemas tecnológicos — é muito limitada para auxiliar o sistema médico de forma abrangente. O paciente humano precisa de algo mais. Em geral, a tecnologia nos oferece a opção da preservação da saúde à custa da dignidade humana. Portanto, precisamos procurar formas para nos beneficiarmos do poder da tecnologia sem deixar que suas prioridades e visão do mundo nos limitem.

Nossa tarefa consiste na construção de um conjunto de valores mais abrangente e completo, que nos permita compreender melhor e solucionar os problemas cotidianos que enfrentamos quando ficamos doentes. Precisamos de uma ética baseada numa visão precisa da condição humana, daquilo que os seres humanos são e daquilo que podem vir a ser. Para agir de modo mais eficiente no cuidado da saúde, precisamos compreender tanto as necessidades quanto as forças humanas e não somente como e por que as pessoas adoecem, mas como e por que permanecem saudáveis.

Se o objetivo da medicina tecnológica é o de atender plenamente às necessidades humanas, profissionais e pacientes precisam estar dispostos a examinar determinadas suposições que fazem a respeito uns dos outros e assumir o risco de se relacionarem de formas diferentes. Não é suficiente apenas exigir as mudanças necessárias; é preciso que cada um de nós se transforme. Precisamos continuamente nos questionar sobre a natureza da saúde, a natureza do crescimento e até mesmo sobre o significado da própria vida, preparando-nos para modificar nossas atitudes e crenças baseados naquilo que descobrirmos.

Neste livro tentei chamar a atenção para algumas destas perguntas, sugerindo algumas respostas práticas. Tive a sorte de compartilhar minha pesquisa com relação a estas perguntas e respostas com os médicos, enfermeiros e educadores da área de saúde que faziam parte do Instituto para o Estudo da Medicina Humanística, durante seus cinco anos de existência. Muitas das idéias que constam deste livro são o resultado do esforço deste grupo para identificar, avaliar e integrar métodos de prática da medicina que reconhecem e mobilizam nossos recursos inatos.

Para que uma instituição tão ampla e complexa como a medicina possa desenvolver todo seu potencial é necessária a sabedoria de pessoas ligadas a diversas áreas de atividade, anos de estudo contínuo, formulação teórica, pesquisas clínicas e inovações na educação, bem como paciência e colaboração, num esforço conjunto em direção a um objetivo comum. *O paciente como ser humano* foi escrito dentro deste espírito de colaboração, na esperança de ser útil nesta tarefa comum.

R.N.R.
São Francisco, Califórnia
Junho de 1979

AGRADECIMENTOS

Este livro não poderia ter sido escrito sem a ajuda de muitas pessoas. Gostaria de agradecer especialmente a meus antigos colegas do Institute for the Study of Humanistic Medicine, Mary Belknap, M. A., Anita Astrom Blau, S.W.S., Robert Blau, M.D., Dale Garell, M.D., Rosalind Nagin Grossman, M.A., Stuart Miller, Ph. D., Marguerite Nakles, R.N., e Bernard Schatz, M.D., e expressar publicamente nossa profunda gratidão à equipe do Psychosynthesis Institute of San Francisco, cuja orientação e treinamento, durante os cinco anos de existência de nosso instituto, nos permitiram desenvolver a perspectiva abrangente a partir da qual este livro foi escrito.

Além disso, agradeço a Ron Merrill, M.A., e Dorothy Reese, R.N., cuja fé e apoio ao trabalho do instituto tornaram possível este trabalho. Agradeço também a John Goldenring, Corey Klein e David Bate, que dedicaram parte do tempo de seus estudos profissionais apresentando casos e comentários, e a Peggy Brooks, R.N., Elmer Grossman, M.D., Ray Hively, M.D., Robert Belknap, M.D., Alan Barbour, M.D., e David Levenson, M.D., que também colaboraram com diversos casos. Os demais casos que ilustram este livro foram proporcionados por pacientes da equipe do instituto, e agradecemos a eles por acreditarem na importância de nosso trabalho e pela inspiração que nos ofereceram. Agradeço também ao *The New Physician*, a revista da American Medical Student Association que publicou alguns dos casos relatados neste livro.

Aproveito a oportunidade para expressar minha gratidão a Pamela Strong, Eileen Soskin, M.A., e Miriam Bobkoff pela paciência e dedicação, que ultrapassaram qualquer expectativa e sem as quais o manuscrito não teria se concretizado. Sou grata também a Steve Englund e Richard Grossman pela ajuda na elaboração do manuscrito, a Alice Faye Singleton, M.D., pela leitura cuidadosa dos primeiros estágios, e a Jill Marshall, pelas sábias e atenciosas sugestões editoriais.

E, finalmente, expresso minha gratidão pessoal e profissional a James Vargiu e à Faculty of the Synthesis Graduate School for the Study of Man, cuja pesquisa sistemática sobre a natureza do ser humano e o processo de desenvolvimento individual possibilitou uma compreensão mais profunda sobre o impacto, o significado e o potencial da doença, oferecendo métodos práticos para transformar esse *insight* em atitudes efetivas.

Ao desenvolver, aprimorar e ampliar as teorias da psicossíntese, eles formularam uma abordagem à doença e aos cuidados com a saúde que, tornando nossa humanidade mais elevada e nossas forças individuais mais facilmente acessíveis em momentos de estresse, oferece ao profissional e ao paciente a oportunidade de utilizar a experiência de uma crise na saúde de maneira a estimular uma saúde melhor.

A aplicação dos princípios dessa contínua pesquisa na medicina e em outras profissões de apoio promete suprir muitas necessidades, e sou profundamente grata à contribuição da Synthesis Graduate School para os que se encontram doentes e os que desejam prestar melhores serviços.

INTRODUÇÃO

A ciência e as necessidades humanas

À medida que nos aproximamos do século XXI, habituamo-nos de tal forma aos benefícios da ciência que eles virtualmente passam despercebidos. Mas nossa vida, que de muitas maneiras está mais fácil, tornou-se de certa forma menos satisfatória. Apesar dos avanços da ciência, sentimo-nos descontentes, e muitos se referem à tecnologia e aos tecnólogos com desdém, acusando-os de não cumprirem seu papel de nos proporcionar uma vida melhor. Porém, um exame cuidadoso e imparcial nos mostra que a revolução científica cumpriu plenamente sua promessa. A ciência assumiu o compromisso de melhorar a qualidade de vida e assim o fez. Entretanto, ao suprir nossas necessidades no nível material, também revelou que apenas isso não é suficiente, que há um outro nível mais profundo da necessidade humana que a ciência não provocou mas que nos ajudou a perceber.

O reconhecimento da existência de necessidades intangíveis não satisfeitas é quase universal e representa uma preocupação geral em nossa sociedade. As pessoas começam a perceber que determinadas qualidades vitais estão ausentes de sua vida, seu trabalho e relacionamentos. Sofremos com a ausência de calor, entusiasmo, compreensão, humor, esperança, aspiração. *Pouco a pouco, percebemos que objetivo, direção e significado, longe de serem questões filosóficas, de algum modo estranhas à nossa vida, são fundamentais para o nosso bem-estar e saúde.* É interessante considerar essa crescente percepção como um primeiro passo em direção a uma atitude terapêutica; e que nossa atual insatisfação, a despeito da realização material, pode ser considerada um benefício direto da revolução científica e, de certa maneira, seu resultado mais importante.

Em nossa insatisfação, procuramos as instituições de nossa sociedade, a educação, a lei, a medicina, o governo e a religião, exigindo que elas atendam às nossas necessidades mais profundas e apresentem soluções viáveis para as dolorosas deficiências em nossas vidas. Entretanto, as instituições sofrem a mesma doença cultural. No nível institucional, os problemas são os mesmos, apenas as questões diferem. A ausência de direção, objetivo e significado torna-se questão de *alienação*, falta de união e compreensão entre colegas — entre os que fazem parte da instituição e aqueles a quem ela presta serviços; de *tecnocracia*, o distanciamento dos especialistas daqueles que não partilham de seu conhecimento e mesmo assim dependem deles nos aspectos mais vitais de sua existência; de *complexidade*, resultante da ênfase exagerada aos aspectos tecnológicos em prejuízo do que é único e pessoal; e de *impotência*, resultado da exclusão das pessoas como participantes ativas das decisões que as afetam profundamente. Parece duvidoso que as instituições nos ajudem a satisfazer nossas necessidades, a não ser que nos esforcemos para modificá-las.

A medicina, em particular, suportou o impacto das pressões por mudanças muito antes de outras instituições sociais, e as críticas e exigências por reformas hoje atingem grandes proporções. Contudo, as práticas e atitudes criticadas são abrangentes e não se restringem apenas à medicina; a diferença é que, quando esses problemas surgem na área da saúde, eles o fazem num contexto que trata das questões humanas mais profundas e essenciais — vida, morte, sofrimento, tristeza, perda. Os problemas culturais tornam-se intensos quando surgem em situações muito íntimas e próximas de nossa vulnerabilidade.

Talvez seja significativo o fato de a medicina ser uma instituição social que se encontra em sua crise mais aguda; em razão da intensidade e severidade de seus problemas, é razoável esperar que as atenções se concentrem com maior profundidade nessa área e que as soluções provavelmente comecem a surgir dela. Entretanto, há uma fascinante oportunidade oculta na atual crise do sistema de saúde. A medicina, enquanto instituição, pode atender não apenas à sua própria necessidade de mudanças, como também às necessidades da civilização como um todo. Os profissionais de saúde continuam sendo pessoas respeitadas e dignas de confiança na sociedade. Ainda acreditamos que a motivação do profissional de saúde é sua preocupação pelo bem-estar das pessoas e pela sua qualidade de vida. Essa situação permite que a voz da medicina seja amplamente ouvida, tornando-se uma força para estimular transformações sociais positivas. A medicina, como profissão, assegura que as modificações ocorridas no contexto, metodologia e paradigmas da saúde se transformem em modelo para a civilização e sejam adaptadas a outras instituições sociais.

E a reação está se iniciando. Muitas pessoas dessa área começam a reconhecer a necessidade real de mudanças e buscam novas maneiras de compreender e praticar sua profissão. Alguns desses *insights* e métodos são inovadores; outros, novos apenas na medicina, baseando-se em princípios conhecidos em outras áreas de atividade, como a ética, a sociologia, a educação e a filosofia. A crescente combinação com a psicologia, especialmente nos mais recentes métodos integrativos e dirigidos à pessoa, criou técnicas consideradas pelos profissionais de saúde como proveitosas para um atendimento mais humano no cuidado da saúde. O estudo da psicologia sugere formas para se romper as barreiras da comunicação entre o profissional e o paciente, para se encontrar uma linguagem comum, significativa para os dois. Além disso, a área de comunicação não-verbal tem potencial para permitir que o profissional desenvolva sua sensibilidade para a "linguagem corporal", compreendendo as mensagens não expressas de medo e angústia, e adquira capacidade para responder com uma atitude não-analítica ou profissional, porém confortante.

Os métodos mais recentes utilizados pela psicologia também proporcionam *insights* sobre o motivo de nossas atitudes, mostrando como podemos nos transformar e optar por comportamentos mais construtivos. A psicologia da escolha tem muito a oferecer ao profissional de saúde, auxiliando-o em seu esforço de educar as pessoas para obterem uma saúde melhor. A familiaridade com opções mais amplas de relacionamento, acrescida ao conhecimento de diferentes tipos de interação referentes aos problemas de saúde — do papel autoritário em situações de emergência ao papel de colaborador na prevenção —, tem um valor inestimável para qualquer praticante.

Em particular, a psicossíntese* oferece uma visão singular da natureza humana, que incorpora o inconsciente superior e o inconsciente inferior, a multiplicidade de aspectos da vida interior, bem como um modelo eficiente de relacionamento de apoio. Expõe também uma visão da humanidade que abrange o potencial desconhecido na natureza humana e recursos humanos como a vontade, a sabedoria, a intuição e o *insight*. Apresenta uma metodologia capaz de libertar o indivíduo, permitindo que ele viva plenamente, de acordo com sua visão e propósito. Essa psicologia encerra a promessa de se tornar uma valiosa estrutura na integração sistemática de muitas outras práticas e idéias à situação clínica.

A exploração sistemática de novos métodos na psicologia e em outras áreas, a fim de enriquecer a prática no cuidado da saúde, está apenas começando. É necessário dedicar à natureza humana o mesmo tipo de atenção cuidadosa que votamos à psicologia e à patologia humanas, aplicando o que aprendemos na análise contínua e abrangente do cuidado da saúde.

---

* Em seu sentido mais amplo, a psicossíntese é uma tentativa consciente de colaborar com o processo natural de crescimento — a tendência de cada um de nós para integrar os diferentes aspectos de nós mesmos em níveis cada vez mais elevados de organização, ordem e harmonia dinâmica. Embora essa tendência a sintetizar seja natural a todo ser vivo, nos seres humanos ela se torna consciente — e, em determinado ponto do desenvolvimento, o indivíduo a percebe como um impulso interior e decide colaborar com ela para que possa se desenvolver com maior facilidade.

Precisamos encontrar maneiras não somente de identificar as mudanças necessárias na prática da saúde, mas também planejar uma educação que permita a leigos e profissionais incorporarem essas mudanças. Não basta apenas uma abordagem cognitiva isolada. Novas idéias parecem exigir uma harmonização com os sentimentos e, principalmente, com os valores, aspirações e visão global, para que possam ser transmitidas em atitudes e comportamentos. Assim, precisamos descobrir as barreiras que impedem de transportar nossa humanidade plena para o trabalho diário — os estresses, as pressões e preconceitos que nos fazem esquecer da condição humana de nossos colaboradores, pacientes e alunos —, encontrando maneiras de superá-las.

Assim, eis a questão fundamental de nosso tempo: será que o sistema médico, educacional, legal e, na verdade, todas as instituições sociais podem ser modificados, permitindo que nos beneficiemos da ciência e da tecnologia sem sacrificarmos os valores humanos?

Os primeiros passos em direção a atitudes humanas no cuidado da saúde já foram dados; o esforço contínuo não constitui responsabilidade apenas de profissionais, ele inclui o compromisso de todos os que podem vir a ser afetados pela doença na criação de um sistema médico que seja não apenas analítico, mas compreensivo; um sistema científico, porém sensível.

1

O que está certo com o paciente?

É tão importante conhecer a pessoa que tem a doença quanto conhecer a doença que a pessoa tem.

SIR WILLIAM OSLER

Minha primeira impressão sobre Harold foi de que ele quase não parecia humano nem vivo. Aos treze anos de idade, com 1,55 metro de altura e 115 quilos, ele era grande, inerte, e foi trazido ao meu consultório numa cadeira de rodas empurrada pelas enfermeiras, sem demonstrar o menor esforço para ajudar a si mesmo. Harold teve uma infância normal na fazenda dos pais e esteve muito bem até chegar à puberdade. A partir daí, no ano e meio seguinte, engordou 68 quilos. Fez exames minuciosos e todos os resultados foram normais. Diversos médicos tentaram prescrever-lhe dietas e todos falharam. Ele ficava deitado na cama, totalmente isolado de seus companheiros.

Depois que sua mãe me forneceu essas informações, voltei-me para Harold, que não havia falado nem se mexido durante vinte minutos, e perguntei: "Por que você veio me ver?". Harold olhou para cima. Seu rosto, como o corpo, era passivo e pesado, mas os olhos brilhavam de raiva. Enquanto nos olhávamos, senti a força de sua raiva, com respeito e alívio, percebendo nela uma energia que poderia ser utilizada.

Depois de cerca de um minuto, em que Harold e eu nos avaliamos, ele disse: "Quero que você me faça perder peso". Sua voz era forte e profunda — não a voz do corpo, mas a dos olhos. Seu tom era desafiador. De alguma maneira eu precisava chegar àquela parte dele, tão forte e raivosa, e verificar se poderia transformá-la de adversário a qualquer plano ou dieta que eu prescrevesse num colaborador na solução do problema.

Decidi-me pela técnica da Gestalt. Peguei uma cadeira, coloquei-a em frente a Harold e disse: "Imagine que sua gordura está empilhada sobre esta cadeira". Ele me olhou espantado e, pela primeira vez, sem raiva. Torcendo para que ele ainda estivesse suficientemente pró-

19

ximo da infância para ser capaz de fantasiar, perguntei: "Você consegue enxergar sua gordura aqui?'". Ele confirmou. "Muito bem. Agora, converse com ela." Harold começou a rir. "O que eu digo?" "Diga-lhe o que você não gosta nela."

Após um curto silêncio, ele começou a falar. Os ressentimentos começaram a jorrar, uns atrás dos outros. Sua gordura o impedia de ter amigos, de ir à escola. Deixava-o feio. Dificultava seus movimentos e até a respiração. Quando se calou, pedi-lhe para dizer à sua gordura o que gostava nela. Harold pareceu chocado. "Gostar?" Desta vez o silêncio foi mais longo. Então, lentamente, disse que a gordura livrava-o de suas obrigações. "E...?" "E eu não preciso fazer nada que não queira fazer." "E...?" "E eu não preciso nem tentar e, se tentasse, não conseguiria."

"Harold", disse eu, "quem estava falando?" "Como assim? Eu estava falando." "Este 'eu' que falava era gordo ou magro?" "Não sei... não, espere... minha gordura está lá na cadeira. Era o 'eu' magro." "Muito bem." E puxei minha cadeira para perto da dele e assim ficamos, lado a lado, olhando para a cadeira vazia na qual ele imaginava estar a sua gordura. "O que você-magro e eu podemos fazer a respeito dessa gordura?" Ele riu, encantado: "Vamos fazer um plano!".

Começamos a discutir nossas opções. Como muitos adolescentes, ele descobriu que se acostumara a ter adultos tomando importantes decisões em seu lugar, em vez de considerar alternativas, pedir conselhos e escolher por si mesmo. A decisão que estava tomando com relação à sua gordura poderia ser a primeira de muitas outras que teria pela frente em sua vida. Ele parecia intrigado. Disse-lhe que as decisões adultas exigem um raciocínio cuidadoso e sugeri que fosse para casa e começasse a fazer anotações numa agenda, anotasse as vantagens e desvantagens de ser gordo ou magro... e depois escrevesse tudo o que detestava, para que pudesse se conhecer. Durante as duas semanas seguintes, até o próximo encontro, pedi que pensasse nessas coisas e decidisse se desejava perder peso e me informasse sua decisão quando nos encontrássemos novamente.

Harold se levantou e apertou minha mão. Novamente, senti respeito pelo Homem Zangado que ainda podia ver em seus olhos. Durante algum tempo, permaneci na sala de exames terminando minhas anotações. Quando me levantei para sair, meus olhos se voltaram para a cadeira de rodas vazia em que Harold fora trazido — e percebi que ele havia ido embora sem ajuda. Acontecera de maneira tão simples que fiquei imaginando se ele percebera.

Duas semanas depois, Harold estava de volta com sua agenda e sua decisão. Sim, ele queria perder peso. Eu lhe disse que marcaria uma consulta com um dietista para que pudéssemos começar.

Durante os doze meses seguintes, Harold perdeu 46 quilos; começou a se interessar por nutrição e tornou-se um cozinheiro admirável. Ele anotava cuidadosamente tudo o que ingeria, e o dietista e eu avaliávamos suas decisões e o ajudávamos a escolher as mais sensatas. Ele escrevia diariamente na agenda o diálogo interior entre seu "eu-gordo" e seu "eu-magro". De vez em quando, eu lhe mostrava como seu eu-gordo habilmente passara a perna no eu-magro, ou quão engenhosamente o eu-magro se comportara num jantar familiar. Ele começou a perceber que esperteza e engenhosidade eram duas de suas principais características.

Então, no meio do ano, Harold parou de perder peso. À medida que as semanas passavam, eu ficava cada vez mais preocupada. Sob o estresse da situação, Harold se tornou silencioso e retraído, e comecei a cair no velho modelo de sucesso e fracasso e a me sentir culpada por ter "falhado" com Harold. Assim, comecei a ficar apreensiva com suas visitas, embora antes eu sempre as tivesse aguardado com ansiedade.

Na manhã de uma das visitas de Harold, fui para o trabalho pensando nele. Como jamais fora gorda, percebi que não sabia o que isso significaria para mim. Como seria ter meus limites físicos mais amplos do que agora? Deliberadamente, decidi fazer essa experiência. Assim, enquanto dirigia, lentamente deixei que a percepção de meus limites se expandisse até ficar do tamanho do meu carro. Enquanto dirigia dentro dessa nova forma, senti imediatamente uma sensação de falsa força — grande é forte —, confundindo meu tamanho físico com um estado psicológico.

Lembrei-me também de um desenho animado que vira havia uns doze anos, no qual um homenzinho tímido sentava-se ao volante de seu carro e se transformava num motorista agressivo, poderoso, decidido. E, ao sair do carro, voltava novamente a ser o homenzinho tímido. Fiquei imaginando se essa transformação se devia ao fato de o homenzinho de repente sentir seus limites físicos aumentarem. Será que as pessoas gordas fazem isso? Poderia a gordura de Harold ter esse significado para ele?

Harold chegou na hora; zangado, emburrado e pouco comunicativo. Usava calças *jeans* e, quando fiz um comentário sobre elas, ele respondeu numa voz trêmula que precisara comprá-las recentemente e que eram quatro números menores do que as últimas que adquirira. Pela primeira vez senti seu medo. Quando parou de emagrecer, a perda de peso realmente começou a se tornar óbvia. Talvez tamanho *fosse* força para ele.

Comecei a lhe contar a experiência que vivera naquela manhã. Falei do homenzinho tímido e da ilusão de que tamanho é força, e das diversas circunstâncias semelhantes em que uma pessoa poderia confundir condição física com condição psicológica (*i.e.*, ser incapaz de conceber um filho com ser incapaz de cuidar de um filho).

Disse-lhe: "Fico pensando se em algum lugar dentro de você não existe um motorista acostumado a dirigir um caminhão que se sentiria desconfortável se o caminhão encolhesse. O caminhão *está* se tornando cada vez menor. Logo ele será do tamanho de...", hesitei, procurando uma imagem, logo oferecida pela minha intuição — "uma motocicleta". E era isso.

Subitamente Harold enxergou dentro de si mesmo e disse com muita intensidade: "Você já esteve na Estrada 1 num domingo, quando os carros grandes estão presos num congestionamento, ninguém consegue ir adiante e passa um engraçadinho numa moto, na maior velocidade, bem em cima da linha branca, fazendo pouco de todos os carros? Não é isso? Ser forte não é ser grande. É isso! Ser forte é ser capaz de se movimentar". Eu disse: "E?". Harold respondeu: "E ser capaz de decidir para onde você quer ir e ir pra lá". E, então, sorriu. Eu estava muito emocionada. "Harold", perguntei, "quem estava comendo ultimamente?". Ele respondeu: "O motorista do caminhão". "Por quê?" "Porque ele não sabe nada sobre motocicletas."

Harold voltou duas semanas depois, pesando menos 2,5 quilos. Suas primeiras palavras foram: "Veja, trouxe uma fotografia para lhe mostrar". Colocou sobre a mesa um instantâneo de um motor abandonado, enferrujado, caído de lado. Perto dele, colocou outro instantâneo, em que o motor aparecia levantado e consertado. Parecia pronto para funcionar e fora pintado de azul-claro brilhante.

Olhei para ele, confusa, e ele exclamou: "Veja, é assim que eu sou realmente — eu mudo as coisas — a mudança sou eu".

Atualmente Harold está na escola e me visita uma vez por ano. Recentemente, enviou-me uma foto dele em sua nova motocicleta.

O tratamento clássico da obesidade de um adolescente consiste na hospitalização prolongada e na dieta forçada. Embora possa ser eficiente na perda de peso, esse método é dispendioso, tanto em termos de dinheiro quanto em termos de tempo e energia humanos. Harold perdeu peso. Ajudá-lo a conhecer suas forças e recursos pessoais, e a assumir a responsabilidade, permitiu-lhe conhecer também outra coisa: a percepção de sua própria capacidade para moldar a qualidade e a riqueza de sua vida através de suas escolhas.

Geralmente, não somos tão conscientes ao pensarmos nas forças das pessoas doentes quanto somos ao fazer uma avaliação precisa do que está errado com elas e descobrir o tratamento adequado.

Em muitos casos, essa abordagem é eficiente e apropriada, mas para pacientes como Harold tem um valor limitado. Resumindo, tendemos a reagir mais à doença do que à pessoa.

O pensamento contemporâneo com relação aos cuidados com a saúde passou cada vez mais a se parecer com as figuras dos jornais de domingo que trazem a seguinte legenda: "O que está errado nesta figura?". Concentrando nossa atenção no que está errado, naturalmente procuramos descobrir o que está errado. Ficamos satisfeitos ao responder ao desafio e encontrar o erro. Nessa concentração, não é de estranhar que raramente lembremos como era a figura, mas recordamos nitidamente da mesa com três pernas, do gato sem rabo ou da mulher com uma só sobrancelha. Permitimos que a imperfeição domine o quadro e se torne sua característica mais importante, obscurecendo qualquer observação ou lembrança de seu aspecto: se era belo, tranqüilo, extravagante ou engraçado. Esse tipo de ponto cego é o resultado de não enxergarmos o todo, de não nos perguntarmos o que estava *certo* nem o que estava errado.

Uma atenção exclusiva à doença pode fazer com que os profissionais de saúde considerem como seu trabalho apenas responder às falhas e não às forças. Pode-se passar grande parte de uma carreira profissional ajudando e prescrevendo para a "mesa que não tem uma perna" do quarto 324. Em geral, é isso que as pessoas passaram a esperar do sistema de saúde. Elas também estão menos conscientes de suas forças do que de seus problemas. Elas procuram o sistema médico principalmente para descobrir o que está errado e este responde à sua necessidade de saber.

Reduzir um quadro a uma mesa de três pernas tem seu preço. Essa abordagem tornou-se o principal fator da limitação da capacidade das pessoas e do sistema médico de compreender o processo da doença e estimular a recuperação da saúde. *Profissionais e pacientes precisam ampliar o foco e incluir todo o quadro, para perceber com igual sensibilidade não apenas o que se encontra errado mas também o que está certo.* Parece que precisamos concentrar nossa atenção na identificação das forças da pessoa que tem a doença com a mesma atenção cuidadosa que dedicamos à identificação do próprio processo da doença.

Quando estamos doentes, não parecemos nem nos sentimos fortes. Entretanto, podem existir partes numa pessoa doente que continuam maleáveis e cheias de recursos, partes que podem mesmo ter crescido e se desenvolvido numa reação à crise. Quando está presente e é reconhecida, a força dessas partes de cada pessoa pode ser despertada para lidar com o problema e colaborar no restabelecimento do bem-estar. Nem todas as pessoas poderiam agir como Harold;

mas cada um de nós possui mais força do que acredita ter. As qualidades humanas que possuímos e que nos acompanham na doença, como *insight*, paciência, habilidade, engenhosidade, sabedoria e coragem, podem desempenhar um papel tão importante na recuperação da saúde quanto os tratamentos médicos mais sofisticados.

O cuidado eficiente da saúde depende do diagnóstico e tratamento corretos. Depende também da ampliação das perspectivas, incluindo o reconhecimento das forças pessoais presentes, a despeito das aparências enganosas e do desenvolvimento de métodos e técnicas para mobilizá-las.

Ao nos avaliarmos através de formas com as quais estamos habituados, formas muito pequenas ou limitadas para abranger maiores possibilidades, podemos estar eliminando esse potencial. Parece necessário um novo exame de nossas idéias com relação às pessoas e doenças, que encare de forma diferente aquilo que, irrefletidamente, aceitamos como verdadeiro, para que possamos ter acesso ao verdadeiro problema. Este capítulo é um convite para examinarmos novamente nossa forma de encarar a doença e o cuidado da saúde — que talvez esteja superada e nos tenha afastado de determinados recursos que temos à nossa disposição enquanto pessoas, além de nos fazer passar por sofrimentos desnecessários.

Há uma inegável tendência no pensamento contemporâneo a enxergar, a nós mesmos e aos outros, não como se tivéssemos nossas doenças, mas como se fôssemos nossas doenças. Isso se reflete na linguagem comum: "Eu sou diabético". "Eu sou asmático." "Acabamos de admitir outro epiléptico na enfermaria." "A vesícula biliar desta manhã precisa trocar o curativo." À primeira vista, parece apenas um jargão inofensivo usado por pessoas ocupadas que procuram ser mais eficientes. Porém, após anos de hábito, treinamento ou prática, ele se transforma numa visão de mundo, numa maneira de encarar a realidade e de lidar com ela.

Dar nome às coisas dessa maneira pode nos dar a ilusão de que as conhecemos e compreendemos. Num clássico artigo sobre "O papel da mente na saúde",* Ellerbroek mostra que até os nomes que damos às doenças podem se tornar uma barreira para o conhecimento e compreensão de sua natureza:

> Os nomes que damos às coisas têm muito a ver com a nossa maneira de percebê-las. Embora aparentemente pareça um comportamento bastante inofensivo, isso não é verdade, uma vez que pode nos levar a conclusões.

---

* Wallace Ellerbroek, "The Role of the Mind in Health", em *Perspectives in Biology and Medicine*, vol. 16, nº 2, pp. 240-62, 1973.

Por exemplo, nós, médicos, parecemos ter uma predileção por substantivos para dar nome às doenças (epilepsia, sarampo, tumor cerebral) e como essas coisas "merecem" substantivos como nomes, obviamente, para nós, tornam-se coisas. Se você escolher um desses substantivos — sarampo — e transformá-lo num verbo, ele se modifica: "Senhora Jones, seu filho parece estar 'sarampando' ", o que abre nossa mente e a dela para o conceito de doença como um processo.

Não apenas a compreensão do processo da doença é afetada pela linguagem e hábitos de pensamento, mas também a compreensão do processo individual da pessoa que está com a doença. Perceber os outros e a nós mesmos como "diabéticos" afeta profundamente nossas atitudes e interações, tornando-nos propensos a esquecer que tudo o que duas pessoas com diabetes têm em comum é a doença. E, finalmente, a falsa sensação de segurança, que pode advir quando pensamos compreender "o diabético" em lugar de reconhecê-lo como uma pessoa ainda desconhecida, pode até diminuir o desejo de conhecermos as coisas como elas realmente são, que é a essência de toda ciência.

Grande parte do que acontece na doença e nos cuidados com a saúde é único; cada um de nós fica doente à sua maneira e por razões próprias. Cada um de nós aprende coisas muito pessoais com a experiência da doença, e nossa reação e as reações de nossos amigos e familiares diferem muito das reações de outras pessoas. Podemos até mesmo recuperar e manter nossa saúde de maneiras diferentes e por motivos diferentes.

Ao rotularmos a nós mesmos e aos outros como "epiléptico", "diabético", "asmático", ou coisa parecida, dificultamos a percepção dessa individualidade. Essas classificações não somente tendem a favorecer uma desatenção seletiva àquilo que é único, sempre que ocorre uma doença, mas também dificultar o reconhecimento do potencial para promover mudanças. Os rótulos são essencialmente estáticos — uma vez "epiléptico", sempre "epiléptico". Geralmente, um rótulo pode fazer com que erroneamente acreditemos que uma situação está congelada em sua forma atual e, ao estimularmos a desesperança, limitarmos seriamente o potencial.

De muitas maneiras, os rótulos podem funcionar, e na verdade funcionam, como uma previsão. Talvez isso aconteça porque nos acostumamos a esperar que um rótulo nos diga algo a respeito da natureza essencial do objeto ou da situação à qual está sendo aplicado. No nível físico, geralmente essa é uma expectativa legítima. O rótulo "árvore" nos diz algo a respeito do tamanho, da forma e da natureza de um objeto que talvez jamais tenhamos visto. O rótulo "humano" nos diz algo previsível, também no nível físico. Com razão, esperamos que um indivíduo a quem esse substantivo se aplique tenha certo número de membros, determinada necessidade de repouso e alimento, e coisas assim. Mas é aqui que a analogia se torna insuficiente. Os seres humanos são muito mais do que seus corpos, e assim o rótulo "diabético" nos diz pouca coisa a respeito da pessoa a quem está sendo aplicado, sobre quem ela é e no que pode se tornar. A generalização nos cuidados com a saúde é necessária e útil apenas até um determinado ponto. Na verdade, nem a pessoa nem a doença se encaixam num diagnóstico classificador — os rótulos são substantivos e as doenças e seres humanos, verbos dinâmicos. Obviamente, é a capacidade de compreender um processo dinâmico, bem como a habilidade de classificar e analisar, que nos torna capazes de ajudar a nós mesmos e aos outros de maneira eficiente.

O impulso para analisar e classificar é a herança da medicina, recebida das ciências física e biológica, e a confiança na ciência, que faz parte de nossa cultura, pode na verdade tornar difícil a aceitação do fato de que essa abordagem possui uma eficiência limitada na previsão, compreensão e solução dos problemas humanos. O desafio consiste em atribuir à ciência seu lugar certo e verdadeiro na área da saúde, que é o de instrumento valioso e poderoso para ser usado dentro de uma estrutura de referência mais ampla.

No esforço de aplicar a ciência nos cuidados com a saúde, o sistema tendeu a separar a doença dessa estrutura de referência e considerou-a isoladamente, sem levar em conta a pessoa que sofre com ela ou o ambiente que, em parte, a encorajou ou provocou. Basicamente, deve-se alcançar um equilíbrio entre as duas necessidades científicas: a necessidade de analisar e classificar o processo da doença e a necessidade de conhecer e compreender a situação específica e a pessoa específica como elas realmente são.

Talvez seja melhor deixar que a história fale por si mesma. Conheci S. e seu filho, Otis, na clínica de pediatria, pouco antes do Natal. Sua dramática experiência pode ser considerada representativa de situações que geralmente são mais sutis e não nitidamente perceptíveis.

No dia da primeira visita de Otis, sua mãe me foi apresentada por Marcia, uma assistente social do setor de obstetrícia que viera à clínica de pediatria para se certificar de que S. comparecera à consulta e de que conhecíamos sua história conturbada. Por trás de uma atitude ativa e eficiente, Marcia parecia ansiosa. Ela conhecera S. quando esta procurou cuidados médicos no último mês de sua gravidez. A equipe obstétrica teve dificuldades para se relacionar com essa mulher — apenas Marcia conseguiu estabelecer uma espécie de relacionamento contínuo. S. foi hostil ou pouco cooperativa?

"Não, na verdade, não, mas ela é psicótica, uma esquizofrênica paranóica."

"Entendo", disse eu. "A equipe tinha medo dela?"

"Talvez", respondeu Marcia. "Esse diagnóstico geralmente torna as pessoas apreensivas." S. comparecia às consultas na clínica de obstetrícia?

"Sim." E durante essas visitas, Marcia descobriu muitas coisas a respeito dela. S. era uma mulher negra, solteira, de 37 anos, cujos outros filhos nasceram quando ainda era adolescente. Naquela época, ela era viciada em heroína. Um dos filhos fora afastado dela por decisão judicial, pois S. foi considerada uma mãe incapaz; o outro foi adotado ao nascer. Quando S. ficou grávida novamente, sua irmã e seu psiquiatra tentaram persuadi-la a fazer um aborto, mas ela foi inflexível: desejava o filho e planejava criá-lo.

Havia dez dias, ela tivera prematuramente o bebê. Durante a internação, comportara-se de maneira distante e pouco amigável. O relatório da obstetrícia descrevia-a como "intoxicada" na época do parto, mas não explicava como chegaram a essa conclusão. Ao nascer, a criança pesava somente 2,5 quilos. A despeito das restrições da equipe, o bebê foi para casa com a mãe e agora estava de volta para sua primeira consulta.

Marcia foi muito franca. Ela veio à clínica pediátrica porque temia pela segurança do bebê. Se pudesse, o teria tirado da custódia materna, mas não havia motivos para fazê-lo. Em sua opinião, era necessária uma supervisão cuidadosa.

"O bebê deve ser examinado em todas as consultas pelo mesmo médico", disse ela. "Estou lhe pedindo para pegar o caso porque S. é muito desconfiada com os homens. Será que você pode encontrar um motivo para ver Otis toda semana, para que possamos cuidar de perto dessa situação? Temo que em breve essa mulher nos dê motivos para obter a custódia do bebê."

Enquanto ouvia a história, meu coração doía. Um "prematuro" exigindo o máximo de habilidade materna, tendo como mãe uma "psicótica". Com esses rótulos em minha mente, não estava preparada para minhas primeiras impressões sobre Otis e sua mãe. S. era uma mulher admirável, vestida de calças *jeans*, esbelta e muito alta. Parecia cautelosa a meu respeito, mas, ao mesmo tempo, esperançosa de que eu gostasse dela. Na primeira consulta, fiquei impressionada com sua inteligência. Mais tarde, ficaria igualmente admirada com sua intuição e *insight*. Ela estava acompanhada de outra mulher, de mais ou menos cinqüenta anos, e que me apresentou como sua senhoria. A senhoria, que parecia bastante agradável, cheirava fortemente a álcool. Em seus braços, estava Otis, um bebê em miniatura — pequenino e perfeito.

Comecei a anotar sua história e partilhei meus conhecimentos sobre dieta infantil e cuidados com bebê. Com freqüência S. parecia insegura daquilo que fazia com o filho e continuamente buscava a ajuda de sua senhoria. Eu percebia a inquietação de Marcia quando ela se sentou ao meu lado; sua atitude se tornou ainda mais viva e eficiente.

Pedi a S. que despisse o bebê. Suas mãos eram tão desajeitadas quanto a história que acabara de contar, mas eram delicadas e demonstravam carinho materno. Enquanto eu examinava seu filho, ela fez muitas perguntas e todas eram basicamente a mesma: "Ele está bem? Ele está bem?". Finalmente, comecei a ouvir sua pergunta não verbalizada: "Doutora, estou fazendo tudo certo? Estou certa?".

Ao final do exame, levantei Otis e peguei sua mamadeira. Embora pequeno, ele mamou com determinação. Os olhos de S. estavam ansiosos quando me sentei segurando seu filho. Havia decidido fazer uma abordagem direta e simpática. "Otis é um bebê maravilhoso. É muito pequeno, mas forte e saudável, e você está cuidando bem dele. Embora tenha somente dez dias de vida, já ganhou peso. Como posso ajudá-la a cuidar dele?"

Ela pareceu relaxar um pouco. "Tive meu último filho há quinze anos e nem sempre me lembro de tudo. Posso procurá-la quando tiver alguma dúvida?"

"Com que freqüência você gostaria de vir?"

"Posso vir toda semana?"

"Está bem", disse eu. Ouvi Marcia suspirar de alívio. Dei a S. o número do telefone da clínica, bem como o de meu consultório, para o caso de surgirem dúvidas entre as consultas. Com sua permissão, providenciei para que uma enfermeira do serviço público de saúde fosse à sua casa para lhe ensinar a dar banho, alimentar e cuidar do bebê, e para eventualmente ficar de olho no andamento das coisas.

Durante os dez meses seguintes S. não faltou a nenhuma consulta, embora algumas vezes se mostrasse vaga sobre a quantidade de alimento ingerida por Otis a cada refeição ou sobre o tempo que dormia. Entretanto, Otis continuava crescendo e engordando. Diversas mulheres acompanhavam S. à clínica, todas mais velhas e familiarizadas com Otis e seus cuidados. Não era do tipo de cuidados infantis de um núcleo familiar, mas S. realmente revelava capacidade para atender às necessidades de Otis, seja pessoalmente ou com a ajuda de amigos.

Otis era um bebê incomum, especialmente para um "prematuro". A despeito das descrições dos livros especializados sobre o lento desenvolvimento desse tipo de criança, Otis fazia tudo prematuramente. Sentou-se sozinho aos quatro meses, seu primeiro dente nasceu aos cinco meses, e aos seis meses já engatinhava. Ele sorria facilmente e parecia confiar em estranhos. S. também comparecia pontualmente às consultas com o psiquiatra. Comecei a discutir com seu analista o vício da bebida e as necessidades do bebê. Sua preocupação com o filho era profunda e compreensiva. Ela procurou um grupo de auto-ajuda baseado nos Alcoólicos Anônimos e começou a freqüentar regularmente suas reuniões.

Ao final de uma das visitas, S. perguntou se o pai de Otis, Otis Senior, poderia acompanhá-la na visita seguinte. Gostei da idéia e expressei-lhe meus sentimentos. Eu mantinha contato com Marcia e, quando lhe telefonei para informá-la desse novo progresso, ela manifestou restrições. O pai de Otis era um jogador. Em diversas ocasiões, S. procurou a sala de emergência ou a clínica de psiquiatria com equimoses que afirmara terem sido provocadas por ele. Havia dois anos, durante a última dessas visitas, fizeram-se tentativas para persuadi-la a apresentar queixa à polícia, mas ela recusara. Ao final da conversa, eu mesma já tinha diversas restrições e comecei a imaginar o que deveria esperar.

Otis Senior veio na visita seguinte. Um homem tranqüilo, magro, de mais ou menos quarenta anos, entrou atrás de S. e Otis Junior, carregando o bebê-conforto, a sacola e o cobertor. A partir desse dia, ele passou a acompanhá-la; mais tarde, descobri que ele sempre trouxera S. de carro para a clínica e a levava de volta para casa, mas não se sentia suficientemente à vontade para entrar no consultório.

O interesse de Otis por seu único filho parecia sincero. Ele se sentava pacientemente em salas de espera, carregava a sacola do bebê e até mesmo trocava as fraldas — sem se queixar. Ele fazia perguntas e apoiava S. em seu papel de mãe, e adorava brincar com o filho, segurá-lo, fazer-lhe cócegas e vê-lo rir.

Durante alguns meses, as coisas correram com tranqüilidade. Descobri que esperava ansiosamente as visitas de Otis e, pouco a pouco, conheci mais pessoas da família — a irmã de S. (assistente social), as duas filhas adultas de Otis Senior, seus netos e até mesmo uma das filhas adolescentes de S., que fora adotada. Eram pessoas simpáticas e todas pareciam amar o bebê. Nesse ambiente, Otis se tornara um bebê receptivo e bem-humorado, e os pais pareciam encantados com ele.

Assim, fiquei surpresa ao ver seu nome na ficha de internação, numa segunda-feira de manhã, quando fui até a enfermaria infantil. "O que é isso?", perguntei à enfermeira encarregada. "Quando ele foi internado?"

"Sábado à noite."

"Por quê?"

"Maus-tratos", respondeu ela. "A mãe é psicótica. A polícia foi avisada — temos um mandado judicial."

Peguei a ficha de Otis e caminhei pelo corredor até meu consultório. Comecei a me culpar. Obviamente, eu julguei mal a situação e Otis foi espancado. Quis acreditar naqueles pais — eles pareciam pessoas carinhosas. Mostraram-se pessoas carinhosas. Então, o que aconteceu para culminar nessa internação?

Sentei-me e comecei a ler a ficha. Otis fora trazido pelos pais à sala de emergência, no sábado à tarde, pois estava com o nariz entupido. Foi examinado por um jovem médico negro que notara seu nariz entupido e também uma leve descoloração azulada no ombro direito. Não havia nenhum edema aparente, nenhuma limitação de movimentos e nenhuma dor perceptível. A ficha trazia a seguinte anotação:

Criança de onze meses de idade, filho de uma esquizofrênica paranóica sob tratamento em nossa clínica psiquiátrica — atualmente sem tomar medicamento — área plana descolorida medindo 3 × 2 centímetros no ombro direito, superior e posteriormente. Lesões semelhantes nas costas. IMPRESSÕES: Equimoses. Suspeita de maus-tratos.
PROCEDIMENTO: (1) raios X: ombro e exame esquelético total;
                  (2) internação para investigação;
                  (3) notificar autoridades.

Voltei à chapa de raios X. No espaço reservado para "Impressões" o interno escreveu: "Maus-tratos". Em resposta, o radiologista informou: "Estrutura esquelética normal — um pouco de inchaço nos tecidos do ombro direito".

O regulamento do hospital exige que todos os pacientes atendidos pelo médico interno na sala de emergência sejam examinados por um médico assistente. Assim, o interno entrou em contato com o médico assistente, que examinou Otis e concordou com o diagnóstico e o procedimento. O que aconteceu a seguir foi rotineiro: Otis e os pais foram levados à enfermaria infantil, onde foram informados de que havia suspeita de maus-tratos, de que a polícia fora notificada e de que fora expedido um mandado judicial que os impedia de levar a criança para casa. Fechei os olhos: eu podia imaginar a reação deles.

Voltei às anotações das enfermeiras. Os pais decidiram permanecer na enfermaria e dormiram em macas. Os registros das enfermeiras revelavam que S. parecia perturbada e hostil. Ela permitira com relutância que os médicos tocassem no bebê e recusou-se a deixar que as enfermeiras cuidassem dele — ela mesma o alimentava, banhava e trocava as fraldas. Esse comportamento foi atribuído à sua condição paranóica. Uma das anotações me parecia especialmente interessante. Quando a enfermeira do turno da tarde lhe perguntou como a equimose surgira no ombro da criança, S. respondeu: "Ela está aí há muito, muito tempo".

Sentia-me triste enquanto pensava na situação. Imaginei como eu seria recebida por S. Dirigi-me para o corredor e abri a porta do quarto. Os pais estavam sentados de costas para mim, olhando pela janela. S. parecia exausta e resignada, e, pela primeira vez, revelava uma aparência desalinhada. Em lugar do habitual cumprimento, ela disse apenas: "Eu não machuquei o bebê".

Perguntei-lhe o que acontecera. Ela disse que trouxe o bebê para o hospital porque estava preocupada com seu resfriado, que as pessoas achavam que ela havia batido nele, estavam zangadas com ela e que a polícia ia tirar-lhe o bebê. Olhei para Otis no berço. Transbordava saúde, bem nutrido e bem cuidado. Ele sorriu e balbuciou.

Nós duas o despimos. "Onde está a mancha?", perguntei. Silenciosamente, S. mostrou. Na parte de cima do ombro direito de Otis havia uma leve mancha azulada. Virando-o, vi as outras manchas, três ao todo — a maior, tipicamente em suas pequenas nádegas e duas mais claras, uma na parte posterior da perna esquerda e outra na parte posterior da coxa direita. Esses sinais de nascença tão comuns, presentes em 75% das crianças de pele escura, não eram raros de modo algum.

"S.", disse eu, "elas me parecem sinais de nascença."

"Eu sei", respondeu ela. "Tentei dizer a eles, mas eles não me ouviram."

Fui até o departamento de radiologia ver os raios X. Embora os examinasse cuidadosamente, não consegui detectar nenhuma evidência de inchaço nos tecidos moles, e o radiologista concordou: ombro normal. Chamei o interno que atendeu o bebê, bem como o médico assistente. "Sabem", disse eu, "esta manhã examinei Otis — acho que a mancha pode ser uma 'mancha mongólica', um sinal de nascença."

"Mas há evidência de tecido edemaciado nos raios X", insistiu o interno.

"Vamos subir e olhar a chapa novamente, e depois conversaremos a esse respeito."

Depois que tudo foi colocado nos eixos, a polícia, avisada e Otis e os pais terem ido para casa, o médico assistente que admitira o bebê chamou-me e disse: "Estou realmente constrangido. Não sei como não percebi — já vi tantos sinais de nascença. É engraçado, mas simplesmente não me ocorreu que pudesse ser isso".

Dois dias depois, S. veio ao consultório, a meu convite, para conversarmos sobre a internação. Ela chegou, seguida de Otis Senior, que carregava o filho. Eu não esperava que ele viesse, pois deixara a enfermaria muito irritado. S. expressou sua opinião sobre o incidente — e muitos temores. A polícia tentou levar o bebê embora. Otis Senior procurou acalmá-la e demonstrou preocupação por ela. Aparentemente, o incidente a abalara muitíssimo. Ela não conseguia dormir e começou a beber de novo.

Eu também estava preocupada. Comecei a falar, procurando fazê-la esquecer seu medo e desconfiança. Enfatizei os excelentes cuidados que ela dispensara a Otis e seu trabalho como mãe. Falei do rápido ganho de peso e do desenvolvimento precoce e de como seu carinho por ele o tornara comunicativo e receptivo. Enquanto eu falava, ficava cada vez mais consciente do absurdo da situação. Lá estava uma das mães mais eficientes que conheci em minha prática da medicina — com certeza, ela compreenderia que erros acontecem e que ninguém iria lhe tomar o filho.

S. sentou-se e olhou para o chão. Somente quando terminei, ela olhou para cima, e seus olhos e sua voz estavam vazios e inexpressivos. "Você é uma boa pessoa, doutora", disse ela, "mas você não entende. Eles não se importam. Eles não me vêem e não me ouvem. Eu sou uma 'louca', doutora. Eles não podem me ver nem me ouvir porque sabem que sou 'louca'. Algumas vezes, quando conversamos, esqueço que sou 'louca'. Eu *sou* uma boa mãe. Como uma mulher louca pode ser uma boa mãe? Eu amo o meu filho. Como poderia uma mulher louca amar o seu filho? Mas você não estará aqui para sempre. Um dia, irá embora. Então, eles irão me perturbar, e ficarei assustada e direi ou farei alguma coisa que eles irão considerar errada e, na primeira chance que tiverem, chamarão novamente a polícia e levarão meu filho."

Olhei para Otis Senior. Ele desviou o olhar.

"Você é uma boa pessoa, doutora", disse S., "mas você não sabe como é o mundo — espere e verá." Com essas palavras, ela se levantou e, seguida de Otis Senior com Otis Junior no colo, deixou o consultório.

Casos como este exemplificam as situações em que o diagnóstico rotulador só prejudica as pessoas. Alguns dos profissionais de saúde que se preocupavam com Otis e com S. vivenciaram diretamente os riscos dessa prática; em razão das expectativas determinadas pelo rótulo "psicótico", ficaram presos a uma percepção limitada da situação em que se encontravam. A despeito das boas intenções, nem a condição física do bebê, nem a capacidade e recursos da mãe foram percebidos com clareza, e a fé da mãe em suas forças pessoais e habilidades maternas foi abalada por essa experiência.

Infelizmente, o medo de S. de que um diagnóstico rotulador tenha o poder de alterar sua vida pode ser verdadeiro. Aquilo que as outras pessoas acreditam a nosso respeito pode impedi-las de enxergar quem somos e, finalmente, até mesmo impedir de sermos aquilo que podemos ser. Aceitar um diagnóstico rotulador como a descrição completa de uma situação é aceitar, categoricamente, que determinadas coisas são possíveis e rejeitar outras como impossíveis, para a pessoa que recebe o rótulo da doença. É próprio do ser humano enxergar e consolidar apenas as coisas que considera possíveis, que se ajustam aos seus preconceitos.

A definição limitada do potencial de uma pessoa pode se tornar compulsiva; os indivíduos podem aceitar o sistema de crenças de outros e uma definição genérica de si mesmos como verdadeira. S. chamou a si mesma de "louca" e outras pessoas também podem vir a aceitar esse rótulo como uma realidade pessoal, tornando-se "diabético", "asmático" ou "epiléptico". Infelizmente, aceitar tal avaliação generalizada com freqüência priva as pessoas de grande parte de seu poder pessoal e tende a limitar a percepção, tanto de sua própria identidade quanto de seu potencial.

É paradoxal pensar que essa forma de encarar os fatos pode influenciar a criação de grande parte de um comportamento doentio, insistindo na validade de nossos rótulos, ou mesmo rotulando-nos a nós mesmos. Também é curioso pensar que, na verdade, as próprias pessoas são a autoridade final para determinar seus limites.

Recentemente, uma colega estava indignada porque seu seguro de saúde fora devolvido devido a uma "informação fraudulenta". Ela tem apenas um rim e pressão sangüínea moderadamente elevada. Anotou essas condições cuidadosamente no espaço adequado. Mas, na ficha sobre seu estado de saúde, ela escreveu "bom" e preencheu o espaço referente a "ilimitado". A avaliação de si mesma baseou-se no fato de que, embora sofresse de dor crônica, trabalhara dez horas por dia durante muitos anos e levava uma vida ativa e produtiva como diretora de um lar provisório para adolescentes e como esposa e mãe de dois filhos. Algumas pessoas poderiam considerar sua avaliação como uma mentira, e outras, uma simples descrição da verdade. Em ambos os casos, a certeza com que a companhia de seguros acreditou não ser possível que alguém com um rim e hipertensão pudesse ser um membro atuante da sociedade nos faz refletir.

Obviamente, precisamos evitar essa armadilha, tanto como pacientes quanto como provedores. O rótulo pode definir a doença, mas o paciente geralmente é definido por aquilo que ele acredita a seu respeito, pelo que acredita ser possível. Muitas pessoas parecem se tornar limitadas mais pelo que acreditam a respeito de si mesmas do que por sua condição física. Na realidade, todos sabemos disso. A vida está repleta de exemplos de pessoas, como minha colega, que "fazem o impossível", músicos e compositores criativos que são cegos ou surdos, atletas campeões que têm diabetes, governantes que trabalham em cadeira de rodas. Ver pessoas que superam a doença certamente faz parte da experiência diária daqueles que trabalham no campo da saúde. Então, o que faz com que todos esqueçamos disso — que nos torna presos às limitações sugeridas por nossos rótulos?

Em primeiro lugar, os rótulos são considerados valiosos. A classificação atende a muitos propósitos na medicina, entre eles o estímulo à comunicação essencial; a linguagem universal da medicina transpõe todas as barreiras, permitindo que todos se dediquem ao mesmo problema e compartilhem o trabalho que realizam. Além disso, o diagnóstico é uma parte importante da competência na prática das profissões relacionadas à saúde. A maioria dos médicos já sentiu admiração pelo lendário e idoso médico (uma qualidade atribuída a diversos colegas médicos) que se sentava à sua mesa no final de um corredor de 6 metros de comprimento, que era seu consultório. À medida que cada paciente entrava, ele o observava cuidadosamente caminhar até sua mesa e, assim que chegava lá, já tinha um diagnóstico pronto. Tal habilidade, embora bastante apócrifa, é indiscutivelmente um trunfo profissional.

Entretanto, apenas essas razões não parecem explicar totalmente a freqüente utilização de classificações para as pessoas, nem para sua doença. Basicamente, a classificação persiste como uma defesa útil para aqueles que se encontram em situações que, de outra maneira, seriam intoleráveis. Todos consideramos difícil estar na presença de alguém que sente dor ou que está morrendo, e isso é especialmente verdadeiro para muitos profissionais de saúde que escolheram sua carreira não apenas pelo interesse na ciência, mas também devido a uma profunda preocupação pelas outras pessoas e pelo compromisso de lhes proporcionar bem-estar.

Na verdade, o desligamento proporcionado pela classificação algumas vezes se torna necessário nos cuidados com a saúde. Em determinadas circunstâncias, perceber o paciente como um ser humano torna-se um obstáculo. Muitos médicos ou enfermeiras jovens, presentes pela primeira vez numa sala de cirurgia, abismados pela ousadia de cortar-se o corpo de outro ser humano vivo, de alguém que é a mãe, o pai ou o filho de outra pessoa, conseguiram continuar seu trabalho somente concentrando-se no campo cirúrgico e enxergando não uma terrível ferida, mas a artéria mesentérica superior com todas as suas ramificações. O problema surge quando essa visão permanece em situações em que é necessário favorecer os interesses do paciente.

É irônico que a classificação faça as pessoas se sentirem pouco valorizadas, levando-as a reagir com raiva ao sistema de saúde, quando na verdade é a empatia que faz com que os profissionais recuem para essa posição segura. S. estava certa ao pensar que não era vista nem ouvida; estava errada ao pensar que "eles não se importam". Eles se importam, mas se defendem contra a dor de se importar. Não nos surpreende que os profissionais para quem a doença e até a morte se tornaram parte da vida cotidiana busquem proteção para não sentir nem partilhar o sofrimento, medo, raiva ou até a solidão dos outros. O estresse emocional dessas pessoas é enorme e, como estratégia, a classificação representa um esforço inconsciente para adquirir imunidade contra a dor e o sofrimento. Infelizmente, essa proteção também impede que os profissionais da saúde percebam a unicidade do paciente. Precisamos buscar outras maneiras que permitam ao profissional estar presente, sem ser derrotado pelo sofrimento e pela tragédia que o cercam.

Finalmente, a classificação é em parte uma resposta à necessidade de controlar o desconhecido e lidar com ele e, talvez, com o impenetrável. Michael Balint, em seu livro *The Doctor, His Patient and the Illness*,* diz:

> Qual é então a função do ... diagnóstico para o médico, de um lado, e o paciente, do outro? Para o paciente, a doença sempre é uma experiência misteriosa. Ele sente que alguma coisa está errada com ele, alguma coisa que pode ou que certamente irá prejudicá-lo, a menos que seja tratada com rapidez e eficiência. Difícil definir o que "ela" é. Geralmente, "ela" se torna idêntica ao seu nome, e para o paciente a função do diagnóstico é dar o nome pelo qual essa coisa sinistra, maligna e assustadora possa ser chamada, pensada e, talvez, tratada. Em outras palavras, estar doente com freqüência é considerado, e certamente sentido, como estar possuído por algum demônio, e essa crença é tão extraordinária, não apenas entre os pacientes, que acreditamos que o demônio pode ser afastado somente se soubermos seu nome. Todos sabemos que isso está longe de ser sempre verdade.

---

* Michael Balint, *The Doctor, His Patient and the Illness*, Pitman Medical Publishing Company, Londres, 1968.

As conseqüências potenciais da doença preocupam muito e não é de surpreender que haja pouca tolerância com incertezas na prática de profissões relacionadas à saúde. Profissionais da saúde e pacientes realmente têm grande participação pessoal para transformar o desconhecido em algo familiar; o fantasma da mortalidade ronda cada sala de exames, e é premente a necessidade de controlar a situação através do conhecimento.

A ansiedade normalmente provocada pelo desconhecimento pode ser vista com maior nitidez no profissional iniciante, que mal consegue considerar os fatos antes de ter um diagnóstico rotulador e do qual, com freqüência, dificilmente se desvia. Isso não é tão óbvio no caso do médico mais experiente, mas, ainda assim, é um fator. E qual o paciente que não sentiu medo de que alguma coisa estivesse errada com ele e que nenhum médico seria capaz de descobrir? O alívio associado à definição de um diagnóstico é familiar a todos nós.

Contudo, saber e compreender podem exigir um pouco mais de paciência e a aceitação de períodos de relativa incerteza. Quando paramos para pensar nisso, vemos que poucas coisas são na realidade completamente conhecidas e certamente tudo o que é "conhecido" na medicina ainda está em desenvolvimento. Na verdade, todo diagnóstico é, na melhor das hipóteses, provisório e necessariamente não representa a melhor verdade, mas simplesmente nossa melhor compreensão da situação naquele momento. Em *The Life Divine*,* o filósofo Sri Aurobindo discute a dificuldade de se reconhecer que talvez não conheçamos realmente aquilo que parece ser conhecido e enfatiza o valor de reconhecermos nossa ignorância. Ele sugere que o desejo de saber, isoladamente, pode nos fazer resistir à idéia de que ainda não sabemos tudo e nos levar prematuramente a abandonar nossa busca. Benjamin Disraeli chegou a uma conclusão semelhante e escreveu: "Estar consciente de que você é ignorante é um importante primeiro passo para o conhecimento".

Essa premissa, formulada de maneiras diferentes, é a base de todo verdadeiro empreendimento científico. A capacidade de examinar criticamente o que se acredita ser conhecido e tolerar um período de incertezas sem forçar uma conclusão prematura é uma abordagem científica básica, muito difícil de ser mantida em situações que envolvem o sofrimento humano. Entretanto, de vez em quando, todos os que lidam com a doença precisam dar juntos esse difícil passo; compartilhar a experiência de abandonar algo que erroneamente consideram conhecido e se apoiar mutuamente durante um pe-

---

* Sri Aurobindo, *The Life Divine*, E. P. Dutton & Co., Nova York, 1953.

ríodo de incertezas, até que se encontre uma resposta mais precisa. Um médico descreve esta experiência, ocorrida em sua família:

Minha mãe é uma mulher de 75 anos, enfermeira registrada e ainda ativa. Esse lado de minha família é bastante incomum — minha tia, cinco de meus tios e todos os meus primos são enfermeiros e duas das esposas de meus tios são médicas. Meu irmão e eu somos médicos e ambos nos casamos com enfermeiras.

Há uns três anos, minha mãe veio me visitar e sua angina* começou a incomodá-la. Durante a adolescência e início de minha vida adulta, com freqüência ela se queixava de sua "angina". Isso costumava assustar a mim e a ela também. A maioria dos membros de nossa família tem um nível elevado de colesterol no sangue e todos os irmãos dela haviam sofrido um ataque cardíaco antes dos quarenta anos. Dois deles não sobreviveram ao primeiro ataque. Assim, esse sintoma de doença cardíaca era especialmente ameaçador para nós. Por causa da angina, minha mãe tomara Peritrate diariamente durante anos, e a medicação a mantivera relativamente livre de sintomas. Quando, aos 72 anos, começou novamente a se queixar, pedi a um amigo que a examinasse.

Ela voltou da consulta com os olhos brilhantes, mais vigorosa do que jamais a vira em muitos anos. Ela disse: "Sabe, ele foi maravilhoso. A princípio, não parecia saber o que havia de errado comigo. Fez todo tipo de perguntas, que ninguém me havia feito. Ouviu minha história e depois fez o melhor exame físico que já tive em minha vida. Ele me perguntou: 'O que você sente no peito?', e quando respondi: 'Minha angina', ele perguntou: 'Mas o que você *sente* — qual a sua sensação?'. E, quando comecei a pensar a esse respeito, descobri que não era realmente uma dor, mas uma espécie de sensação de aperto, que dificultava minha respiração". Ela hesitou e então continuou: "Querido, você se importaria se eu voltasse mais cedo para casa? Há algumas coisas que desejo conversar com seu pai". Embora eu fizesse algumas perguntas, ela se retirou num silêncio vitoriano e voou de volta para Boston no dia seguinte.

Curioso, chamei meu amigo e lhe pedi que me contasse o que se passara no consultório. Ele riu e disse que minha mãe tinha uma sensação no peito, que erroneamente andou chamando de angina. Durante vinte anos, essa sensação significara para ela que seu coração estava em perigo e que poderia ter um ataque coronário. Como a sensação surgia sempre que havia uma diferença de opiniões em

---

* Dor intermitente no peito provocada pelo comprometimento do fluxo sanguíneo para o coração e desencadeada pelo esforço e excitação. Geralmente considerada indicadora do perigo de ataque cardíaco subseqüente.

nossa família, minha mãe aprendeu a jamais expressar sua opinião para evitar confrontações.

Enquanto conversávamos, comecei a me lembrar de minha infância. Meu pai é um homem decidido e eloqüente e costumava referir-se à minha mãe como "Minnie Mouse". Quando garoto, eu também costumava pensar nela como uma "Minnie Mouse" e jamais entendi como essa mulher tímida, que raramente parecia ter a coragem de demonstrar suas convicções, teve uma carreira tão brilhante como enfermeira.

"Bem", disse eu, "se não é angina, o que é?". Ele riu de novo. "Foi exatamente isso que sua mãe perguntou, e no mesmo tom de voz. Eu lhe direi a mesma coisa que disse a ela — eu sei o que não é, mas, na verdade, não sei o que é. Porém, acho que algo que durou tanto tempo, obviamente, é muito importante, mesmo que nenhum de nós tenha idéia do seu significado. Assim, pedi a ela que imaginasse que a sensação no peito tinha uma voz e o que essa voz poderia estar dizendo. Sem hesitação, ela disse: 'Pelo amor de Deus, parem de me pressionar', e ficou tão surpresa quanto eu. Por uma questão de ética, vou lhe pedir para perguntar o resto a ela. Tudo o que posso afirmar é que ela é uma das senhoras mais encantadoras que conheci e que foi maravilhoso tê-la como paciente. Estou pensando em escrever uma carta ao seu médico em Boston e enviar uma cópia para ela."

Algum tempo depois, minha mãe me mostrou a cópia da carta e fiquei impressionado com o texto:

O eletrocardiograma estava perfeitamente normal. A radiografia do tórax revelou uma antiga doença granulomatosa e mudanças degenerativas na espinha dorsal, mas a sombra cardíaca era normal. Não havia hipertrofia ventricular esquerda, nem no eletrocardiograma nem na radiografia do tórax. Estou anexando cópias dos exames de laboratório.

Eu o conheço e posso não concordar com você, mas acho que devo colocar minha opinião para suas considerações: ela não tem *angina pectoris*. A dor que ela descreve no peito é muito indefinida para mim e está associada à respiração nervosa. A *correlação é bastante nítida na mente da paciente* — que é tudo uma manifestação de tensão. Suspeito que a dor tem algo a ver com as atitudes um tanto opressivas e autoritárias do marido dela. Ele é um homem encantador, um marido fiel e leal, mas, definitivamente, fala a maior parte do tempo e domina o casamento.

Nos últimos três anos, meus pais se tornaram pessoas muito mais felizes. Minha mãe me disse que, assim que compreendeu que a sensação em seu peito queria dizer que estava sendo pressionada, e não morte iminente, conseguiu seguir a sugestão de meu amigo e passou a reparar nas situações que a coagiam ou perturbavam. Ao notar que tipo de acontecimentos e situações provocava a sensação em seu peito, ela passou a ter maior consciência das coisas que realmente considerava importantes, das coisas que gostava e das que não gostava. Com o estímulo, tornou-se capaz de dizer quem era e o que desejava, e meu pai começou a responder-lhe. Talvez ele jamais a tivesse escutado antes, pois ela nunca ousou se expressar. Acho que, ao evitar confrontações a todo custo, jamais dera uma boa olhada naquilo que era importante para ela e na maneira como desejava viver, e assim não pôde compartilhar essas coisas com ele, mesmo que tivesse tido a coragem de arriscar sua "angina" e tomar essa atitude. Por curiosidade, perguntei-lhe de onde tirara a idéia de que tinha angina. Ela não se lembrava se o diagnóstico fora dado por um médico, mas consultou muitos médicos durante todos esses anos. Ela acha que sempre lhes disse: "Eu tenho angina", e talvez eles tenham dito a si mesmos: "Ela é enfermeira, ela deve saber", e renovavam a prescrição de Peritrate. Os eletrocardiogramas e exames de laboratório sempre foram normais. Contudo, admiravelmente, ninguém, a não ser meu amigo, jamais pensou em desafiar o rótulo auto-imposto. Eu, com certeza, não. Entretanto, quando meu amigo o fez, ela conseguiu compreender o significado de seu sintoma e usar essa compreensão para melhorar a qualidade de sua vida. Depois de quase cinqüenta anos de casamento, ela iniciou importantes mudanças em seu relacionamento com meu pai e em seu modo de vida. E não precisou tomar nenhuma medicação durante quase um ano.

Para pessoas como essa mulher, essa doença pode ser uma manifestação de necessidades não satisfeitas mas que não podem ser verbalizadas, uma espécie de "linguagem corporal", muito pessoal. Nesse caso, devido à vontade de permanecer aberto à verdadeira natureza do problema, o médico foi capaz de ignorar um rótulo estabelecido e questionar a experiência da paciente. Ele ajudou-a a expressar com palavras a sensação de seu corpo ("imagine que a sensação em seu peito tem uma voz"), usando uma técnica que será discutida no próximo capítulo. A exploração de sua experiência subjetiva permitiu não apenas uma compreensão mais precisa do problema físico, mas também do significado único do sintoma no contexto da personalidade e circunstâncias de vida dessa mulher. Uma vez percebida, foram abertas possibilidades criativas — não somente para o alívio de seus sintomas, como também de sua causa subjacente. A habilidade do médico para considerar uma antiga condição sob uma nova perspectiva e estimular o paciente a fazer o mesmo levou a uma diminuição de sua ansiedade, ao crescimento de sua auto-estima, e permitiu que ela iniciasse algumas mudanças, havia muito tempo necessárias, em seu relacionamento conjugal.

Pelos padrões atuais de prática, esse médico poderia simplesmente ter dispensado sua paciente considerando-a "bem", uma vez que havia constatado que ela não sofria de doença cardíaca. Mas, ao contrário, ele dedicou à sua experiência subjetiva a mesma atenção cuidadosa e minuciosa geralmente reservada apenas ao exame físico objetivo — e estimulou-a a fazer o mesmo. Sua abordagem única despertou nela uma das forças humanas mais básicas e fortes: a capacidade de obter *insight* através da experiência. Experiência é educação; nós não sofremos apenas, nós também aprendemos. Assim, parece importante distinguir entre *enfermidade*, que pode ser considerada a experiência subjetiva da doença, e o processo fisiológico da *doença*. O exame da experiência da enfermidade permite que médico e paciente aprendam alguma coisa valiosa. Como será discutido em detalhes no capítulo 3, esse exame e reflexão com freqüência ajudam as pessoas a perceber melhor quem elas realmente são, a esclarecer seus valores e sua direção na vida, e a avaliar as opções disponíveis. Se negarmos ou rejeitarmos a experiência da enfermidade, podemos também inadvertidamente rejeitar a chance para transformar a dor de uma crise pessoal na compreensão que pode levar a uma saúde duradoura.

Nossa tendência a ignorar a importância da experiência da pessoa torna-se particularmente clara quando enfermidade e doença não coexistem. Quarenta por cento daqueles que procuram assistência médica têm sintomas para os quais não se pode identificar nitidamente uma causa física. Essas situações oferecem a chance de examinarmos o padrão da abordagem atual, pois, na ausência de um processo visível de doença, a tendência a desvalorizar a experiência subjetiva da pessoa torna-se mais clara.

Por exemplo, a hiperventilação, uma condição comum provocada pela ansiedade e respiração excessiva, não representa ameaça à vida e não requer intervenção médica imediata. Os sintomas físicos geralmente podem ser controlados fazendo a pessoa se relaxar e respirar num saco de papel. Quando necessário, acrescenta-se um tranqüilizante suave ao tratamento. Entretanto, a realidade subjetiva da pessoa é muito diferente. Em geral, ela fica assustada e não percebe que está respirando rapidamente. Seu corpo está dormente e formigando; ela sente dolorosos espasmos musculares, que não consegue respirar e que está a ponto de sufocar e morrer.

Um homem com esse tipo de problema é o personagem da próxima história, relatada por um médico integrante da equipe da sala de emergências:

Recentemente, um homem com hiperventilação deu entrada em nossa movimentada sala de emergências. A equipe, habituada a lidar com essa síndrome familiar, fez alguns exames de sangue e, dando ao homem um tranqüilizante e um saco de papel, colocou-o sozinho em uma sala. A ação da equipe baseou-se nos princípios da triagem, subjacentes a muitas decisões tomadas na sala de emergências. De acordo com esses princípios, o tempo limitado e a atenção da equipe são dedicados aos pacientes que mais necessitam de uma ativa intervenção médica e que podem ser mais profundamente auxiliados por essa atenção.

Após algumas horas e muitos casos urgentes, fui conversar com J. para lhe dizer que todos os seus exames estavam normais e que ele poderia ir para casa. Pedi-lhe para descrever o que acontecera. Ele descreveu os clássicos sintomas da síndrome de hiperventilação, acrescentando que já tivera problemas semelhantes umas três vezes. Senti-me satisfeito com a precisão de nosso diagnóstico e, enquanto ele se vestia, expliquei resumidamente as manifestações físicas que ele sentira. Então, perguntei-lhe o que havia sentido. Ele desviou os olhos, embaraçado, e respondeu que se sentira estúpido e tolo; que não havia nada de errado com ele e que desperdiçara nosso tempo. E, quase se desculpando, disse que se sentiu aterrorizado quando entrou na sala de emergências e que pensou estar morrendo.

De repente, enxerguei realmente aquele homem — assustado e apanhado de surpresa pela forte sensação de morte iminente, ele ficou sozinho numa sala durante horas, com poucas explicações ou apoio. A morte subjetiva não provocou em nós a resposta que a morte objetiva com certeza provocaria. Nós não levamos sua experiência a sério, nem reagimos com compaixão. Conversei com J. e expliquei-lhe que a equipe estava bastante familiarizada com a síndrome de hiperventilação e sabia que ele não corria perigo de vida. Esse conhecimento objetivo parecia, de algum modo, justificar nosso comportamento. Desculpei-me por tratar a sua experiência de uma maneira indiferente, até mesmo depreciativa, e começamos a conversar sobre seus sentimentos enquanto estava sozinho, sentado naquela sala, hora após hora. Pouco a pouco, ele tornou-se consciente das forças e recursos pessoais que utilizara para lidar com aquela situação assustadora. Começou a perceber que a solução de acontecimentos em sua vida que o tornaram ansioso exigia dele algumas das mesmas qualidades que utilizou para ajudar a si mesmo na sala de emergências. Depois de nossa conversa, dei-lhe o nome de algumas clínicas de serviços capazes de ajudá-lo a lidar melhor com suas tensões cotidianas.

Essa história é especialmente irônica, pois o sofrimento desse paciente passou despercebido por uma equipe de pessoas muito emotivas e sinceramente dedicadas. Os profissionais envolvidos nos cuidados de J. viram não apenas o paciente, mas a si mesmos, da maneira habitual. Eles caíram no padrão geral de pensamento, considerando que determinados aspectos de sua própria humanidade — sua preocupação, empatia e *insight* — não são tão relevantes ou necessários para o paciente quanto a sua habilidade para definir o tratamento e o diagnóstico.

A saúde humana é profundamente influenciada tanto pela realidade objetiva quanto pela subjetiva. Mas, quando o problema objetivo dessa situação foi corretamente identificado, concluiu-se que as necessidades do paciente tinham sido atendidas e sua experiência subjetiva foi ignorada. O paciente também desvalorizou sua própria experiência, a princípio não reconhecendo a legitimidade de suas necessidades subjetivas e desculpando-se por elas. Um exame de sua experiência subjetiva levou à validação de suas necessidades, assim como à identificação das forças pessoais que tinha à sua disposição, para satisfazê-las.

Muitas das importantes forças humanas são subjetivas. A falta de atenção à esfera subjetiva da experiência humana pode limitar seriamente nossa valorização e compreensão das habilidades e forças que, de outra forma, poderiam nos ajudar a solucionar crises de saúde. Basicamente, não podemos negar essa importante parte da natureza humana e ainda sermos totalmente eficientes na compreensão e estímulo da saúde humana. Geralmente, os aspectos subjetivos do paciente são considerados problemáticos; sentimentos, atitudes, crenças e fantasias podem interferir num plano de tratamento e, de algum modo, precisam ser afastados. Entretanto, quando as energias subjetivas são focalizadas e utilizadas, tornam-se não parte do problema mas parte de sua solução.

O impulso para rotular e categorizar reflete uma crença cultural comum de que a abordagem das ciências físicas é a única maneira de se conhecer as coisas e solucionar problemas. Maslow comenta que "quando tudo o que você tem é um martelo, todas as coisas se parecem com um prego". Certamente, uma abordagem analítica e categórica é apenas uma das maneiras de se conhecer e compreender as coisas. Ignorar a esfera subjetiva faz com que determinados recursos e informações muito importantes se tornem inacessíveis. Abordar a resolução dos problemas de saúde sem essas informações e recursos significa comprometer-se com as antigas questões de dor, doença e morte, com uma das mãos amarrada às costas.

Nossa atual cultura científica e tecnológica nos estimula a sentir um respeito maior pelo racional e objetivo do que pelo intuitivo e subjetivo. Geralmente, consideramos mais "real" e confiamos mais em coisas que podem ser expressas em números do que naquelas que só podem ser traduzidas por palavras. Contudo, ao dispensar e depreciar o subjetivo, desvalorizamos o que é mais singularmente humano em nós mesmos e nos outros. O homem não é apenas matéria; ele é consciência. E uma exploração cuidadosa do amplo alcance da consciência humana — do *insight* e intuição, escolha, direção, significado e propósito — promete maior eficácia nos cuidados com a saúde e em todos os outros empreendimentos humanos.

Para realizar esse potencial, precisamos questionar e buscar respostas para perguntas tão simples e infinitamente complexas como: O que é um ser humano? O que é a natureza humana? Que capacidades estão disponíveis porque *somos* humanos que permitem melhorar nossa saúde, nosso bem-estar e a qualidade de nossa vida?

Atualmente, estamos começando a compreender a natureza da pessoa, o alcance das forças, poderes e propósitos humanos. São necessárias muito mais pesquisas e informações para adquirirmos uma compreensão precisa da saúde humana e dos recursos disponíveis para nos recuperarmos de doenças. É importante que, na busca dessas informações, cultivemos dentro de nós a predisposição para desistir da pressa de chegarmos a conclusões; que abandonemos, durante algum tempo, tendências irrefletidas ao ceticismo ou crenças limitadas; que avancemos com o espírito de exploração, munidos da capacidade de dizer "Eu não sei", sem culpas, e com o sentimento de aventura.

A questão da conclusão prematura, refletida nessas práticas como rótulos classificadores, possui amplas implicações. O desejo da certeza imediata, que faz parte de nossa cultura atual, tem sobre nossas instituições sociais o mesmo efeito que produz sobre as pessoas. Ao encorajar a desatenção seletiva e definir os limites do possível, tais práticas tendem a impedir a entrada de novas informações, perpetuando assim o *status quo* e retardando as mudanças e o desenvolvimento necessários no próprio sistema.

A receptividade para se considerar o desconhecido requer coragem, paciência e curiosidade e encerra a promessa de grandes recompensas para aqueles que estudam a pessoa, pois a disposição de conceder um tempo para que as coisas ainda desconhecidas na natureza humana assumam sua verdadeira forma e aspecto pode finalmente nos levar a criar um sistema de saúde que será uma ciência mais verdadeiramente humana e, conseqüentemente, servirá melhor aos seus propósitos.

2

Natureza humana e saúde humana

Nos últimos anos, um número crescente de pessoas passou a se interessar por sua saúde e a desejar um papel ativo em seu estímulo e preservação. O desejo de assumir seriamente esse papel levou muitas pessoas a analisar a saúde como um conceito, a pensar e redefini-la por caminhos individualmente importantes e significativos. As concepções de saúde comumente aceitas foram reexaminadas e, quando questionadas, mostraram-se incompletas.

Para muitos, a tradicional concepção de saúde, que a define em termos de ausência de doença, tornou-se cada vez mais imprecisa e um tanto limitada. Considerar a saúde apenas como a ausência de doença nos fez avaliar nossa saúde em termos de números: do número de médicos que consultamos, do número de dias que faltamos ao trabalho, do número de anos que vivemos, ou da quantidade de sofrimento e limitação física que experimentamos.

Essa abordagem quantitativa já não satisfaz a muitas pessoas para as quais a saúde humana parece exigir algo mais, para as quais a vida possui calor, amizade, significado, propósito, humor, esperança e direção, bem como duração. Viver mais não significa necessariamente viver melhor; podemos ter menos doenças e não nos sentirmos mais saudáveis. Cada vez mais, saúde não parece ser a ausência, mas sim a presença de alguma coisa na vida; uma questão de qualidade, bem como de quantidade, de vida. A qualidade de nossa vida é influenciada por nosso bem-estar físico, mas não depende dele. Essa qualidade pode diminuir com a incapacidade física, mas com a mesma freqüência se intensificar através do sofrimento e limitação físicos e talvez não seja, de modo algum, afetada pela condição do corpo.

Mais e mais pessoas começam a considerar a saúde em termos dinâmicos, não como uma condição, mas como uma habilidade. As pessoas saudáveis parecem capazes de lidar criativamente com as mudanças físicas e psicológicas, com um mundo cada vez mais complicado e estressante, descobrindo nele uma percepção crescente de identidade pessoal, de significado e realização.

Esta e outras concepções mais amplas sobre a saúde não são realmente novas, mas somente agora estão se tornando amplamente acei-

45

tas. Há alguns anos, Jesse Williams observou: "É importante pensar na saúde como a condição do indivíduo que torna possível uma vida mais prazerosa, um trabalho mais construtivo, e que se manifesta num serviço melhor para o mundo. A saúde como isenção de doença é um padrão de mediocridade. A saúde como a qualidade de vida é um modelo de inspiração e realização crescentes".*

O reconhecimento de que muitos fatores, que não a doença, influenciam a saúde é um passo importante em direção à compreensão do atual desapontamento geral com nosso sistema médico. A suposição anterior de que a saúde é necessariamente o resultado de intervenções tecnologicamente precisas na fisiologia e bioquímica humanas, ou conseqüência de uma resposta terapêutica definida à patologia, provou não estar de acordo com nossa experiência. A expectativa comum de que o sistema de saúde, com a utilização de conhecimento e habilidades, pudesse "produzir" saúde não foi correspondida. Até certo ponto, não é apenas a natureza do sistema de saúde que exige um reexame cuidadoso, mas também a natureza de nossas expectativas e as suposições nas quais elas se fundamentam.

O recente foco de atenção sobre a saúde e o esforço geral para compreendê-la e redefini-la têm algumas interessantes implicações e potenciais. Ao perguntarmos: "O que é saúde?", estamos na verdade perguntando: "O que é natureza humana?". Toda concepção de saúde humana baseia-se, consciente ou inconscientemente, numa concepção do ser humano. As rápidas mudanças na definição contemporânea de saúde significam e correspondem ao mesmo tempo a uma concepção da própria natureza humana, que está se modificando e se expandindo rapidamente na sociedade contemporânea. Essa mudança começou a surgir através de uma linguagem que está se tornando bastante familiar; palavras e frases como consciência, percepção, cérebro direito e esquerdo, transpessoal, potencial humano, autorealização, experiência máxima, centralização, metanecessidades, aura e outras. O predomínio cada vez maior dessas palavras reflete a crescente atenção voltada à pergunta: "O que é um ser humano?", e mais especificamente: "Quem sou eu?", e sugere a existência de uma ampla exploração multidirecional sobre essa pergunta. As descobertas da exploração da natureza humana têm o potencial não apenas de modificar a concepção contemporânea de saúde, mas também de afetar profundamente a prática diária dos cuidados com a saúde, alterando a distribuição da responsabilidade pela saúde pessoal e a valorização dos recursos disponíveis para favorecê-la. Ela promete

---

* Jesse F. Williams, *Personal Hygiene Applied*, W. B. Saunders Company, Filadélfia, 5ª edição, 1934, p. 18.

modificar as expectativas mútuas das pessoas que oferecem cuidados e daquelas que os procuram, ampliando e intensificando os objetivos e relacionamentos terapêuticos.

Questões como a natureza da personalidade e identidade humanas não foram anteriormente reconhecidas como preocupações diretas da medicina. Entretanto, nossa concepção da natureza humana com certeza influencia profundamente nossa capacidade para compreender os problemas humanos e participa de maneira eficaz em sua solução. Até recentemente, não se tinha uma idéia nítida de como a visão dos profissionais de saúde a respeito da natureza humana afetava profundamente seus atos e raciocínio, determinando suas atitudes frente à vida e à morte, doença e saúde. Também não se compreendia que a concepção do paciente a respeito de sua própria humanidade aumenta ou limita suas opções e oportunidades, afetando as expectativas que tem sobre si mesmo, sobre o profissional de saúde e sobre o sistema de saúde em geral.

Na verdade, a natureza humana não é desconhecida a nenhum de nós; através de nossa experiência interior e observação dos outros, desenvolvemos a percepção de seu alcance e amplitude, daquilo que nós mesmos e os outros somos e podemos ser. Os profissionais da saúde trabalham diariamente com as dimensões da pessoa, como sentimentos, crenças, forças, valores, aspirações e objetivos. Entretanto, a compreensão que temos dos outros e de nós mesmos é, de modo geral, inconsciente e intuitiva. Raramente, essa informação é sistemática, deliberadamente estudada e intencionalmente utilizada.

Para que essa compreensão se torne um elemento mais útil em nossa prática diária e em nossa vida, precisamos perceber a informação que existe em nosso inconsciente, na qual nossa intuição se baseia. A intuição nem sempre pode ser previsível e, às vezes, não se encontra prontamente disponível quando necessária. A habilidade para se reconhecer e mobilizar todos os recursos para estimular a saúde pode exigir um esforço para compreendermos a nós mesmos e aos outros, tanto cognitiva quanto intuitivamente.

Ultimamente, muitas áreas têm dedicado uma atenção mais cuidadosa à questão da natureza do indivíduo, e vale a pena considerar algumas das idéias e teorias sobre a condição humana para se obter uma compreensão mais profunda da saúde e da doença. Essas teorias podem ser consideradas mapas do território humano. Embora úteis, elas também têm suas limitações. Afinal, todo mapa consiste apenas na descrição de uma realidade, uma forma de nos orientarmos quando viajamos por um lugar desconhecido. O mapa não representa o próprio território, que pode ser muito diferente.

E. F. Schumacher, em seu livro *A Guide for the Perplexed*,* mostra que mapas e teorias são apenas um começo e adverte que, "quanto mais familiarizados nos tornamos com os detalhes de um mapa, mais ficamos absorvidos com aquilo que ele mostra e tendemos cada vez mais a nos acostumar com o que ele não mostra". Talvez os mapas pudessem ser mais úteis se mostrassem não apenas o que se pensa conhecer, mas também indicassem as áreas e espaços escuros daquilo que ainda não é conhecido. Dessa maneira, poderiam ser reconhecidos como trabalhos em desenvolvimento, que podem ser modificados à medida que nossa compreensão do território se modifica, à medida que passamos a conhecê-lo melhor; à medida que mais pessoas o visitam e retornam para relatar sua experiência. Com flexibilidade e valorização da utilidade dos mapas, vamos examinar alguns daqueles que lidam com o território da natureza humana.

Uma concepção comum da natureza humana, que tem se tornado cada vez mais predominante em nossa cultura, é a de que o homem é mais do que um ser físico, que cada um de nós possui um mundo interior nem sempre tão fácil de se enxergar quanto a nossa natureza física. A relação mente-corpo-sentimentos é dinâmica e interdependente — cada parte capaz de afetar e influenciar as outras.

Baseada nessa visão comum, a saúde começou a ser conceituada como um equilíbrio para a pressão que essas dimensões humanas exercem umas sobre as outras, com a doença como a ruptura do equilíbrio, afetando os três aspectos da pessoa. Acredita-se que algumas doenças são provocadas ou agravadas pelo conflito entre os objetivos e perspectivas de duas ou mais dessas partes, pela falta de comunicação entre elas, ou até mesmo pela relativa predominância de uma das partes sobre as outras.

O advento de muitos dos sistemas médicos alternativos e sua crescente utilização em nossa cultura levaram a algumas especulações sofisticadas sobre a natureza da relação mente-corpo-sentimentos. Dentre eles, um dos mais interessantes é o sistema de visão da energia humana que sugere que as fronteiras entre esses aspectos de nossa humanidade não são restritas, rígidas ou mesmo limitantes. No Ocidente, o estímulo para tais especulações tem suas raízes na física moderna e na afirmação básica de Einstein sobre o relacionamento intercambiável entre energia e matéria. A teoria da relatividade define matéria como um determinado tipo de energia e considera que outros tipos de energia podem ser livremente transformados em matéria, ou vice-versa. Embora bastante novo para o pensamento ocidental, esse conceito subjaz a algumas tradicionais concepções orientais

---

* E. F. Schumacher, *A Guide for the Perplexed*, Harper & Row, Nova York, 1977.

sobre a natureza humana e constitui a base de muitos sistemas psicológicos ou de ioga do Oriente. Como descreveu Haridas Chaudhuri:

Na concepção de todas as escolas de ioga... corpo e mente humanos, natureza e espírito, corpo e alma, instinto e intelecto, emoção e intuição, são distinções específicas ou funções diferenciadas da mesma energia criativa. Para a psicologia da ioga, não existe a diferenciação mente/corpo.*

A medicina oriental também não separa conceitualmente a consciência do corpo, mas, ao contrário, considera essas dimensões humanas simplesmente como diferentes formas intercambiáveis de uma única energia viva, a energia do indivíduo. A aplicação desses sistemas na saúde e na doença sugere que a energia desenvolvida numa forma, por exemplo, em energia emocional, e que ultrapassou sua tolerância pode saturá-la, transbordar e se manifestar em distúrbios físicos ou mentais.

O conceito da condição humana como um sistema de energia aberta pode ser considerado uma metáfora ou aceito como uma descrição precisa de nossa natureza básica. Em ambos os casos, é importante para a compreensão de situações comuns, como a que ocorreu na prática de um clínico geral.

Uma de minhas pacientes, Kathy M., é uma jovem musicista, que trabalha como *free-lance*. Ela é alta, magra e muito pálida; veste-se com roupas de veludo, rendas e lantejoulas, maravilhosamente complicadas, que ela mesma confecciona. Assemelha-se a uma personagem de uma peça teatral ou a alguém de outro século, e geralmente usa perfumes exóticos que minha equipe afirma serem sândalo, patchuli ou almíscar. Como a maioria das pessoas que vêm ao meu consultório não tem uma aparência ou um odor tão adoráveis quanto ela, ficávamos encantados com a novidade de suas visitas. Geralmente, chegava na garupa de uma motocicleta e ia embora da mesma maneira, algumas vezes com homens diferentes. Em resumo, uma pessoa muito original.

Certo dia, ela me telefonou e disse que estava grávida. Perguntei por que chegara a essa conclusão e ela disse que não menstruava havia alguns meses. Pedi-lhe que viesse se submeter a um exame, mas ela educadamente recusou, dizendo que ainda não sabia se desejava o bebê e que precisava se decidir antes de me encontrar. Assim, saberia se desejava um parto ou um aborto e não desperdiçaria uma visita. Pedi-lhe que se mantivesse em contato comigo, e cerca de uma

---

* H. Chaudhuri, "Asian Psychology", em B. McWaters, *Humanistic Perspectives*; *Current Trends in Psychology*, Brooks/Cole Publishing Company, 1977, p. 116.

semana depois ela tornou a telefonar. Não conversamos, pois ela apenas pediu que me transmitissem um recado: ainda não se decidira. Duas semanas depois, ela veio ao consultório e disse que decidira ter o bebê. Conversando com ela, descobri que, embora não tivesse um ciclo menstrual havia três meses, suas regras tinham sido irreguladas durante muitos anos. Seus métodos anticoncepcionais eram, no mínimo, precários, embora essa fosse sua primeira gravidez. Ela engordara um pouco desde seu último ciclo e notara que os seios estavam maiores e a cintura aumentara.

Eu estava particularmente impressionado com sua história social. Sua vida era dispersa e muito intensa. Ela mudava de emprego com freqüência e achava natural trabalhar a noite toda. Usava drogas regularmente, para agüentar esse ritmo de vida e para sentir-se mais tranqüila. "Nada pesado, apenas o que se encontra por aí." Seus relacionamentos eram tão casuais quanto o resto de sua vida. Ela parecia se movimentar rápido demais para poder estabelecer quaisquer amizades mais profundas. Vivia com seu "velho", mas sua ligação, embora duradoura, parecia superficial. Ela não contara a ele a respeito da gravidez e pareceu surpresa quando lhe perguntei, embora soubesse que a criança era dele. "Ele não está tão interessado assim em minha 'viagem' ", disse, encolhendo os ombros. Minha impressão era de que ela estava sob enorme tensão, havia muitos anos — sem nenhum padrão regular de sono, sem hábitos regulares de alimentação, sem relacionamentos regulares.

Durante o exame, os seios se mostraram sensíveis, os mamilos, mais escuros e maiores, e o abdome, protuberante. Contudo, o útero estava pequeno e não apresentava sinais de gravidez. Não havia nenhuma indicação física que sugerisse as condições endócrinas que algumas vezes podem provocar a interrupção da menstruação.

Baseado nessas observações, achei que ela não estava grávida e dei minha opinião. Sua resposta foi insistente: "Eu sei que estou grávida". Pedi-lhe que se submetesse a um teste de gravidez, o que ela aceitou, e marcamos uma consulta para a semana seguinte, quando poderíamos discutir o resultado do teste.

Considerei diversos diagnósticos alternativos: ela não teve seu ciclo; assim, tecnicamente, sua condição poderia ser classificada como "amenorréia", palavra grega que significa ausência de menstruação. Será que essa condição foi provocada simplesmente pela tensão? Poderia ela se encontrar no estágio inicial de uma deficiência pituitária? Será que estava com anorexia nervosa ou, talvez, até mesmo pseudociese ou falsa gravidez? Comecei a considerar esses diagnósticos e fiz algumas anotações na ficha, e não pensei mais no assunto até sua próxima visita.

O resultado do teste de gravidez de Kathy foi negativo. Quando lhe disse, ela mostrou-se surpresa e incrédula. Mais uma vez, insistiu que sabia estar grávida. Fiquei impressionado com sua convicção, mas, mesmo assim, sua crença não foi confirmada pelo teste de laboratório, nem pelo exame físico. Comentei com ela a hipótese da amenorréia e as diferentes causas desse problema. Sugeri mais alguns testes de laboratório, e ela concordou. Novamente, os resultados foram negativos.

Ela aceitou a notícia em silêncio e então mostrou-se perturbada. "Eu sei que estou grávida; além disso, se não estou grávida, por que meu estômago está tão dilatado? Ele nunca foi assim. Deve haver algo errado dentro de mim." Eu disse: "O que você acha que é?". Nesse momento, seus olhos se encheram de lágrimas, e ela disse: "Sinto alguma coisa crescendo dentro de mim; deve ser um tumor". Assegurei-lhe que este certamente não era o caso, que a causa mais provável para a interrupção do seu ciclo era a tensão. Disse-lhe ainda que 30% das mulheres têm o ciclo interrompido quando mudam de emprego ou quando estão perturbadas, que a amenorréia provocada pelo estresse era muito comum. Sugeri que examinasse seu modo de vida e verificasse se havia maneiras de ela se sentir melhor com ela mesma e com seu corpo. Ela ouviu atentamente, mas foi embora pouco convencida.

Eu mesmo não estava muito convencido. "Estresse" parecia um termo tão vago, tão generalizado, que não explicava nada e que, certamente, não era útil para Kathy. Sentei-me à escrivaninha e reli a ficha. Virei as páginas e reexaminei as três consultas. No topo de cada página estavam as palavras "Queixa principal: gravidez", e na parte inferior de cada página, as minhas palavras: "Impressão: pseudociese [gravidez imaginária]". Eu não estava satisfeito e em minha frustração comecei a pensar na palavra "gravidez". "Qual o verdadeiro significado dessa palavra?", perguntei a mim mesmo, e fui até a prateleira, peguei o dicionário e encontrei o seguinte na palavra *gravidez*: (1) carregando um feto no útero; (2) cheio de idéias, fértil; (3) criativo, inventivo; (4) pleno de significado ou implicação.

A definição admitia que a gravidez poderia ocorrer não apenas no corpo, mas também na mente e nas faculdades criativas. Bem, pensei, se é a pessoa que está grávida e não simplesmente o corpo, teoricamente a gestação é possível em qualquer uma das diversas dimensões de um ser e qualquer uma delas pode "dar à luz". Eu acreditava que Kathy era mais do que seu corpo, mas não considerara seriamente seus sintomas a partir dessa perspectiva. O dicionário também observava que a condição da gravidez era "plena de significado ou implicação". Isso também parecia certo, mas eu realmente não reconheci isso em minha interação com Kathy. Como ela não estava fisicamente grávida, eu diagnosticara uma "falsa gravidez", negando assim o "significado e implicação" de sua experiência e sua verdade para ela.

Pedi à minha secretária que telefonasse para ela e marcasse uma nova consulta. Foi bastante difícil, pois Kathy deixou de comparecer a três consultas consecutivas e comecei a imaginar se, ao invalidar sua experiência, eu perdera minha credibilidade junto a ela. Finalmente, eu mesmo lhe telefonei e disse que estivera pensando nela e decidira que meu diagnóstico não estava completo e lhe pedi para voltar ao consultório, pois havia uma pergunta que gostaria de lhe fazer.

Quando ela veio, parecia deprimida e disse que sua menstruação ainda não viera, embora estivesse dormindo e se alimentando com mais regularidade. Disse também que os seios e o abdome continuavam inchados. Estava confusa com a persistência desses sintomas, uma vez que não estava grávida. Eu lhe disse que, embora os testes de laboratório tivessem confirmado que seu corpo não estava grávido, eu acreditava ser possível que ela própria *estivesse* grávida. Segundo suas palavras, havia "alguma coisa crescendo dentro dela", alguma coisa que desejava acontecer. Comentei com ela o relacionamento mente/corpo e os sistemas que adotam uma visão mais aberta a esse respeito. Sugeri que ela bem que poderia estar — por assim dizer — grávida. Talvez a gravidez se refletisse em seu corpo, mas não estava *dentro* dele, porém em seu coração, em sua mente ou em sua criatividade. E perguntei: "Qual a coisa que está crescendo dentro de você e que você deseja dar à luz? Se não é um bebê, o que poderia ser?".

Ela pareceu bastante surpresa. "Não sei. Que estranho." Encorajei-a a pensar a esse respeito, e encerramos a visita.

Olhando para trás, percebo que fiquei um pouco desapontado com os resultados dessa consulta. Alguma coisa em mim desejava que ela tivesse tido uma espécie de reconhecimento ou, talvez, apresentasse uma solução para o caso, lá mesmo no consultório. Após a excitação do diagnóstico, o ocorrido se assemelhava a um anticlímax. Ela não voltou mais, nem ouvi falar dela durante quase um ano. Então, certo dia, uma jovem veio me consultar e, ao anotar sua história, descobri que ela trabalhava num lugar chamado Katy-Did, uma nova loja de artesanato dirigida por um grupo de jovens criativas que moravam juntas e que costuravam, bordavam e tricotavam. Ela falou de seu trabalho com grande entusiasmo, referindo-se diversas vezes a uma mulher que ela chamava de "Moms", que a ajudara a se libertar das drogas e a desenvolver seu talento para a tecelagem. "Sem 'Moms', eu não teria conseguido acertar minha vida."

"Que nome estranho", disse eu.

"Ah, esse não é seu verdadeiro nome. Nós a chamamos assim porque ela toma conta de nós; ela é mais velha e é extraordinária. Abriu a Katy-Did e cuida dos negócios e nos ajuda em nosso trabalho. Seu verdadeiro nome é Kathy M. Acho que falei tanto dela porque é muito importante para mim. Com certeza ela me ajudou a mudar minha vida."

Sempre que essa jovem vem ao meu consultório, pergunto-lhe com autêntico prazer: "Como está indo a Katy-Did?", e ela sempre responde algo mais ou menos assim: "Estamos indo muito bem".

Sem um sistema de visão aberta com relação à energia humana, geralmente se espera que as condições físicas tenham causas físicas, como muitas delas realmente têm. Entretanto, quando não se pode identificar uma causa física, inclinamo-nos a desprezar esse fato como se ele não fosse "real". Essa atitude é mais predominante quando o problema do paciente é puramente subjetivo, envolvendo sintomas como dor ou insensibilidade, mas também é comum na presença de descobertas ou sinais objetivos.

O paciente pode ser levado à difícil situação de sofrer com um problema que ninguém leva a sério; pode até mesmo ser tratado com desconfiança, como se estivesse, de algum modo, tentando enganar ou manipular os outros e sentir-se bastante envergonhado de seu problema.

Inicialmente, o médico de Kathy realizou seu trabalho de maneira tradicional: sua responsabilidade era detectar uma condição física, como gravidez ou alguma patologia, como deficiência pituitária ou hipotiroidismo. Entretanto, quando nenhuma dessas condições estava presente, ele não perdeu o interesse nem deixou de se envolver. Em vez de dispensar Kathy com o rótulo de "Pseudociese [gravidez imaginária]", sugerindo desse modo que sua experiência estava "errada" ou que sua condição fora definida ou compreendida, ele passou a considerar o fato de que talvez seu ponto de vista fosse limitado, a acreditar que o que estava acontecendo com Kathy era válido e a desejar compreendê-la. Embora sua situação não fosse válida num contexto puramente físico, ele o ampliou em vez de invalidar as descobertas físicas de Kathy. De certo modo, com essa atitude ele se transferiu de um modelo de doença, no qual todos os fenômenos reais são explicados em termos de patologia física, para um modelo aberto, que busca a causa de sintomas e sinais e de seu significado, além do nível físico.

Ao fazê-lo, ele considerou a condição física de Kathy não como evidência de um "problema", mas como algo interessante cujo

53

significado poderia ser útil e positivo. Ele foi recompensado com um resultado que o fascinou e renovou sua crença na riqueza, elasticidade e complexidade do ser humano.

Além disso, seu método e o apoio que ofereceu talvez tenham possibilitado à paciente compreender e usar a situação para melhorar a qualidade de sua vida. Como esse caso sugere, nossa habilidade para compreender e resolver tais acontecimentos pode ser uma das funções de nossa visão a respeito da natureza humana. Os cuidados com a saúde são potencialmente eficazes à medida que a visão da natureza humana, na qual eles se baseiam, for abrangente e inclusiva.

A concepção do relacionamento mente-corpo-sentimentos como um sistema de energia aberta foi amplamente estudada pelos cientistas comportamentais. O efeito de sentimentos reprimidos sobre o corpo foi reconhecido por mais de uma geração e é a base para a área da medicina psicossomática. Nossa experiência pessoal confirma essas descobertas e sugere também que os sentimentos não precisam estar reprimidos para provocar efeitos físicos; ansiedade, medo ou tristeza, quando vivenciados plenamente, também podem nos afetar. A pessoa que tem diarréia antes de um exame ou discurso importantes, ou quando muda de emprego, está vivenciando diretamente a ligação entre sentimentos e corpo. As emoções não somente provocam sintomas físicos como a diarréia, mas também causam danos físicos. Podemos citar como exemplo dois dos principais problemas de saúde de nossa sociedade, as úlceras e a pressão sanguínea elevada. Mesmo as doenças não diretamente causadas por conflitos emocionais podem, contudo, ser agravadas por eles — especialmente condições como doenças cardíacas, diabetes e asma.

Como pediatra, freqüentemente vi crianças em salas de emergências passando por um severo ataque de asma que fora lentamente se desenvolvendo durante muitos dias. Eu cuidava delas com todos os meios químicos e mecânicos disponíveis e não obtinha nenhuma reação ou melhora. Então, pedia à enfermaria infantil que se preparasse para uma internação de emergência.

Geralmente, apenas essa decisão ocasionava uma rápida cura. Já passei pela experiência de entrar no elevador do hospital com uma criança sufocada e arquejante e sair dele no vigésimo andar com uma criança de olhos brilhantes e pronta para brincar — apenas para encontrar colegas irritados que se haviam mobilizado para atender à "emergência". Constrangimentos à parte, esses incidentes enfatizavam, para mim, o poder exercido pelos fatores emocionais do ambiente de uma criança sobre o processo básico da doença. Ao afastarmos temporariamente as crianças do ambiente que provocou o estresse emocional, algumas vezes ocorriam esses dramáticos resultados.

O efeito negativo de sentimentos como raiva, frustração, medo, ansiedade e outros sobre a química e psicologia do corpo foi tema de cuidadosas pesquisas e está amplamente documentado no clássico livro de Selye, *The Stress of Life*.* Esses efeitos são familiares e amplamente aceitos. Durante recente enfermidade, Norman Cousins perguntou a si mesmo se o reverso seria verdadeiro. "Se as emoções negativas provocam mudanças químicas negativas no corpo, não poderiam as emoções positivas provocar mudanças positivas? Será que o amor, a esperança, a fé, o riso, a confiança e a vontade de viver têm valor terapêutico?" No *New England Journal of Medicine*,** Cousins relatou sua experiência de provocar sistematicamente emoções positivas na avaliação de severas doenças pessoais, e, em particular, o efeito do riso na diminuição da sensibilidade à dor. Esse intrigante potencial do relacionamento sentimentos-corpo aguarda a investigação mais extensa que tanto merece.

As emoções não somente afetam o corpo, como este também é afetado pelas emoções. O efeito do corpo sobre o estado emocional é familiar a todos nós. Atividades como cortar lenha ou jogar tênis podem, temporariamente, aliviar sentimentos de raiva ou frustração. A insônia geralmente nos deixa deprimidos. A fome nos deixa nervosos, ou ansiosos, ou mal-humorados, e uma boa refeição pode proporcionar um sentimento de otimismo e de esperança renovada. A música, em particular, afeta as emoções e é utilizada por muitas pessoas para elevar seu estado emocional. Os exemplos são intermináveis.

Os efeitos do *corpo sobre a mente* também são familiares. É difícil pensar quando se está desconfortável, faminto, cansado ou sentindo dores. Através da experiência pessoal, muitas pessoas até mesmo descobriram que determinadas posturas corporais estimulam um raciocínio mais claro. Raciocinamos de maneira mais eficiente quando sentados à mesa, deitados no chão, com os olhos abertos, ou com os olhos fechados, andando pela sala, ou permanecendo imóveis. Esses efeitos são bastante individuais, mas todos já os sentimos e podemos utilizá-los deliberadamente para melhorar nosso processo de raciocínio. Além disso, o profundo efeito da *mente sobre* o corpo só agora está começando a ser plenamente valorizado, e o potencial do *pensamento* e dos *sistemas de crenças* para provocar a doença está se tornando mais evidente. Atualmente, o relacionamento mente-

---

* Hans Selye, *The Stress of Life*, McGraw-Hill Book Company, Nova York, 1956.
** Norman Cousins, "Anatomy of an Illness", em *New England Journal of Medicine*, 23 de dezembro de 1976, pp. 1458 ss.

corpo como um fator na manutenção e restabelecimento da saúde é o tema de explorações inovadoras. O trabalho de Émile Coué, *The Power of Positive Thinking*, publicado na Inglaterra nos anos 20, tornou-se o precursor de técnicas refinadas relacionadas à mente/corpo, como o *biofeedback*, o método Feldenkrais, o treinamento autógeno, o método Simonton, e outros.

Além disso, baseados em nossas observações pessoais, sabemos que a mente, o corpo e as emoções não apenas influenciam uns aos outros, mas que um ou outro aspecto é predominante na personalidade de uma pessoa. Muitos indivíduos obtêm até mesmo seu senso de identidade através do aspecto que é mais forte neles e que os faz se sentirem mais "vivos". Descartes exemplificou uma identificação desse tipo na afirmação: "Penso, logo existo". Hoje em dia, muitas pessoas concordariam com ele, embora na realidade fosse mais exato dizer: "Existo, logo penso".

O predomínio da mente, corpo ou sentimentos na personalidade é facilmente reconhecido nos outros e geralmente falamos de uma pessoa como uma "pessoa mental", uma "pessoa emocional" ou uma "pessoa física". O que sugerimos é que determinada dimensão de sua experiência interior é aquela na qual a pessoa mais se apóia, aquela que ela acredita estar mais próxima daquilo que realmente é, pesando bastante nas suas escolhas. Nesse sentido, pode-se dizer que a vida dessa pessoa é "orientada" por suas necessidades físicas, seus pensamentos ou seus sentimentos.

Desenvolver esse predomínio é útil, pois nos proporciona uma sensação de estabilidade interior e permite fortalecer as habilidades e qualidades da parte que favorecemos. A sensibilidade de sentimentos, a facilidade da mente ou a força do corpo resultantes são impressionantes. O único inconveniente consiste em se favorecer uma das partes de maneira tão exclusiva que as outras permanecem não desenvolvidas e não utilizadas. A pessoa que está fortemente identificada dessa maneira pode se sentir desconfortavelmente incompleta. A freqüência de casamentos em que um dos parceiros é uma "pessoa mental" e o outro uma "pessoa emocional" confirma isso e sugere o anseio de se ter acesso total à experiência e expressão das funções humanas.

Ser uma pessoa mental, uma pessoa emocional ou uma pessoa física determina como se enfrenta a doença e, na realidade, a vida em geral, o que será discutido com mais detalhes no capítulo 5. Entretanto, a doença ou outras crises pessoais geralmente exigem que sejamos capazes de nos mobilizar e utilizar todos os recursos interiores em nosso benefício. Lidar com a doença apenas através da mente ou dos sentimentos pode limitar nossa habilidade de recuperar a saúde e fazer com que percebamos a necessidade de desenvolver mais plenamente nossos outros componentes.

A noção do relacionamento mente-corpo-sentimentos, embora dominante em nossa cultura e útil para aprofundar a compreensão do impacto da doença e a natureza da resposta individual, não faz justiça à complexidade de nossa experiência interior. Aqueles que estudam a personalidade humana observaram que para cada pessoa determinados sentimentos e pensamentos normalmente estão associados uns aos outros e a atitudes, valores e prioridades relevantes, dentro de padrões psicológicos bem organizados que influenciam profundamente nossa percepção e reação aos acontecimentos externos.

Recentemente houve um crescente interesse por essa observação e surgiram diversas disciplinas na psicologia, baseadas no conceito de que a personalidade humana não é um todo unificado. Na verdade, a idéia da multiplicidade da personalidade humana não é nova, tendo sido reconhecida durante muitos anos e extensivamente descrita por escritores e filósofos. A esse respeito, Somerset Maugham ironicamente comentou: "Há momentos em que examino as diversas partes de meu caráter com perplexidade. Reconheço que sou formado por diversas pessoas e que a pessoa que no momento está no controle irá, inevitavelmente, dar lugar a outra".*

A erudita budista Alexandra David-Neel descreve assim essa multiplicidade: "Uma pessoa é uma assembléia... onde a discussão nunca termina... muitas vezes, diversos membros se manifestam ao mesmo tempo e propõem coisas diferentes. Pode acontecer que essas diferenças de opiniões... provoquem briga. Companheiros podem até mesmo se agredir".** O filósofo Hermann Keyserling acrescenta: "A tendência fundamental de cada personalidade é, na realidade, uma entidade autônoma — e suas combinações, condições e transmutações criam uma fauna interior —, um reino animal cuja riqueza é comparável à do reino animal exterior".***

Os seis personagens de Pirandello à procura de um autor, o Lobo da Estepe de Hesse, e seu mágico teatro pessoal, os trágicos Dr. Jekyll e Mr. Hyde de Stevenson são outros exemplos do reconhecimento da complexidade da natureza humana na arte.

Essa multiplicidade interior foi tema de estudo de muitas disciplinas psicológicas, que resultaram no surgimento de diversas teorias que estimulam o reconhecimento de partes da personalidade e de

---

* Citado em T. A. Harris, *I'm OK — You're OK,* Harper & Row, Nova York, 1969, p. 1.
** A. David-Neel, *Buddhism,* John Lane, Londres, 1939.
*** R. Assagioli, *Per l'Armonia della Vita, la Psicosintesi,* Istituto di Psicosintesi, Via San Domenico 16, Florença, Itália, 1966, p. 5.

terapias para solucionar seu conflito. A gestalt-terapia de Perls (com seus "opressor" e "oprimido"), os pais, adultos e crianças de Berne, os arquétipos de Jung, o id, ego e superego de Freud e as subpersonalidades de Assagioli representam métodos de identificação de partes da personalidade e técnicas para integrá-las num todo mais amplo e efetivo.

Muitos dos psicólogos que estudaram a multiplicidade da personalidade humana concordam em três pontos. Primeiro, cada uma das configurações ou cristalizações psicológicas dentro da personalidade humana é autônoma e surge espontânea e automaticamente em resposta à percepção de situações e acontecimentos externos. Segundo, as configurações psicológicas são convincentes e geralmente tão reais para uma pessoa que, quando presentes e ativas, podem suprimir a percepção daquilo que somos. Nesses momentos, pode-se dizer que uma pessoa se encontra num estado bastante diferente do de sua autêntica identidade pessoal, provocado pela total identificação com um ou outro desses aspectos de si mesma. Terceiro, a maior parte das pessoas não tem consciência da mudança na percepção daquilo que realmente são ou do conflito entre partes de sua personalidade que possuem perspectivas, atitudes e objetivos bastante divergentes.

A identificação com algum aspecto de nossa experiência interior é muito natural e acontece com todo mundo. Ao discutir essa tendência à identificação parcial, Carl Jung observa:

> Um ou outro instinto básico, ou complexo de idéias, irá invariavelmente concentrar em si mesmo a maior quantidade de energia psíquica e, assim, obriga o ego a servi-lo. Via de regra, o ego é tão poderosamente atraído para esse foco de energia que se identifica com ele e pensa não desejar nem necessitar de mais nada.*

Essas identificações tornaram-se mais familiares através da obra de Eric Berne. Em seu popular livro *Games People Play*,** o dr. Berne examina três dessas configurações psicológicas — pais, adultos e crianças — e documenta sua influência nos relacionamentos diários, comportamentos e na percepção do *self* e dos outros. Os estados de consciência descritos por Berne fazem parte da experiência humana comum. Entretanto, cada um de nós possui uma criança *única*, um pai *único* e um adulto *único*, baseados em nossa experiência de vida e em nossas necessidades. Cada pessoa possui, além disso, outras

---

* C. G. Jung, *Two Essays on Analytical Psychology*, tr. por R. F. C. Hull, vol. 7 do *The Collected Works of C. G. Jung*, Bollingen Series XX, Princeton University Press, Princeton, Nova Jersey, 2ª edição, 1966, p. 72.
** Eric Berne, *Games People Play*, Grove Press, Nova York, 1964.

formações psicológicas específicas à sua própria personalidade e anteriores experiências de vida: o Médico, o Auxiliar, o Frívolo, o Mártir, o Palhaço, o Libertador, o Amante, o Grande Organizador, e muitos outros que podem ser identificados e determinados pelas próprias pessoas.

Os diversos aspectos da personalidade são padrões aprendidos de pensamentos, sentimentos, sensações, atitudes, crenças e valores que se tornaram formas inconscientes de reagir a determinados acontecimentos, necessidades ou percepções. Quando despertados em resposta a uma situação, geralmente levam a um conjunto de comportamentos bastante previsíveis e fixos. Alguns desses aspectos são de natureza muito "mental"; outros tendem ao emocional ou ao físico. O próprio padrão pode ter se desenvolvido em nosso passado como uma estratégia para enfrentarmos certas necessidades, como a de amor, poder, reconhecimento, ou outras, que, no presente, são utilizadas para se alcançar os mesmos objetivos e propósitos. Por exemplo, a mulher que quando criança aprendeu a se mostrar indefesa para receber proteção e carinho irá se tornar a Indefesa Ana no relacionamento com alguém de quem deseja receber proteção: seu marido, seus amigos e até mesmo seus filhos. O homem que aprendeu em suas experiências passadas que obtinha maior segurança confiando totalmente em si mesmo irá se tornar a Rocha em tempos de adversidade ou ao perceber que sua segurança está ameaçada.

Essas respostas automáticas podem ou não ser adequadas e úteis em uma situação específica e, na realidade, às vezes limitam nossa habilidade para reagir com eficiência em circunstâncias atuais. Podemos nos encontrar numa situação com uma percepção limitada de quem somos e dos recursos pessoais e interpessoais que temos à disposição. A maior parte das pessoas não presta muita atenção a essa complexidade interior e assim está bastante inconsciente dessa limitação. *É como se fôssemos atores que temporariamente esqueceram quem são e se tornaram a personagem que estão interpretando.*

Muitas das limitações que experimentamos são auto-impostas e surgem do fato de nos identificarmos quase que exclusivamente com um único aspecto de nossa personalidade. No decorrer deste livro, surgem alguns exemplos, como Paul, que se identificava com seu Médico Dedicado, ou Harold, que inicialmente se identificava com seu Eu-Gordo.

Na realidade, muitas pessoas vivem a maior parte da vida identificadas com uma ou outra dessas formações psicológicas ou desviam sua consciência de um lado para outro, entre diversas delas: aprisionadas em maneiras habituais de perceber e agir. Geralmente, não estamos conscientes de que nos identificamos dessa maneira ou mesmo das freqüentes mudanças em nossa identificação. Imagine um grupo de profissionais de saúde presentes em uma conferência. Podemos dizer que, enquanto ouve ou faz anotações, a maioria está provavelmente identificada com a parte de si mesma que deseja saber mais, aprender, assimilar informações, estudar. Agora, imagine o que aconteceria se o orador subitamente levasse a mão ao peito e caísse no chão. Em poucos segundos, não haveria um único "aluno" na sala e uma multidão de "ajudantes", prontos a usar as habilidades desenvolvidas, se levantaria para ajudar o homem caído. Entretanto, poucos estariam conscientes da mudança radical ocorrida na percepção de quem eles são.

Essas identificações não apenas afetam a percepção de nossa realidade interior como também a nossa percepção da realidade exterior. Quando uma pessoa se identifica com um aspecto de sua personalidade não limita apenas a percepção de si mesma, mas geralmente a percepção do mundo ao seu redor também fica limitada e bastante imprecisa. Ela pode perceber a realidade e interpretar os acontecimentos de uma maneira que a faça suportar e se adaptar melhor a um padrão mental e emocional preconcebido.

Quando estou identificado com meu Eu Inútil e um colega não me diz "bom dia", tenho certeza de que isso aconteceu porque ele não me valoriza, não me respeita, ou coisa parecida. Geralmente não me ocorre questionar a validade dessa conclusão. Essa é a maneira como considerei o acontecido e no momento estou tão certo de que é verdadeiro e real quanto estou convicto de que minha inutilidade é verdadeira e real. O incidente pode se tornar mais um acontecimento que legitima minha identificação, provando que eu realmente sou desprezível e que os outros me vêem assim. Posso sentir raiva ou sofrer com isso e mais tarde, no mesmo dia, evitar meu colega ou passar por ele sem lhe dar atenção. Devido à força de minha identificação com o Eu Inútil, é improvável que eu continue a pensar no incidente, adquirindo uma visão mais realista do acontecimento e de suas causas.

Embora muitos dos aspectos de nossa personalidade nos sejam familiares e às vezes possamos sentir que um ou outro deles é quem realmente somos, nenhum deles é nosso verdadeiro *self*. Em primeiro lugar, cada um deles ocupa o palco sozinho e eles tendem a se excluir mutuamente, mas nossa personalidade total *inclui* todos eles e mais. Basicamente, nossa autêntica identidade é independente de todos eles.

Nossas identificações estão em constante mudança, algumas vezes de um momento para outro, embora tenhamos o senso de continuidade da nossa identidade pessoal, que não muda com elas. Não se pode iniciar uma discussão sobre a natureza humana sem considerar a percepção inalterável do *self*, parte de nossa experiência diária como seres humanos. Fazê-lo seria ignorar algo de importância vital no mapa do território humano. É esse senso de continuidade em meio a mudanças que levou Bennett a observar num recente artigo da revista médica *Lancet**: "O todo não é apenas mais complicado do que a soma de suas partes; ele também é muito diferente". Essa *diferença* reflete um paradoxo central na condição humana: nós somos um e, no entanto, somos muitos. James Vargiu faz a seguinte observação enigmática.

Eu sei que sou uma pessoa — sinto que "Eu sou eu", embora seja difícil expressar o que isso significa. Quando você me pede para fazer uma descrição, quando você me pressiona para responder à pergunta: "Quem sou eu?", eu desisto. Escreverei: "Eu sou George". Mas isso não explica nada. Escreverei: "Sou um professor", porque essa é minha profissão, mas isso também não explica nada. Escreverei: "Eu sou bom", e depois: "Eu sou avarento (às vezes)", "Eu sou corajoso", "Eu sou tímido", "Eu sou pai", "Eu sou fiel". A lista pode se estender por páginas: qualidades, papéis sociais, atitudes, hábitos peculiares, fraquezas típicas. A lista é interminável. E, no entanto, quanto mais respostas dou, acrescentando complexidade sobre complexidade (a ponto de parecer que a verdadeira trama do "eu" vai se fragmentar), meu *senso de identidade*, a consciência de que "Eu sou eu", *também* fica mais forte. Vejo que sou uma pessoa — a *mesma* pessoa — e que sou feito de muitos aspectos, igualmente e ao mesmo tempo.**

O que Vargiu sugere é algo bastante fundamental à nossa experiência interior: que, em meio às mudanças em nossos sentimentos, pensamentos, atitudes ou papéis, nós também podemos vivenciar algo inalterável, que possui uma natureza diferente dessas partes. É esse permanente senso de identidade e a liberdade de perspectiva e ação que o acompanham, que temporariamente esquecemos quando nos identificamos com uma ou outra de nossas partes.

Precisamos observar melhor para esclarecer a natureza de nosso "Eu" e obter uma percepção maior do que temos à disposição quando entramos nesse estado de consciência. O simples fato de dizer "Eu" desperta uma experiência única e distinta em diferentes pessoas. A experiência é familiar e completa e, no entanto, muda sutilmente quando acrescentamos "Eu sinto..." ou "Eu penso..."

---

* G. Bennett, "Whole Person Medicine and Psychiatry for Medical Students", *Lancet*, março, 20,1976, pp. 623 ss.
** "Subpersonalities", de James Vargiu, *The Realization of the Self: A Psychosynthesis Book*, J. P. Tarcher, Inc., Los Angeles, 1980.

Um dos métodos de se examinar a experiência da identidade pessoal consiste em se perguntar: "Qual a parte que fala quando eu digo Eu? Que chama a si mesma pelo meu nome? Que habita incontáveis e diferentes corpos desde meu nascimento e que tem estado presente nas inúmeras mudanças de meus sentimentos, pensamentos, objetivos e convicções e que, ainda assim, permanece constante e inalterável?".

Algumas pessoas sentem a experiência de sua identidade pessoal de forma muito direta. Entretanto, para outras, ela com freqüência é obscurecida pela identificação com um ou outro aspecto ou parte de sua personalidade. A questão é saber como optar por uma vivência maior da totalidade de nossa identidade, como nos aproximar de todos os aspectos de nossa personalidade, com suas diversas habilidades, qualidades, perspectivas e atitudes, e ainda assim sermos livres para usá-las de acordo com nossa verdadeira identidade e sua perspectiva mais ampla.

Quando um homem está de óculos de lentes verdes, é difícil convencê-lo de que o mundo não é verde. Para que se liberte das limitações de um mundo verde, é necessário que se afaste, reconheça que está de óculos de lentes verdes, saiba que existem momentos em que isso é útil e em outros não, e experimente sua capacidade para tirá-los ou colocá-los quando quiser.

A capacidade de retroceder e observar nossa condição e investimento de energia é inata, mas a habilidade para isso precisa ser desenvolvida. Nas teorias de Freud, Jung, Assagioli, Berne, Perls, Gurdjieff e outros, cujo trabalho se baseia na noção da multiplicidade da consciência dentro da personalidade individual, está implícito o fato de que *somos capazes de reconhecer esses estados* — que cada um de nós possui um *Observador interior* que pode ser levado a observar nossas transformações e identificações previamente inconscientes, assim como sua natureza. Todos esses teóricos psicológicos concordam com relação à natureza do Observador: sua qualidade é imparcial e distinta, incluindo uma atitude que poderia ser descrita como atenta, interessada e imparcial.

Robert de Ropp, em *The Master Game*, descreve esse relacionamento interior:

> Para um estudo esclarecido sobre a personalidade, são necessárias duas atitudes: a aceitação de sua multiplicidade e a aceitação de seu mecanicismo. A personalidade é como o mecanismo de uma caixa de bonecas; algumas se vestem de um jeito, outras de outros, algumas são agradáveis, outras desagradáveis, umas são inteligentes, outras estúpidas. As bonecas não possuem vontade própria. Elas são movimentadas e ativadas pelas circunstâncias... Todas as bonecas chamam a si mesmas de "eu", mas para o Observador elas são apenas fantoches.

Perceber um Observador interior pode ser o primeiro passo para nos libertarmos das identificações restritivas, tornando-nos capazes de agir de acordo com nossa verdadeira identidade. Geralmente, antes de perceber nosso Observador, estamos identificados de maneira total e inconsciente com alguma parte de nossa personalidade, e podemos acreditar que somos formados apenas por ela, excluindo todos os outros aspectos. O Observador é um recurso que nos liberta desse tipo de ligação interior e nos leva ao relacionamento com todas as outras inúmeras partes. Quando optamos por utilizar nosso Observador, damos um importante passo para nos libertarmos do controle de nossas identificações e podemos começar a integrar suas qualidades, habilidades e perspectivas de maneira mais proveitosa.

Na utilização dessa técnica, sempre existem, no mínimo, duas partes presentes em nossa experiência interior — a parte que usa os óculos e enxerga um mundo verde e uma parte que se afastou e está consciente daquela que usa óculos. Nós nos identificamos continuamente com diversos aspectos de nós mesmos — algumas vezes, em diversas ocasiões no mesmo dia —, mas o Observador está sempre disponível como um recurso e podemos usá-lo para prestar atenção ao momento em que nos identificamos e ficamos presos.

O processo pelo qual uma pessoa se liberta de um estado de consciência específico e restritivo é denominado *desidentificação** e constitui a chave para vivenciar a identidade e liberdade pessoais. Esse processo é muito diferente de *negar*, *reprimir* ou *ocultar* partes de nós mesmos.

A repressão não é um processo consciente, ao passo que a desidentificação, sim. Os sentimentos e pensamentos reprimidos não são vivenciados conscientemente. Os sentimentos ou pensamentos ocultados são vivenciados rapidamente, porém deliberadamente afastados ou não examinados. Por outro lado, na desidentificação, os sentimentos e pensamentos são *totalmente reconhecidos e vivenciados* pelo indivíduo, que assim pode *escolher* torná-los ou não a base para a ação ou crença. A pessoa desidentificada experimenta certas percepções, sentimentos, atitudes, pensamentos, objetivos e o impulso de se comportar de determinadas maneiras, mas também considera essas experiências como opções e não como necessidades, reconhecendo que, apesar das aparências, suas percepções podem ou não ser precisas e coerentes com o que está acontecendo no momento. Portanto, a desidentificação é um meio para vivenciar e confirmar nossa identidade mais inclusiva, na presença de antigos padrões de sen-

---

* B. Carter-Haar, "Identity and Personal Freedom", em *Synthesis: The Realization of the Self*, vol. 2, p. 56 ss., também p. 101 ss., San Francisco, 1976.

timentos e pensamentos, tornando-nos livres para agir de acordo com suas perspectivas e valores.

Vamos retroceder por um momento e considerar a situação do indivíduo que não recebeu um "bom dia" de um colega. Da mesma maneira que esse indivíduo, se eu usasse meu Observador notaria que me identificara com meu Eu Inútil. Poderia decidir me afastar dessa identificação e reconhecer que, embora tenha aqueles sentimentos, pensamentos e atitudes, muitos dos quais bastante antigos, eu *não* sou o meu Eu Inútil. Enquanto me afasto, começo a imaginar por que meu colega não falou comigo e reconhecer que, na verdade, eu não sei. Sinto-me encorajado a lhe perguntar e talvez descubra que ele não está se sentindo bem, que não estava usando óculos, que estava pensando em alguma outra coisa ou que brigou com uma pessoa importante. Assim, posso lhe oferecer minha solidariedade ou apoio, dependendo do caso, e adquirir uma percepção mais ampla não apenas de quem eu sou, mas também de quem o outro é. Quando estou identificado com meu Eu Inútil, talvez até pense em lhe perguntar, mas hesito em fazê-lo porque tenho certeza de que ele dirá que eu não valho o esforço de me dizer "bom dia" e isso seria doloroso. A opção de aprofundar meu relacionamento e confirmar minha verdadeira identidade não está aberta para mim.

Mesmo essa discussão breve e bastante superficial sobre a teoria da multiplicidade da personalidade mostra sua eficácia para nos ajudar a compreender algumas das desconcertantes respostas às doenças que todos já observamos. A maioria de nós já ouviu falar de pessoas com doenças graves que levam uma vida plena e rica, dentro de suas limitações físicas, e que, como Franklin Delano Roosevelt, Helen Keller ou Charles Darwin, fizeram importantes contribuições para a sociedade. Os profissionais da saúde e outros também estão igualmente familiarizados com o paciente que tem uma doença menos grave, cuja vida é efetivamente destruída por ela. Um dos determinantes críticos dessa variação é a natureza da identificação que as pessoas trouxeram consigo na doença e cuja influência sobre elas pode ser enfraquecida ou fortalecida por essa poderosa experiência.

Algumas dessas identificações são muito úteis para se lidar com uma crise na saúde. As pessoas que têm um Realista, Estrategista ou Planejador para Contingências, e se identificam com ele, podem lidar muito bem com determinados aspectos de sua doença. Outras identificações não são tão úteis ou podem até mesmo ser contraproducentes. Os efeitos da identificação com uma Indefesa Ana ou um Eu Inútil tornam muito difícil a experiência da doença.

Um outro determinante crítico pode se encontrar na natureza daquelas novas identificações que surgiram como resposta ao impacto da doença e na maneira de cada pessoa lidar com elas. Algumas delas são úteis, como o Lutador, o Galanteador ou o Filósofo. Certos tipos de identificação disfuncional geralmente são despertos nos primeiros estágios da doença: o Inválido, o Mártir, o Diabético, o Epiléptico, e assim por diante. Essas identificações com freqüência são muito individuais: o meu Mártir teria diferentes necessidades, comportamentos e objetivos daqueles do Mártir de outra pessoa. A identificação total com essas partes da personalidade pode ser a responsável, em parte, pelo medo e raiva comumente vistos em pessoas doentes: medo de que o Inválido possa ser na verdade quem elas realmente são, e raiva pelas limitações pessoais experimentadas quando elas se identificam totalmente com essa parte.

A doença pode desenvolver tanto as antigas quanto as novas identificações e, portanto, proporcionar uma oportunidade para examiná-las e nos libertarmos delas. Como exemplo, uma mulher com diabetes, cujo médico a ajudou a perceber conscientemente uma identificação que durava havia muitos anos e que foi poderosamente ativada por sua doença, inicialmente limitando sua habilidade para reagir de maneira eficiente, compartilha uma parte de sua experiência pessoal.

As coisas que minha Vítima faz com um simples acontecimento casual ... digamos que o motor de meu carro deixa de funcionar ... é surpreendente. Para a Vítima, esse obviamente não é um acontecimento casual, mas parte de um traçado familiar em minha vida. É o mais recente de uma longa série de acontecimentos desleais e injustos que têm sido infligidos por um mundo injusto, que exige que eu me defenda contra uma superioridade esmagadora. Em minha atitude como a Vítima, o acontecimento teria despertado uma tremenda amargura e raiva. A intensidade de meus sentimentos era sempre desproporcional à situação. Minha resposta emocional era automática e quase sempre a mesma em quantidade e qualidade, independentemente da gravidade do problema. Geralmente, eu descarregava esses sentimentos na primeira pessoa que se oferecia para me ajudar, como se ela fosse a causa do problema e não parte de sua solução. Tal comportamento tornou minha vida difícil e solitária.

Somente depois de me desidentificar, reconhecer e aceitar que a Vítima fazia parte de mim, mas não era aquilo que realmente sou, é que comecei a reconhecer a inadequação desses sentimentos. A partir dessa perspectiva, a Vítima não era mais uma limitação, mas sim um esforço, não muito eficiente, para preencher uma necessidade não satisfeita.

Minha Vítima precisava de compaixão, e eu encontrei outros meios, mais eficazes, de satisfazer a essa necessidade, dentre eles, o de ser mais compassiva comigo mesma. Por ter uma Vítima, descobri que sou muito sensível para perceber a Vítima em outras pessoas, e através de minha compreensão da experiência delas descobri dentro de mim um profundo sentimento de compaixão pelos outros, que agora posso manifestar de maneira eficaz. Quando eu *era* a Vítima, em vez de *ter* uma Vítima, jamais poderia ter sentido ou expressado tal sentimento.

Antes de começar a usar o seu Observador, a identificação dessa mulher com sua Vítima era tão total e completa que ela não podia enxergar nada além dela. Sentia e pensava como uma Vítima. Sua postura corporal e expressões faciais eram as de uma Vítima. Ela se relacionava com as pessoas, situações, objetos como uma Vítima. Para todos os objetivos práticos, ela *era* uma Vítima — oprimida, injustamente magoada e perseguida. Em grande parte, sua identificação era autoperpetuada — uma vez que parecia, agia e falava como uma Vítima, as pessoas tendiam a tratá-la como tal, reforçando e afirmando sua auto-imagem.

Através do auto-exame e do trabalho pessoal, ela não está mais identificada com a Vítima e fala com o conhecimento íntimo desse estado de consciência. Poderíamos dizer que sua afirmação foi escrita da posição vantajosa de seu Observador, que poderia acrescentar: "Eu tenho uma Vítima, mas não sou minha Vítima".

Tal desidentificação geralmente é o primeiro passo na *desintoxicação do processo da doença*. "Eu tenho epilepsia, mas não sou um epiléptico" é uma afirmação da liberação e um passo rumo à percepção realista do *self*, da totalidade, de nossa habilidade para encontrar sentido e realização na vida, apesar dos problemas físicos. A experiência da identificação total com o Epiléptico pode ser tão sufocante que ele acredita que a única maneira de confirmar sua verdadeira identidade consiste em negar a doença. Ao desenvolver a habilidade para se desidentificar do Epiléptico, ele pode aceitar melhor sua doença e conviver com ela.

Podemos não somente adquirir maior consciência de nossas identificações, despertadas em resposta à doença, e conseqüentemente nos tornarmos mais capazes de observá-las e nos desidentificarmos, como, às vezes, a doença pode estimular essa desidentificação, impedindo que a pessoa doente desempenhe seus papéis habituais. Antes da doença, algumas pessoas talvez estivessem tão aprisionadas por determinada maneira de ser que sua vida interior não tinha equilíbrio para expressar importantes impulsos humanos — o poder era experimentado à custa do amor, os lucros materiais à custa de valores e significado. A qualidade de vida dessas pessoas podia ser menos rica, apesar do aparente sucesso em outras áreas. Quando as identificações habituais se tornam difíceis ou mesmo impossíveis, alguns indivíduos podem adotar uma atitude diferente e muitas vezes mais sensata, que lhes proporciona outras opções de comportamento e oferece a oportunidade de perceber e apreciar coisas novas.

Quando o afastamento de importantes identificações está associado à doença, ela pode se tornar um estímulo ao crescimento pessoal, favorecendo o amadurecimento e as transformações necessárias. Isso é especialmente verdadeiro quando a doença foi, em parte, provocada por uma identificação importante. No caso do executivo com um ataque cardíaco, do motorista de táxi com uma úlcera, e muitos outros, a identificação muito exclusiva com algum papel ou aspecto da personalidade foi o instrumento para tornar a pessoa doente. A natureza do processo da doença, ao tornar tais papéis habituais inacessíveis, pode ser o primeiro passo para a cura. Podemos dizer com toda a certeza que tal desidentificação ocorre por acaso e não por escolha, e, portanto, pode vir acompanhada de medo, raiva ou depressão. Muitos podem inicialmente resistir a esse afastamento de uma identificação importante, apenas para descobrir que, uma vez que este afastamento se realizou, eles se sentem inesperadamente beneficiados e enriquecidos.

Uma mulher, cujo câncer foi tratado com êxito, comentou es ,e fato e acrescentou: "Eu jamais voltaria a ser como era antes de ter minha doença — eu era uma Perfeccionista; nunca apreciava alguma coisa se descobrisse nela alguma imperfeição. Minha casa tinha que estar imaculadamente limpa o tempo todo, do contrário eu não conseguia descansar e apreciar sua beleza. Tornei infeliz minha vida, e a de minha família também. Quando estava muito doente, não conseguia continuar sendo assim, e agora eu jamais voltaria a sê-lo. Há muito mais coisas pelo que viver do que manter uma casa limpa".

A desidentificação de um aspecto de nossa personalidade que provoca a doença nem sempre é uma questão simples. Entre as manifestações mais comuns desses tipos de identificação estão o não-cumprimento de planos de tratamento e diversos outros comportamentos autodestrutivos que podem prolongar ou agravar a doença. Uma forte identificação com um aspecto, como o do Trabalhador Dedicado, da Mãe Conscienciosa, e outros semelhantes, talvez não permita que uma pessoa deixe de desempenhar esses papéis para se dispor a cuidar de suas necessidades físicas.

Nem sempre esses papéis exercem influência em provocar ou prolongar a doença. Cada aspecto da personalidade tem seus próprios objetivos, prioridades e valores, e qualquer um deles pode ser contrário às necessidades físicas do indivíduo. Algumas pessoas podem não ser capazes de cuidar de si mesmas por estar identificadas com uma parte sua irresponsável, ou uma parte voltada ao prazer, ou uma parte materialista. É a exclusividade da identificação com um aspecto, e não a natureza desse aspecto, que parece ser o fator crítico prejudicial à saúde.

Com freqüência, um ou outro aspecto da personalidade pode ser o meio principal de auto-expressão na vida de uma pessoa identificada. A doença, ao interromper o padrão habitual de consciência e o papel costumeiro com o qual o paciente se identifica, pode levá-lo a uma espécie de pânico. É como se a parte estivesse dizendo ao todo: "Se você deixar de ser a mãe conscienciosa e todo o resto, *você* irá desaparecer ou morrer. Eu sou você". E o paciente acredita nisso e se recusa a parar ou a se preocupar consigo, a ponto de realmente colocar sua vida em perigo. Geralmente, uma pessoa identificada apresenta atitudes que parecem causadas por uma mente não lúcida. Alguma coisa bloqueia sua percepção da seriedade de seu estado e impede que aja de maneira adequada.

Um exemplo disso é o de um reitor de uma faculdade de medicina que sofreu um ataque cardíaco quando estava em casa. Mesmo reconhecendo os sintomas, esperou até a manhã seguinte, dirigiu seu carro por 32 quilômetros até o hospital, entrou em seu escritório e informou sua secretária que estava sofrendo um ataque cardíaco. Entretanto, recusou-se a ir para a sala de emergências e começou a trabalhar. A secretária chamou um de seus colegas, que trouxe um aparelho portátil de eletrocardiograma. Quando os resultados do exame confirmaram o autodiagnóstico, o reitor não foi para a unidade de cuidados coronarianos antes de dar diversos telefonemas e deixar instruções detalhadas para a agenda do dia.

Alguns anos após sua recuperação, esse homem foi nomeado presidente daquele centro médico. Ao anunciar sua nomeação, o presidente da universidade comentou: "O dr. X possui a combinação bastante incomum de um excelente discernimento profissional e uma extraordinária capacidade administrativa". Aparentemente, ele não foi capaz de mobilizar e utilizar nenhuma dessas forças na época do ataque cardíaco.

Pais, esposas e profissionais da saúde podem pressionar pacientes "desobedientes" para forçá-los a um comportamento mais racional e adequado. Mas, a não ser que se ajude o paciente a perceber uma identidade mais verdadeira e a reconhecer como enganosa a mensagem "Se você deixar de ser o Trabalhador Dedicado, você desaparecerá", os conselhos para descansar, ficar na cama ou tirar uma folga para receber o tratamento adequado são inúteis. Muitas pessoas, ao receberem um diagnóstico sério como um câncer, inicialmente se recusarão a ser hospitalizadas ou a se submeter a uma cirurgia, baseadas em justificativas como: "Agora não posso, pois estou comprando uma casa nova", ou: "Não tenho tempo, arranjei um novo emprego", ou um novo bebê, ou coisa parecida. Muitas pessoas, como o reitor, após uma breve reflexão, irão se afastar de sua identificação como a dona de casa, o trabalhador ou o pai e agir no sentido de melhorar sua saúde. Outras não conseguem. Nesses casos, torna-se necessário encorajá-las a se afastarem de sua ligação a um papel com o qual se identifiquem há muitos anos, o que prolonga significativamente a doença.

No caso a seguir, um homem está identificado com uma parte de si mesmo que mais tarde passou a chamar de o Médico Dedicado, cujos valores, prioridades e objetivos entravam em conflito com as necessidades de seu corpo. A técnica utilizada por seu médico para ajudá-lo a eliminar sua identificação é bastante nova e será discutida posteriormente.

A secretária do dr. Paul R. me telefonou e disse que ele se atrasaria alguns minutos para a consulta que ele marcara comigo. Quando desliguei o telefone, percebi que, nessa tarde, não ansiava pela visita de Paul. Havia uma crise em desenvolvimento e algumas decisões se faziam necessárias.

Paul era meu cliente havia oito meses. Enquanto esperava por ele, lembrei-me de sua primeira consulta e senti novamente o mesmo desânimo que experimentei ao ouvir sua história: cinco semanas de forte dor de estômago, com perda de peso e vômitos. O exame físico, os testes de laboratório e os raios X conduziram ao diagnóstico de úlcera gástrica na parede do estômago, próximo ao lugar onde este se une ao intestino delgado.

Juntos, elaboramos uma dieta e discutimos a importância do repouso e da medicação. Em resumo, foi uma primeira consulta bastante gratificante. Como médico, Paul compreendera melhor do que um leigo sua condição física e o tratamento necessário. Nós nos entendíamos bem, os principais pontos tinham sido discutidos e eu prognostiquei resultados muito rápidos.

A princípio, Paul parecia ser um excelente paciente. Seguia a dieta, tomava os medicamentos pontualmente e descansava um pouco mais do que o habitual. Infelizmente, sua colaboração com o tratamento mostrou-se muito breve. Ele era profissionalmente muito ativo e dedicado aos seus pacientes. Eu não percebera como seria difícil para ele descansar o tempo necessário, lembrar-se da medicação e da dieta.

Ele disse "ter realizado o melhor", mas que nem sempre era possível seguir todas as recomendações. A quantidade de pacientes era enorme — ele trabalhava muito, sua reputação era excelente e ele parecia incapaz de dizer "não" e recusar-se a cuidar de um novo paciente. A despeito de sua carga de trabalho, passava muito tempo estimulando a equipe e o serviço de enfermaria a se esforçarem mais em benefício daqueles que se encontravam sob seus cuidados. "A administração hospitalar... burocracia... ineficiência... procedimentos complicados... tudo isso esgota as pessoas doentes e consome meu valioso tempo", costumava exclamar com exasperação.

Depois do primeiro mês em que começou a faltar às consultas, comecei a ficar preocupado, pois ele não entrava em contato comigo; assim, pedi à minha secretária para lembrá-lo das consultas, mas não adiantou. Nas suas raras vindas, parecia compreender perfeitamente a importância da medicação, da dieta, do repouso e de evitar estresse emocional e tensões. Contudo, não agia de acordo com essa compreensão.

Apesar de muitas horas de conversa, eu não conseguia sensibilizá-lo, mesmo tendo, em certo momento, quase lhe implorado para cuidar de si mesmo. Acho que ele apreciava meus esforços e tentava me acalmar prometendo mudar, mas eu suspeitava que ambos sabíamos que isso não aconteceria. E um dia aconteceu a crise previsível, e Paul teve seu primeiro episódio de sangramento no estômago. Como se esperava, a nova série de raios X mostrou que, apesar de meses de terapia, a úlcera continuava inalterada. Eu fizera tudo o que conhecia. Talvez agora, depois de sentir uma das sérias conseqüências de seu comportamento, ele estivesse disposto a agir de maneira diferente. Considerei a idéia de hospitalização e de repouso total. Examinando as evidências, fui forçado a encarar o fato de que Paul tinha uma úlcera refratária e que o próximo passo possivelmente seria a cirurgia.

Meus pensamentos foram interrompidos pela chegada de Paul, que se desculpou pelo atraso. Mostrei-lhe as chapas. Ele examinou-as em silêncio e não pareceu surpreso. Seu rosto estava inexpressivo. Sugeri que ficasse no hospital alguns dias; talvez, com um rigoroso tratamento médico, a cirurgia pudesse ser evitada. Paul rejeitou a idéia quase imediatamente, dizendo que não poderia se ausentar naquele momento, que andava muito ocupado e que seus pacientes precisavam dele. Fiquei chocado. Dadas as conseqüências, como ele podia dizer que não tinha tempo? Era a única coisa racional a ser feita, a única alternativa para a cirurgia. Como médico, ele com certeza devia saber disso.

Subitamente, tornou-se claro para mim que meu colega, tão responsável para cuidar dos problemas de saúde dos outros, não parecia ser capaz de agir de maneira responsável com relação ao seu próprio problema. Parecia que esquecera a gravidade de sua condição física; ele atendia às necessidades de seus pacientes, mas não às suas próprias.

Paul parecia aprisionado a uma maneira de ser, um papel, uma atitude com relação ao seu corpo e suas necessidades, e mesmo o conhecimento médico sobre as conseqüências de seus atos não era suficiente para mudar o padrão de seu comportamento. Decidi tentar uma nova abordagem para estimular sua sensibilidade com relação às necessidades de seu corpo.

"Paul", disse eu, "a razão de sua úlcera não ter se curado se deve ao fato de você não ter participado ativamente dos cuidados dela."

"Eu não entendo", respondeu Paul, ofendido. "Estou fazendo o melhor que posso."

"Bem", continuei, "talvez haja uma parte de você que não se envolveu, que não está fazendo o melhor que pode. Uma parte que diz ao seu estômago: 'Sim, eu quero ficar bem, mas não do seu jeito'."

O ceticismo e a impaciência de Paul com essa mudança filosófica e introspectiva nos acontecimentos se refletiam nítidos em seu rosto. Entretanto, parecia importante continuar. Era pesaroso constatar que a única voz do estômago de Paul, sua única maneira de se expressar, fosse a dor. Embora eloqüente, ela não era suficientemente clara para que Paul a ouvisse e agisse. Como seria bom se o estômago de Paul pudesse falar diretamente com ele! Perguntei-lhe se gostaria de tentar uma coisa para esclarecer o assunto. Quando ele concordou, pedi-lhe para dizer ao seu estômago como se sentia a respeito de seu comportamento.

Paul pareceu incrédulo, mas, ao ver minha determinação, suspirou e disse: "Bem, estômago, estou aborrecido com seu comportamento; você está me atrapalhando e eu me ressinto disso". "Diga novamente, Paul", insisti. Ele repetiu a frase, dessa vez com forte emoção.

"Agora, feche os olhos e em sua imaginação torne-se o seu estômago. Empreste sua voz a ele e deixe que ele responda." Ele sentou-se e fechou os olhos. Depois de alguns minutos em silêncio, disse: "Bem, eu também estou aborrecido. Paul se queixa da dor, mas sou eu quem está sofrendo. Paul, quero que você cuide de mim".

Paul abriu os olhos e disse: "Faço o melhor que posso".

O diálogo continuou, com Paul alternadamente fechando os olhos e falando a partir da perspectiva de seu estômago e abrindo os olhos e falando a partir de sua própria perspectiva. A conversa continuou mais ou menos assim:

ESTÔMAGO: "Isso não é verdade, Paul. Você não tem prestado atenção às minhas necessidades."

PAUL: "O quê! Não é verdade que quase parei de fumar? Não é verdade que mastigo Maalox quando você sente dor? Estou até tomando café descafeinado, que eu odeio!"

ESTÔMAGO: "Você chama isso de atenção? Só porque cuida de mim quando eu o machuco? Se eu não lhe provocasse dor, você jamais cuidaria de mim. A metade do tempo você até se esquece de me alimentar."

PAUL (com sua habitual veemência): "Bem, odeio você porque se coloca em meu caminho. Você realmente tira minha liberdade, atrapalha meu estilo de vida. Meus pacientes precisam de mim e eu não posso trabalhar direito com toda essa dor."

ESTÔMAGO: "Seu estilo! Bem, eu também tenho o meu estilo e quero que você viva de acordo com ele! Há oito meses provoco dores em você e vou continuar fazendo isso até você reparar em mim e cuidar de mim."

Seguiu-se um longo silêncio.

MÉDICO: "Parece que houve um empate."

ESTÔMAGO: "Não, eu estou na frente."

MÉDICO: "O que você quer dizer com isso?"

ESTÔMAGO: "Bem, eu posso precipitar as coisas e sangrar. Então, terei que ir para o hospital e lá receberei a verdadeira atenção. Lá, alguém realmente irá se preocupar comigo, mesmo que Paul não o faça."

Não pude deixar de sorrir ao ouvir o tom triunfante na voz do estômago. "Paul", perguntei, "por que você não descobre o que o estômago quer dizer com a afirmação de que você não se preocupa com ele?"

PAUL: "O que você quer dizer com isso, estômago?"

ESTÔMAGO: "Quero dizer que você não se preocupa comigo. Você está muito ocupado sendo um médico dedicado. Você se preocupa com seus pacientes, seus bebês, os internos, as enfermeiras, os administradores. Mas, Paul, todo o tempo em que você esteve sentado aqui, falando a meu respeito, estava pensando na cesariana de Sally Thompson. Você não compreende? Eu estou sangrando. Estou com dor. Quero que você cuide da minha dor."

Nesse ponto, falei diretamente ao estômago de Paul: "Do que você precisa, estômago?"

ESTÔMAGO: "Preciso que Paul se preocupe comigo da mesma maneira que o faz com seus pacientes. Paul, quero que você compreenda minhas necessidades. Preciso que você pare de ficar irritado com qualquer coisa insignificante; isso apenas me força a expelir ácido. Quero que você pare de me evitar. Preciso de repouso e paz. Preciso me relaxar. Preciso de um pouco de consideração e compaixão. Estou doente e mereço isso, Paul."

PAUL: "Ouvi o que ele disse. Ele quer descansar. Ele quer que eu perceba suas necessidades. Ele quer que eu cuide dele."

MÉDICO: "É isso, estômago?"

ESTÔMAGO: "Sim. Quero que *você* cuide de mim, Paul. Você me dá Maalox, não porque se preocupa comigo, mas para me tirar do seu caminho a fim de cuidar de outras pessoas."

PAUL: "Sim, posso entender."

MÉDICO: "Pode mesmo, Paul?"

PAUL: "Sim, entendo o que ele quer dizer. Tenho sido muito injusto com ele. Não o tenho respeitado. Ando tão ocupado que não tenho cuidado de suas necessidades."

MÉDICO: "Repita isso, mas desta vez, diga: 'Não tenho me respeitado. Não tenho cuidado de *minhas* necessidades'."

PAUL: "Não tenho cuidado de mim. Eu também preciso de todas essas coisas. Eu também mereço todas essas coisas."

Eu disse: "Paul, você precisa cuidar de si mesmo." Paul me olhou com lágrimas nos olhos e respondeu simplesmente que precisava de ajuda e que aceitaria meu conselho de hospitalização imediata. Os arranjos foram feitos facilmente. Os colegas de Paul vieram em seu auxílio, de boa vontade, e assumiram a responsabilidade por seus pacientes. Senti-me gratificado por ter sido capaz de ajudar Paul a enxergar o perigo e adotar medidas que ainda poderiam evitá-lo.

Através de sua doença, Paul começou a reexaminar suas prioridades e seu estilo de vida e, finalmente, passou a fazer escolhas mais sensatas a respeito de determinadas necessidades, encontrando maneiras de respeitá-las no decorrer de seu atarefado dia de trabalho. Os profissionais da saúde com freqüência são chamados para sugerir esse reexame aos seus pacientes. Naturalmente, a doença muitas vezes faz a sugestão em primeiro lugar, e os profissionais agem para auxiliar o paciente a ouvi-la e agir. Apesar do conhecimento médico, Paul estava identificado com o Médico Dedicado e não conseguia atender a suas próprias necessidades. A identificação, embora rápida, com seu estômago tornou claras as necessidades de seu corpo. *Ao se identificar* com a parte dolorida, *Paul se desidentificou do Médico Dedicado pela primeira vez* e conseguiu enxergar esse aspecto de sua personalidade do lado de fora, do ponto de vista de seu estômago, uma parte de si mesmo que estava sofrendo em suas mãos. Assim, libertou-se para fazer escolhas e estabelecer prioridades, baseado num conjunto de valores mais abrangentes do que os do Médico Dedicado, com quem estivera tão fortemente identificado. A partir dessa perspectiva mais ampla, encontrou maneiras de atender aos objetivos do Médico Dedicado e cuidar dos outros, bem como de elaborar um plano para cuidar de seu estômago, para que pudesse continuar tratando de seus pacientes.

A doença, ao provocar dor ou fraqueza, tende naturalmente a dirigir a atenção da pessoa para uma determinada parte do corpo e suas necessidades. Algumas pessoas inicialmente resistem a prestar atenção e agem como se tivessem rejeitado a parte doente. Por trás da resistência podem estar o medo do que se enxergará se olharmos ou simplesmente raiva porque nosso corpo não está mais obedecendo a todos os nossos comandos. Pedir que as pessoas deliberadamente concentrem sua atenção na parte dolorosa, a ponto de se imaginarem transformando-se nela, pode vencer a resistência. Essa técnica não somente esclarece as necessidades daquela parte como, em alguns casos, elucida questões mais amplas sobre atitudes e estilo de vida.

Ocasionalmente, as necessidades da parte e determinadas necessidades não satisfeitas da pessoa podem coincidir. Quando isso acontece, a compreensão das necessidades da parte rejeitada pode proporcionar *insights* sobre áreas de necessidades mais abrangentes que também foram rejeitadas. Dessa forma, algumas pessoas obtêm informações úteis a respeito do que está faltando em suas vidas e tomam providências para preenchê-las.

Reconhecer a multiplicidade da personalidade humana é útil quando se é médico, enfermeira, irmão, amigo ou esposa de alguém que insiste em ignorar sua doença e se comporta de maneiras que irão prejudicá-lo. Essas pessoas comumente rejeitam ajuda, são teimosas ou até irracionais. Com freqüência, perdemos a paciência e nos afastamos delas. Se enxergarmos a pessoa, não como um ser irracional, mas que luta para manter seu habitual senso de identidade à custa de seu bem-estar, geralmente podemos assumir uma atitude mais proveitosa e produtiva. Um médico considera que nessas circunstâncias é melhor dizer diretamente: "Sabe, há uma parte em você que parece estar trabalhando para derrotá-lo, trabalhando contra seus interesses. Como posso ajudá-lo?".

Todo aspecto da personalidade pode ter metas, valores e prioridades específicas que entram em conflito com as necessidades físicas da pessoa. Geralmente, o efeito da identificação com uma dessas partes é impedir que a pessoa se relacione com sua doença ou com seus sintomas, tomando as providências necessárias para ajudar a si mesma.

O primeiro caso citado no capítulo 1 é um exemplo disso. O Eu-Gordo de Harold não desejava perder peso e não possuía as qualidades e forças de sua identidade mais abrangente. Era preciso que ele se desidentificasse de sua gordura e *se relacionasse* com ela — em vez de *ser ela* —, antes que mobilizasse toda a sua força e agisse de maneira eficaz.

A não ser que se faça isso, as pessoas continuam prejudicando a si mesmas ao ignorar sua condição física ou tornar-se incapazes de obter informações úteis daquilo que está acontecendo. Com muita freqüência, concentrar a atenção na ausência de relacionamento entre a pessoa e seu problema, e não na identificação que pode estar por trás dela, é a maneira mais eficaz de ajudá-la a sair dessa situação. Ao se trabalhar com as pessoas para que esclareçam seu relacionamento com a doença, permitimos que elas a integrem melhor em seu antigo estilo de vida ou adotem uma maneira nova e mutuamente satisfatória de viver. No processo de melhorar o relacionamento da pessoa com sua doença ou problema, a parte que está evitando o relacionamento pode se tornar óbvia e aparente para o profissional. Embora geralmente não seja necessário chamar a atenção para esse fato, algumas pessoas podem se tornar conscientes espontaneamente, como aconteceu com Paul.

O relacionamento de uma pessoa com uma doença geralmente passa por estágios.* A princípio, a doença pode ser negada e a pessoa evita relacionar-se com ela. A parte afetada é ignorada quase como se tivesse sido expulsa, e suas necessidades não são consideradas. O reitor da faculdade de medicina inicialmente se relacionou dessa maneira com seu ataque cardíaco. Geralmente, esse tipo de relacionamento não dura muito tempo; devido à natureza dos acontecimentos subseqüentes, é quase impossível ignorar indefinidamente a doença.

A negação pode então ceder lugar a uma aceitação conflitante. A atitude da pessoa com relação àquela parte de seu corpo ou sua condição pode ser caracterizada pela afirmação: "Eu vejo você, mas não vou lhe dar atenção". O relacionamento inicial de Paul com sua úlcera foi assim. As pessoas nesse estágio muitas vezes farão coisas que as machucam, como erguer uma carga pesada quando sentem dor nas costas ou se esquecer de tomar remédios. Sentimentos de ressentimento e raiva contra o corpo são predominantes nessas ocasiões, embora talvez não sejam totalmente conscientes até serem examinados através de diversas técnicas psicológicas. Esses sentimentos podem ter um significado bem maior do que se imagina atualmente, pois recentes pesquisas indicam que a atitudes com relação ao corpo podem influenciar a capacidade para a cura.**

---

* Extraído de minha conferência sobre a Psicologia das Principais Intervenções Médicas, Synthesis Graduate School for the Study of Man, inverno de 1979.

**C. Simonton, S. Matthew-Simonton e K. Creighton, *Com a vida de novo*, Summus Editorial, 1987.

Após algum tempo de relacionamento conflitante, muitos indivíduos passam espontaneamente para um relacionamento de aceitação com harmonia. Nesse ponto, a doença é considerada quase como um parceiro e a atitude da pessoa com relação a ela pode ser caracterizada como: "Eu a levo para onde eu vou. Considero suas necessidades enquanto realizo minhas tarefas. Algumas vezes, respeito as suas necessidades e saio mais cedo de uma festa ou tiro um dia de folga para descansar. Algumas vezes, espero que você respeite as minhas, quando cometo uma imprudência em minha dieta, em ocasiões importantes como um aniversário".

Finalmente, essa parceria pode desaparecer e a doença se incorpora totalmente ao modo de vida do indivíduo. As necessidades do corpo não são mais conscientemente consideradas, mas de forma inconsciente, da mesma maneira que um homem alto instintivamente se curva quando passa por uma porta baixa. O tratamento torna-se apenas uma outra parte da vida e a pessoa irá tomar uma injeção de insulina ou colocar um suporte para a perna, do mesmo modo que escova os dentes ou faz a barba.

Paul recebeu ajuda para iniciar esse tipo de relacionamento com sua úlcera, através da sua imaginação, um recurso humano relativamente pouco utilizado. Atualmente, a imaginação de uma pessoa doente não é uma vantagem, pois com freqüência provoca medo, ansiedade e preocupação desnecessários. Ela pode visualizar o que está acontecendo de maneira um tanto irreal e assustadora, imaginando resultados dolorosos que jamais se concretizam ou a rejeição, por parte dos outros, que jamais ocorre. Contudo, sob uma orientação bem dirigida, a imaginação é um meio para solucionar o conflito interior e iniciar um relacionamento melhor com o que é verdadeiramente real.

Recentemente, a visualização e a formação de imagens mentais têm sido cada vez mais estudadas como auxiliares para se alcançar a cura física e, nesse sentido, diversas declarações apontam sua eficácia. O uso da imaginação para curar o relacionamento entre a pessoa e sua doença é de valor inquestionável, e as técnicas empregadas são bastante simples. Elas são compartilhadas pelo paciente com outra pessoa ou realizadas apenas pela pessoa e anotadas num diário. Muitos dos casos mencionados neste livro envolvem o uso da imaginação deliberada para criar um relacionamento mais saudável com determinada condição física e facilitar atitudes, ações e escolhas mais sensatas.

Uma técnica básica de visualização possui cinco estágios que podem ser adaptados às necessidades específicas de cada pessoa. Antes de estabelecermos uma relação, devemos nos tornar conscientes de que existe algo com que nos relacionar e reconhecer sua presença. Assim, começamos a criar a percepção, pedindo às pessoas doentes que vejam através da sua imaginação a parte do corpo que as incomoda ou estimulando-as a encontrar uma imagem de sua doença que representa o problema. As descrições e imagens vão desde o simbólico ao estritamente anatômico, e obtêm-se muitas informações examinando-as em detalhes. A imagem pode ser enorme, muito maior do que a pessoa, ou bem pequena; a cor, preta, cinza, vermelha ou laranja; a parte, estar amarrada com nós ou comprimida num torno, dependendo da percepção da pessoa a respeito da situação.

Quando pediram a uma mulher que sofria de dor crônica nas costas para criar uma imagem, ela viu um animal com duas longas orelhas, as patas cravadas no chão, que relutava em se movimentar. Ela rapidamente o reconheceu como uma mula. O significado desse símbolo não se tornou claro até que lhe perguntaram como se sentia a respeito dele. Quando lhe pediram para falar com a imagem e dizer-lhe como se sentia, a mulher manifestou considerável raiva e ressentimento, dizendo à mula que esperava que ela a levasse para onde desejava ir e que se ressentia de sua teimosia e má vontade em fazê-lo. Embora os sentimentos de raiva e ressentimento sejam muito comuns, algumas pessoas expressam um sentimento de impotência quando questionadas. A doença é vista como um monstro ou um tirano que bloqueia o caminho e diante dos quais elas se sentem indefesas.

Nesse momento, a atitude predominante da pessoa doente com relação à doença fica bem clara. Quando essa atitude torna-se nítida, é útil perguntar o que a imagem ou parte dela deseja e necessita. A pergunta pode ser feita diretamente ou como sugestão para que a pessoa se torne aquela parte em sua mente e expresse suas vontades como se fosse ela.

Algumas vezes, as coisas que a parte tem a dizer são nitidamente proveitosas; ela responde como o estômago de Paul, expressando dor e pedindo amor, consideração ou compaixão. Ocasionalmente, as respostas a princípio não parecem construtivas; a parte deseja esmagar a pessoa ou dominá-la e controlá-la. Então, convém fazer com que o paciente pergunte à parte *por que* ela deseja fazer determinada coisa. As respostas geralmente refletem o desejo de obter a atenção do paciente, de receber cuidados ou compreensão para suas necessidades físicas, de ser protegida contra eventuais dores ou simplesmente de não ficar sujeita à raiva e ressentimento do paciente.

Nesse momento, muitas pessoas percebem espontaneamente que existe um aspecto de si mesmas que resiste a essa solicitação e as impede de atender às necessidades da imagem ou parte. Com freqüência, é uma ou diversas partes da personalidade que manifestam objetivos e desejos contrários às necessidades do corpo. Assim que a resistência consegue se expressar e ser reconhecida, as pessoas geralmente a abandonam e se dirigem para outras partes de si mesmas que são carinhosas e podem reagir.

A mulher que viu suas costas como uma mula ficou surpresa ao descobrir que ela lhe pedia consideração e cuidados, depois de tantos anos de serviço fiel e contínuo levando-a para todos os lugares. Ela respondera às necessidades da mulher durante anos; será que agora a mulher poderia atender às suas necessidades? A princípio, ela falou das coisas que a impediam de fazê-lo, de seus filhos que exigiam muito dela, do marido que solicitava uma anfitriã para seus freqüentes jantares de negócios, dos pais, que precisavam que ela os levasse de carro a todos os lugares. De certo modo, essas eram as preocupações da Boa Mãe, da Anfitriã Encantadora, da Filha Obediente, embora, na ocasião, isso não estivesse claro. Finalmente, ela foi capaz de atender às necessidades da "mula" da mesma maneira que atendia às necessidades da família. Quando lhe fizeram a pergunta final: "Do que você gosta nessa parte?", ela percebeu que a mula não era apenas teimosa, mas também fiel. Ela manifestou uma apreciação sincera pela fidelidade de tantos anos e pelo serviço obediente e leal, percebendo em si mesma uma vontade nova e inesperada de atender às necessidades da mula naqueles tempos difíceis.

Essa mulher estava inicialmente bastante cética a respeito desse processo, mas, assim que o iniciou, considerou-o fascinante. Nem todos são capazes ou estão dispostos a usar a imaginação, e esse método precisa ser empregado com cautela. Contudo, muitas pessoas, após uma relutância inicial, ficam surpresas com a quantidade de informações e sua acessibilidade. A experiência de cuidar da parte doente apenas na imaginação muitas vezes é suficiente para provocar mudanças de atitudes e comportamentos em situações do dia-a-dia. É particularmente proveitoso pedir que a pessoa, ao final da experiência, elabore algumas maneiras práticas e reais para atender às necessidades dessa parte, demonstrando o carinho que acabou de sentir. Geralmente, os planos e adaptações viáveis tornam-se evidentes, quando do então são executados. Essas técnicas ajudam as pessoas a utilizar sua energia para conviver com seus problemas em lugar de desperdiçá-la lutando contra eles.

O conceito de multiplicidade da personalidade humana e as diversas teorias psicológicas que se baseiam nele são úteis em determinadas situações, permitindo-nos explorar fatores que provocam, agravam ou prolongam a doença física e tomar as providências para solucioná-los. Existem muitos trabalhos que abrangem as teorias discutidas até agora e que as superam, e são úteis para atender e maximizar a experiência da doença. Esses trabalhos estão relacionados ao conceito de consciência e incluem grande parte da teoria psiquiátrica do último século, bem como a visão de natureza humana comum a muitos sistemas filosóficos e teológicos. Noções como a do "inconsciente freudiano", o pensamento contemporâneo sobre a natureza do *insight*, intuição, iluminação, criatividade e valores e a visão junguiana e existencialista sobre a identidade ou essência humanas mais elevadas também têm uma aplicação prática na saúde e na doença.

A maior parte das teorias sobre a consciência humana se baseia na observação de que o nosso estado comum de consciência não é tudo o que temos à disposição, que existem áreas de consciência que se encontram além de nossa percepção normal e que, no entanto, influenciam profundamente nosso comportamento e respostas aos acontecimentos. Nesse sentido, a contribuição de Freud na distinção entre os processos conscientes e inconscientes foi bastante significativa.

Geralmente, percebemos facilmente e sem nenhum esforço tudo o que vemos e ouvimos, o que pensamos ou sentimos em determinado momento. Além disso, podemos nos tornar conscientes de outras coisas e procurá-las na memória quando necessário. Se alguém pergunta nosso nome ou endereço, o que almoçamos, onde estacionamos o carro, ou como é nosso sapato, facilmente focalizamos nossa atenção nessas coisas, embora talvez não estivéssemos conscientes delas até o momento da pergunta. A experiência de nossa identidade inalterável também está relativamente acessível por meio da reflexão e focalização da atenção. Os limites desse estado comum de consciência são bastante permeáveis e geralmente acrescentamos novas informações com base em nossas experiências e domínio de novas habilidades. O que não reconhecemos tão amplamente é o fato de que os limites também se tornam permeáveis nas áreas de nosso inconsciente, geralmente inacessíveis, como ocorre em momentos de criatividade e intuição, de *insight* psicanalítico ou nos sonhos.

Portanto, a compreensão da natureza humana pode abranger a compreensão do consciente e do inconsciente. Entre as esferas da experiência humana que estão fora do alcance de nossa consciência habitual, o inconsciente inferior talvez seja a mais conhecida. Esse aspecto da natureza humana, tão refinadamente descrito e explorado por Freud, Jung e outras escolas de pensamento psicanalítico, normalmente é considerado um depósito de impulsos primitivos, tendências atávicas, pensamentos, sentimentos e experiências reprimidos, de funções autônomas do corpo e de determinados tipos de símbolos.

Os padrões aprendidos pela experiência de vida também fazem parte do conteúdo do inconsciente inferior. Alguns desses padrões são comportamentais, como atividades que executamos sem pensar: ler, escrever, caminhar, dirigir um carro. Outros são emocionais — entre eles, as fobias e preferências sexuais. Ainda outros são mentais — princípios e crenças básicas que adquirimos há muito tempo por meio de nossa experiência e que ainda possuem considerável influência sobre nosso atual comportamento, como as frases feitas: "Este é um mundo perigoso", "Eu nunca consigo nada", "Não se pode confiar nos homens", "Não se pode confiar nas mulheres" etc. Muitos desses padrões eram originalmente conscientes, uma vez que em determinado momento tivemos de pensar neles. Os padrões inconscientes de comportamento são facilmente transferidos para nossa consciência e alterados para se adaptarem aos objetivos atuais. Podemos modificar nossa maneira de escrever, nossa assinatura, desaprender padrões de leitura e substituí-los por novos e, depois, transportar o novo padrão de volta ao inconsciente, utilizando-o sem pensar mais nele.

Os padrões emocionais e mentais também podem ser evocados, revisados e atualizados por meio de técnicas psicológicas e psicanalíticas. Começamos a nos enxergar como vencedores, a aprender a suportar alturas ou lugares fechados e depois permitimos que os novos padrões se tornem outra vez inconscientes, quando então influenciarão nosso comportamento de maneira diversa da dos padrões que substituíram.

Além dos padrões aprendidos, certos padrões desaprendidos também fazem parte dessa área do inconsciente, entre eles, os instintos, como o de sobrevivência, a área do comando e alguns aspectos da sexualidade. Os aspectos do inconsciente inferior são, até certo ponto, coletivos, compartilhados por seres humanos e por outras espécies animais.

Há trinta anos, Freud demonstrou a influência do inconsciente inferior na saúde física e emocional, com seus extensos estudos sobre a histeria, e essa relação foi posteriormente desenvolvida e aperfeiçoada pela medicina psicossomática. O significado do inconsciente inferior na saúde e na doença é hoje quase universalmente aceito, e o próprio sistema médico, através do trabalho de psiquiatras, identificou essa área do inconsciente como objeto legítimo de pesquisas e estudos.

Os mais recentes avanços da teoria psicológica sugerem a existência de outras áreas do inconsciente que também se encontram fora do alcance de nossa percepção habitual, cujo significado ainda não foi totalmente explorado e compreendido. Tanto como indivíduos e como espécie, não apenas possuímos um passado enterrado no inconsciente inferior, passado que afeta profundamente a nossa vida atual, como também temos um potencial, um futuro, que também pode nos afetar de forma muito intensa. Ao examinarmos as nossas experiências, descobrimos momentos em que tivemos acesso a algo maior do que a nossa habitual percepção, momentos de *insight*, intuição ou criatividade, que talvez tenham sido estimulados por uma crise ou para socorrer alguém que amamos ou por algo em que acreditamos. Nesses momentos, descobrimos uma sabedoria, uma compaixão, um senso de honestidade em nossas ações muito maiores do que nossa habitual maneira de ser.

Essas experiências sugerem a existência do que podemos denomiar "área transpessoal ou superior do inconsciente humano", que é a fonte de nossas características e qualidades mais evoluídas. A tradição do inconsciente superior é bastante antiga e se estende desde os *Diálogos* de Platão, passando por documentos como o *Bhagavad Gita*, até a Declaração de Independência, que baseia seus conceitos dos inalienáveis direitos humanos na essência humana mais elevada.

Apenas recentemente essa área da natureza humana tornou-se objeto de estudos e exames sistemáticos. Em geral, o inconsciente superior é descrito como o detentor das qualidades identificadas pelo homem como as mais próximas do centro de nossa humanidade mais elevada; qualidades como o amor altruísta, a fraternidade, a compaixão, a alegria, a serenidade, a harmonia, o heroísmo e a coragem. O inconsciente superior contém mais do que apenas essas qualidades: possui também funções como a criatividade, a intuição, o *insight*, o senso de direção, significado e propósito, a inspiração artística e científica, e o impulso à ação e serviço humanitários.

Embora esse aspecto da experiência interior tenha sido objeto de muitos estudos, reflexões e práticas das culturas orientais, que influenciaram a maior parte das pessoas, não é uma preocupação comum no pensamento contemporâneo ocidental em geral e no pensamento médico ocidental em particular. Portanto, não nos surpreende que essas qualidades e funções que cada um de nós potencialmente possui sejam, na melhor das hipóteses, aleatoriamente manifestadas e que, infelizmente, muitas vezes estejam ausentes da vida contemporânea, uma ausência que pode influenciar de modo profundo o estado de saúde do indivíduo na cultura ocidental e da sociedade ocidental como um todo.

Pelos esforços de psicólogos transpessoais e humanistas, essa dimensão de nossa natureza está sendo rapidamente legitimada como objeto de atenção e pesquisas científicas. Ainda que a consciência superior faça parte da vida diária, não reconhecemos nem identificamos esse aspecto da natureza humana. As experiências da dimensão transpessoal, embora muito comuns, não são admitidas nem discutidas e, quando isso acontece, são reveladas apenas às pessoas em quem confiamos e, mesmo assim, com grande constrangimento. Uma vizinha compartilhou comigo tal experiència, perguntando minha opinião sobre seu significado. Ela estava limpando a casa, esfregando e encerando o assoalho, sem pensar em nada em particular, quando, de repente, foi como se todas as experiências de sua vida desfilassem rapidamente à sua frente, fazendo com que ela percebesse e se conscientizasse de algo que anteriormente não percebera: a existência de uma direção que costurava todas essas experiências, como uma linha. Acontecimentos e relações do passado, que na época pareciam bastante casuais e sem objetivo, se encaixavam de maneira totalmente nova. Ela sentiu uma profunda certeza a respeito de quem era e percebeu que, se tivesse escolhido deliberadamente tais eventos, não poderia tê-los selecionado melhor para ajudá-la na maturidade daquele momento. Experimentou uma sensação de integridade e desenvolvimento pessoais que a acompanhava desde a infância e que, inconscientemente, moldou muitas de suas principais decisões. Embora jamais o tivesse percebido, esse senso de direção era absolutamente familiar, como se algo oculto estivesse sempre muito próximo a ela, influenciando-a durante anos, e, quando ela o percebeu pela primeira vez, reconheceu-o como a um velho amigo.

"O que você acha?", perguntou. "Acho que é uma experiência muito importante", respondi. "Bem", continuou ela, "isso não é tudo."

Enquanto estava parada, com os olhos perdidos e o esfregão nas mãos, tomada por essa nova percepção, teve a certeza de que aquilo que pessoalmente considerava verdadeiro também era verdadeiro para a vida de modo geral. Tudo se revelava, e havia uma direção, uma força, que sentiu estarem subjacentes à vida, unindo-a numa só coisa. Essa direção era verdadeira e palpável e parecia constituir a base sobre a qual todas as coisas se apóiam, muito próxima da essência da própria vida. Subitamente, ela soube que, apesar das aparências externas, podemos confiar na vida, e começou a chorar de alegria.

"Sabe", disse ela, "tentei compartilhar essa experiência com diversas pessoas, mas foi muito difícil. Talvez porque seja muito difícil descrevê-la. Engraçado; para mim, é tão real!".

"Ela ainda é real para você?", perguntei. "É, sim... não é tão forte agora, mas ainda está lá. Especialmente a parte a respeito de minha própria direção. Parece que agora tenho uma estrela para seguir, sabe, como os velhos marinheiros, uma estrela para guiar meu barco."

Robert Samples, em seu livro *The Metaphoric Mind*,* fala a respeito da resposta habitual de pessoas a quem se pergunta sobre essas experiências. Ele descreve um *show* no rádio, em que um autor, entrevistado a respeito de seu livro sobre consciência transpessoal, pedia aos ouvintes que houvessem passado por essa experiência que telefonassem para compartilhá-la. Houve um longo silêncio, preenchido por conversas entre o autor e o entrevistador. Finalmente, uma mulher de Kansas telefonou para compartilhar uma poderosa experiência relacionada à unidade de todas as criaturas. Quando ela tentara compartilhar essa experiência com sua família, a reação foi desanimadora. Suas freqüentes referências à experiência fizeram com que seus pais insistissem em que ela consultasse o médico da família, que, por sua vez, encaminhou-a a um psiquiatra. Durante algum tempo, submeteu-se ao tratamento, desistiu da terapia e, depois, simplesmente deixou de falar de sua experiência, embora lembrasse dela com nitidez. Através daquele telefonema, era a primeira vez que compartilhava sua experiência com outras pessoas. Como afirma Samples, "de repente, todo o painel se iluminou. Ficou claro que as experiências transcendentais são comuns em nossa cultura... assim que se revelou que esse tipo de 'conhecimento' não é apenas comum, mas também normal, dezenas de pessoas procuraram telefonar e compartilhá-lo".

Os *insights* e intuições e mesmo as experiências máximas ou diretas da compreensão cósmica ou da consciência transcendental fazem parte da experiência diária e, geralmente, passam despercebidas ou são reprimidas, pois não fazem sentido ou não se encaixam em nossa visão do mundo. Essas duas mulheres descobriram aquilo que as culturas mais familiarizadas com a consciência transcendental aceitam facilmente, ou seja, que a perspectiva do inconsciente superior está, com freqüência, espontaneamente acessível. Como nossa cultura ainda não raciocina nesses termos, pode-se fazer uma tentativa para encaixar a experiência em algum modelo já existente —no caso da mulher de Kansas, o modelo da doença mental. Em outra cultura, a experiência teria sido prontamente aceita e compreendida.

Não é apenas o medo de serem consideradas loucas que impede as pessoas de falarem a respeito de percepção e perspectivas ampliadas, mas também, por sua própria natureza, essas experiências são difíceis de serem traduzidas em palavras. Elas parecem envolver um conhecimento empírico que as pessoas descrevem como absolutamente certo e verdadeiro, embora pareça difícil de ser captado em nossa linguagem comum.

---

* Robert Samples, *The Metaphoric Mind*; Addison-Wesley Publishing Co., Reading, Massachusetts, 1976.

Não apenas evitamos discutir a experiência dessa área do inconsciente, como também resistimos a prestar atenção a tais experiências interiores. Diversos psicólogos, entre eles, Haronian, Maslow, Desoille e Angyal,* fizeram comentários sobre a tendência bastante universal de reprimir, evitar ou mesmo temer o que temos de melhor e de pior. Essa reação comum e complexa merece estudos mais profundos, pois o reconhecimento geral e a aceitação dos aspectos mais elevados da natureza humana podem conter a chave de acesso a muitas de nossas forças e recursos potenciais. Parece que a sabedoria interior e o senso de direção inatos a todas as pessoas não são simplesmente conceitos, mas uma realidade existencial que pode ser vivenciada diretamente e tornar-se uma fonte de orientação pessoal. Mesmo quando não é inconscientemente experimentada, pode nos influenciar de formas de que, até agora, não temos consciência.

Quando enfrentamos a experiência da doença com um traçado da pessoa que inclua o inconsciente superior, desenvolvemos uma sensibilidade a aspectos, qualidades e recursos humanos anteriormente ocultos. Essas dimensões estão presentes não somente em pessoas ativa e deliberadamente envolvidas em seu crescimento pessoal, mas também no homem ou mulher saudáveis, que lutam para criar uma família dentro da cidade. Elas são reais em todos os seres humanos, em todos os lugares.

É importante aceitar e reincorporar as características humanas mais elevadas na visão de nós mesmos e dos outros, reconhecendo o poder do inconsciente superior em afetar a saúde e a doença. Platão, no diálogo *Charmides*, comenta o efeito da separação dos aspectos da natureza humana na saúde e nos cuidados com a saúde, num ataque bastante crítico à Escola e Medicina Hipocrática, que, mesmo depois de dois mil anos, não perdeu sua mordacidade:

> Como vocês não deveriam tentar curar os olhos sem a cabeça ou a cabeça sem o corpo, também não deveriam tentar curar o corpo sem a alma, e esta, disse ele, é a razão por que a cura de muitas doenças é desconhecida dos médicos de Hélade [Hipócrates e seus seguidores] porque eles desconhecem o todo que também deve ser estudado...
> ...esse é o grande erro de nossos dias no tratamento do corpo humano: que médicos separem a alma do corpo.

---

* F. Haronian, "The Repression of the Sublime", em *Synthesis*, vol. 1, p. 25 ss., San Francisco, 1976. A. Maslow, "Neurosis as a Failure of Personal Growth", em *Humanitas*, III, 1960, p. 153 ss. R. Desoille, *Le rêve éveillé en psychothérapie*, Presses Universitaires, Paris, 1945. A. Angyal, *Neurosis and Treatment*, John Wiley & Sons, Nova York, 1965.

Em termos práticos, qual o significado da aceitação dessa visão de nós mesmos e dos outros? Não somente possuímos uma avaliação mental do perfil da natureza humana que inclui o inconsciente transpessoal, como podemos, deliberadamente, levar a influência de nosso *potencial* para as decisões e ações de nossa vida, para nosso trabalho, nossos relacionamentos, nossa saúde e nossa doença. Para que se reconheça diariamente esse aspecto da natureza humana, pode ser necessário o desenvolvimento da habilidade de uma dupla visão, uma experiência simultânea e bifocal daquilo que está presente e daquilo que é possível.

Vamos demonstrar esse tipo de visão através de uma analogia. Imaginemos hipoteticamente que estamos tentando compreender toda a natureza de uma bolota, utilizando apenas o método científico material. Poderíamos passar muitos anos estudando suas condições e descrevê-la cuidadosamente — tamanho, consistência, secura, cor castanha, peso e comprimento — e, ainda assim, sermos incapazes de compreendê-la se não conhecermos o carvalho. O carvalho existe em potencial dentro de cada bolota e apresenta um problema para o método científico quantitativo, pois não é diretamente mensurável. Entretanto, poderíamos pensar, sentir e nos comportar de maneira muito diferente com relação a uma bolota quando a consideramos como a semente de um carvalho do que enxergando-a como uma pequena peça redonda de natureza lenhosa. Para compreender uma bolota, precisamos não apenas conhecer o carvalho, mas também reconhecer que, em algum lugar dentro de cada bolota, existe um mecanismo pronto para se revelar, uma parte que sabe exatamente como se tornar um carvalho.

Ezra Pound se expressa de maneira primorosa quando nos lembra que precisamos sentir "respeito pelo tipo de *inteligência* que permite que a semente de capim se transforme em capim; que o caroço de cereja se transforme em cereja". Tanto o carvalho quanto a parte "inteligente" de uma bolota que pode atingir tal plenitude de expressão são partes essenciais da "natureza da bolota do carvalho". Enxergar a nós mesmos e aos outros como bolotas é reconhecer que nenhum de nós é apenas o tamanho ou a forma dentro dos quais nos encontramos, a constelação de aspectos da personalidade, papéis, pensamentos e sentimentos que experimentamos e manifestamos todos os dias. Além disso, nenhum de nós está aprisionado dentro de nossa atual situação ou forma de expressão. A natureza humana é muito mais dinâmica.

Nós nos mantemos num relacionamento dinâmico com nosso potencial. Ele nos atrai para si, e com freqüência existe um impulso, percebido como um desejo de realizá-lo, de nos transformarmos naquilo que somos, de nos expressarmos totalmente. A força desse impulso varia de pessoa para pessoa. Em algumas, é bastante consciente e em outras, profundamente enterrado, mas está sempre presente. Não somos influenciados apenas pelo passado, também o somos, de maneira ainda não completamente compreendida, pelo futuro, pelo que está para acontecer, bem como pelo que já aconteceu. Albert Szent-Györgyi, prêmio Nobel, descreve de forma muito bela esse efeito do potencial e o generaliza ao abranger todos os sistemas físicos e biológicos, em seu artigo *"The Drive in Living Matter to Become Whole"*.*

Esse impulso parece estar direcionado a um determinado tipo de crescimento, que envolve não apenas um aumento do tamanho mas uma mudança na natureza; um movimento em direção a um nível cada vez maior de organização, perspectiva, atuação e capacidade individuais. Geralmente, esse crescimento inclui uma série progressiva de desidentificações e uma percepção cada vez mais abrangente de quem realmente somos.

Todos já experimentamos esse tipo de crescimento em nosso físico e no progresso social, da infância à vida adulta. Em determinado momento desse processo, percebemos que não somos mais crianças. Abandonamos essa identidade com seus privilégios e limitações e nos transformamos em adolescentes. Finalmente, não mais nos identificamos como adolescentes e nos vemos como adultos. A cada passo, nossa identificação mais recente abrange todas as fases de crescimento. Como adultos, podemos brincar como crianças, mas possuímos uma capacidade bem maior de satisfação pessoal, liberdade de ação e alcance de expressão. Freqüentemente, o processo de crescimento parece se interromper na vida adulta, mas, na verdade, ele continua. Aperfeiçoamos a qualidade de nossa vida adulta, o alcance de nossa visão, capacidade e responsabilidade durante toda a vida.

Esse tipo de crescimento não é uma função casual, mas uma necessidade humana básica. As pessoas verdadeiramente sadias são aquelas que crescem e evoluem. Quando o processo é interrompido por qualquer razão, ou quando resistimos a ele, com freqüência a vida perde sua vitalidade e significado. Todos estamos familiarizados com o homem ou mulher de 35 anos que não foram capazes de se desidentificar de sua adolescência e continuam aprisionados em seus padrões de comportamento, pensamentos e sentimentos. Cada um de nós pode ocasionalmente optar por voltar à adolescência. Geralmente essas ex-

---

* A. Szent-Györgyi, *"The Drive in Living Matter to Become Whole"*, Simpósio sobre o Relacionamento entre as Ciências Biológicas e Físicas, Columbia University Press, Nova York.

periências são muito bonitas e enriquecedoras, como as de uma paixão ou de uma explosão de idealismo. Em algumas ocasiões, elas são dolorosas, como quando experimentamos um velho sentimento de inadequação social e insegurança. Mas, mesmo assim, possuímos os recursos da vida adulta aos quais recorrer, o exame de realizações passadas e a perspectiva da maturidade para nos ajudar a superar essa situação temporária. Ao contrário, a identificação permanente com a adolescência e a resistência à vida adulta são dolorosas e seriamente limitadoras, destruindo aquilo que podemos fazer, sentir e ser. A resistência ao aperfeiçoamento de nossa vida adulta é igualmente dolorosa, mas não tão facilmente reconhecida.

O compromisso com uma visão dinâmica e evolucionária de nós mesmos e dos outros é uma escolha deliberada. Uma vez realizada, a visão desse tipo de crescimento torna-se tão natural para o indivíduo quanto o é para a espécie, transformando-se na chave para a compreensão de muitos fenômenos humanos. Crescimento é o contexto dentro do qual ocorrem a saúde e a doença. Ao nos esforçarmos deliberadamente para considerar a natureza humana como um processo, compreendemos melhor a saúde e a doença. Considerar outra pessoa como um processo e não como determinada configuração estática de papéis ou aparências pode, inicialmente, ser um pouco difícil, mas o esforço vale a pena, uma vez que essa visão da natureza humana talvez seja mais precisa e proveitosa. Uma colega mostra um exemplo do que acontece quando se enxerga algo familiar como uma coisa dinâmica e não estática.

Como ela trabalhava como enfermeira em uma escola, pediram-lhe que desse uma pequena palestra sobre saúde para um grupo de crianças, com idades entre sete e catorze anos. Ela esperava discutir assuntos comuns mas importantes como escovar os dentes, fazer exercícios e dormir cedo. Porém, as crianças, percebendo uma oportunidade na presença de uma enfermeira que afirmava estar disponível para responder a qualquer pergunta, começaram a fazer todo tipo de perguntas. Ela viu-se confrontada com questões difíceis e curiosas, perguntas como "Para onde eu vou quando durmo?" e "Quando eu vejo a cor azul, estou vendo a mesma coisa que você quando você vê a cor azul?".

De algum modo, o assunto se voltou para os dentes-de-leão, o que ofereceu ocasião para uma animada discussão sobre a natureza de um dente-de-leão. O que é um dente-de-leão? Bem, uma das crianças arriscou: é uma pequena flor amarela com folhas verdes. Não, não, interromperam diversas vozes. É um fungo cinza com algumas folhas marrons.

"Mas só se você chega mais tarde", comentou pensativamente um dos meninos. "Se você chega mais cedo, ele é apenas umas folhinhas verdes sem nenhuma flor." "Está bem, sabichão, se é assim, ele também é uma semente", replicou outra criança.

Uma discussão acalorada se desenvolveu à volta da atordoada adulta, que já havia abandonado qualquer esperança de discutir dentes e dietas. "Bem, o que *realmente* é um dente-de-leão? É uma semente, porque a semente tem tudo dentro dela." "Não, bobo, a semente não tem tudo, ela nem mesmo está acima do solo." "É uma flor amarela." "Um fungo." "Uma planta." "Outras plantas também são."

A discussão foi repentinamente resolvida por uma menina de dez anos, que comentou tranqüilamente pensar que um dente-de-leão não era na verdade nenhuma dessas coisas. "Um dente-de-leão", disse com ênfase, "é uma coisa que está acontecendo num determinado lugar do mundo."

O que é verdadeiro a respeito da natureza de um dente-de-leão também o é para a natureza de todos nós; cada um de nós é algo que está acontecendo em determinado momento e lugar do mundo. O ser humano é um verbo e não um substantivo. Cada um de nós está constantemente envolvido no processo de crescimento, de aperfeiçoamento de nossa consciência, de realização de nossa identidade e potencial e do potencial de nossa espécie, estejamos ou não conscientes disso. Se, na realidade, cada um de nós possui o potencial da própria evolução e o impulso voltado a esse potencial, como podemos fazê-lo trabalhar para nós — como podemos transformá-lo num recurso para melhorar a qualidade de nossa vida diária e de nossa saúde? Como foi sugerido pela experiência de minha vizinha enquanto esfregava o assoalho, a percepção de uma perspectiva mais ampla e a compreensão mais profunda de fatos comuns podem acontecer espontaneamente. Assim como um adolescente pode ter um lampejo ocasional de perspectiva adulta, nosso potencial periodicamente se realiza através de *insights*, intuições ou criatividade, oferecendo sabedoria e capacidade de ação muito acima do habitual. Quando esse tipo de perspectiva ocorre durante determinada circunstância, ele é de valor inestimável, permitindo que façamos boas escolhas e nos mostrando o curso de ação certo para nós. Como disse a dona de casa: "Tenho uma estrela para guiar meu barco".

As experiências espontâneas de direção pessoal e perspectiva mais ampla talvez sejam mais comuns na doença do que na saúde, pois procuramos conhecer o significado desse acontecimento em nossa vida e lutamos para restabelecer nossa direção por intermédio de nossas escolhas. A verdadeira questão se encontra não na espontaneidade dessas experiências, mas na curiosa possibilidade de se estabelecer, por opção, uma comunicação com o inconsciente superior. Podemos optar por trazer elementos de nosso inconsciente inferior para a experiência consciente, através de técnicas de psicoterapia ou psicanálise; será que podemos também encontrar técnicas viáveis para nos tornarmos mais conscientes dos elementos dessa outra área de nosso inconsciente? Será que podemos recorrer à nossa sabedoria, nossa perspectiva e nossas qualidades transpessoais, deliberadamente, realizando-as de acordo com nossas necessidades pessoais, assim como as necessidades dos outros? E, finalmente, se nós, como a bolota, abrangemos uma "inteligência" que sabe como se tornar nosso potencial, será possível conscientemente colaborar com ela para estimular o aperfeiçoamento da consciência e a realização do potencial em nossas vidas e na vida dos outros?

As culturas mais habituadas a considerar a noção do inconsciente superior estudaram extensivamente esses problemas. As pessoas pertencentes a essas culturas dedicam um tempo considerável ao desenvolvimento de habilidades e práticas que constroem uma ponte entre seu inconsciente superior e seu estado normal de percepção, com o objetivo de obter a perspectiva e as qualidades da essência humana mais elevada, constantemente acessíveis durante a vida cotidiana.

Com esse propósito, foram utilizadas muitas técnicas, entre elas os rituais, jejum, isolamento, cânticos, danças, a utilização de sons, drogas e preces. Uma maneira clássica de se adquirir perspectivas mais elevadas é através da prática da meditação,* um método que vem alcançando uma popularidade cada vez maior em nossa cultura.

Muitos diferentes estilos e técnicas se encontram à nossa disposição, mas a maioria se baseia no princípio subjacente que visa atingir um desligamento da atração exercida pelo conteúdo de nosso habitual estado de consciência... nossos pensamentos, sentimentos, sensações e até nosso atual senso de identidade. Esse desligamento ou desidentificação é útil e facilita a ligação deliberada entre o consciente e o inconsciente, mas a experiência espontânea de perspectivas transpessoais sugere que isso nem sempre constitui um pré-requisito.

Enquanto muitas pessoas praticam deliberadamente algum tipo de meditação, outras parecem ter desenvolvido ou descoberto técnicas próprias; um som ou um trecho de música, determinado ambiente ou lugar, um ritual simples, uma poesia ou prece, algum exercício físico, esfregar o assoalho, a intensa concentração da atenção em determinado objetivo ou tarefa ou mesmo o devaneio criativo. Tais métodos, individualmente eficazes para se adquirir a percepção da consciência superior, são cada vez mais importantes, pois a vida mo-

---

* C. Naranjo e R. Ornstein, *On the Psychology of Meditation,* The Viking Press, Nova York, 1971. Patricia Carrington, *Freedom in Meditation,* Anchor Books, Doubleday & Company, Garden City, Nova York, 1977.

derna está mais estressante e difícil, merecendo estudos mais amplos, tanto em nível geral quanto pessoal.

Recentemente, novos métodos têm sido desenvolvidos para se estabelecer uma comunicação entre o consciente e o inconsciente, fáceis de serem utilizados nos cuidados com a saúde e que não exigem prática ou experiência anteriores. O uso intencional da imaginação, da fantasia e de instrumentos psicológicos inovadores, como as imagens mentais dirigidas, foram investigados, mostrando que podem fornecer informações úteis no caso de doenças. Por intermédio dessas técnicas, muitas pessoas passaram a reconhecer que as dimensões que se encontram além de suas experiências cotidianas são aspectos vivos e reais da existência e podem ser mobilizados para facilitar a compreensão de uma situação atual, criando novas possibilidades e alternativas a serem examinadas e consideradas. A informação assim adquirida transforma-se num complemento que ajuda as pessoas a buscar soluções para seus problemas. Um interno de uma clínica, que utiliza rotineiramente esses métodos em sua prática, comprova sua viabilidade e eficiência.

O fibroma* de Helen aumentara de tamanho rapidamente. Havia dois meses seu ginecologista lhe informara que o aumento do tumor e o sangramento anormal indicavam a necessidade de uma cirurgia urgente. Essa deveria ter sido uma decisão simples para Helen. Ela estava na pós-menopausa, tinha três filhos crescidos e um marido que a apoiava e compreendia, inclusive com relação à cirurgia. Contudo, ela adiava a decisão. Parecia compreender a necessidade da histerectomia, porém não a sua urgência. Havia uma relutância que eu não conseguia entender. Ela percebia que sua resistência estava relacionada a uma espécie de "assunto inacabado".

Na época de sua última visita, toquei novamente no assunto, e perguntei se o adiamento da decisão era ocasionado por algum medo ou por algumas dúvidas não esclarecidas. Talvez ela desejasse ouvir outra opinião. Helen disse que não. Enquanto conversávamos, pareceu-me que ela não expressara seus sentimentos a respeito da cirurgia e que isso interferia em sua habilidade de lidar com a situação. Esses sentimentos deveriam ser esclarecidos e trabalhados antes que se pudesse considerar qualquer tipo de cirurgia. Disse-lhe o que achava e perguntei-lhe se não gostaria de explorar esse aspecto de si mesma. Quando ela concordou, sugeri que se sentasse na cadeira, em posição confortável, respirasse profundamente e fechasse os olhos. Pouco a pouco, ela pareceu relaxar-se.

---

* Tumor benigno do útero.

Quando estava tranqüila e à vontade, pedi que imaginasse ser seu útero. Disse-lhe então que iria fazer algumas perguntas e que gostaria que respondesse como se ela fosse o útero. Sem abrir os olhos, ela concordou. "Diga-me, útero", comecei, "como você se sente a respeito do que está lhe acontecendo durante os últimos dois meses?". Como seu útero, Helen disse que se sentia triste, por estar doente, por estar sangrando, por estar crescendo de uma maneira que lhe era estranha. Tinha medo de ser retirado, eliminado e esquecido. Ele começou a argumentar com Helen, lembrando-a de todas as boas coisas que trouxera para a sua vida e pelos serviços que prestara no passado.

Helen abriu os olhos, e as lágrimas corriam por seu rosto. Ela começou a falar livremente de suas lembranças... adolescência, a primeira menstruação, o casamento e a vida sexual feliz que desfrutara. Falou de suas gestações, do nascimento dos filhos, da dor e da alegria que sua feminilidade lhe proporcionara durante muitos anos.

Os sentimentos que fizeram com que Helen recusasse a cirurgia eram muito fortes e profundos. Contudo, eu sabia que Helen poderia obter uma perspectiva mais ampla a respeito de sua situação do que aquela ditada por seus sentimentos.

Pedi-lhe que fechasse novamente os olhos e imaginasse a si mesma bem acima de nós, próxima ao teto. Desse vantajoso ponto de observação, pedi-lhe que olhasse para si mesma e para seu útero, com clareza e carinho, e me contasse o que via. Helen disse que o útero estava assustado, apegado à vida e orgulhoso. Ela descreveu a si mesma como fiel, compreensiva com relação ao útero e suas necessidades. "A que preço?", perguntei. Houve uma longa pausa. "Ao preço de minha saúde e bem-estar", respondeu ela lentamente. Perguntei-lhe a respeito do objetivo da cirurgia. "Preservar minha vida", respondeu ela prontamente. Sugeri que pedisse ao seu útero para ajudá-la nesse propósito. "Útero", perguntou ela, "você está disposto a me ajudar a preservar a minha vida?". "Sim", foi a resposta imediata. "Disso eu entendo. Sou um órgão doador de vida. Minha natureza é dar vida."

Helen começou a sorrir. Foi como se tivesse havido uma profunda compreensão entre ela e sua parte doente. "Helen", disse eu, "você está disposta a aceitar a doação de seu útero e se submeter à cirurgia?". "Sim", respondeu ela. "Sei que esta é a decisão certa para mim." Ela hesitou: "Quero alguns minutos para dizer adeus". Novamente, fechou os olhos e ficamos sentados em silêncio durante algum tempo. Finalmente, abriu os olhos e exclamou: "Estou pronta. Vou conversar com meu ginecologista para tomar as providências necessárias para a cirurgia".

Helen vivenciara a solução de seu conflito; um difícil problema fora pesquisado, sentido, e ela fizera sua escolha. Havíamos examinado diversas questões, separando-as e lidando com cada uma delas separadamente. Juntos, havíamos decifrado seus sentimentos de ligação ao passado (que eu respeitei profundamente) e abrimos caminho para que sua sabedoria e *insight* orientassem as escolhas com respeito às suas atuais necessidades e ao seu futuro.

Inicialmente, o útero de Helen manifestou "vontade de viver", o que contribuiu para que ela não fosse capaz de fazer uma escolha necessária. Mas Helen finalmente obteve uma perspectiva mais ampla e através dela fez aquilo que considerava uma decisão mais sábia. Assim, disse adeus a uma parte íntima e muito valiosa de si mesma, que adoecera e estava morrendo. De certo modo, ela realizou uma cirurgia em si mesma. Em seus pensamentos e sentimentos, ela se separou e largou o útero. O restante desse processo que ela já iniciara ficou a cargo do cirurgião, que o concluiria em seu corpo. Embora ainda viesse a sofrer fisicamente, grande parte do sofrimento já havia ficado para trás.

A técnica simples utilizada nesse caso, a de se fazer uma pessoa examinar um problema a partir de um ponto de vista mais elevado que inclua sua perspectiva habitual, geralmente é tudo o que se necessita. Existem muitas variações para determinados indivíduos e situações. Algumas vezes, simplesmente diz-se a um paciente: "Imagine que você tem um amigo muito sábio, alguém que o conheceu durante toda a vida, que o ama e que se preocupa com seu bem-estar. Feche os olhos e em sua imaginação deixe que esse amigo se sente ao seu lado. Faça-lhe perguntas sobre as decisões que você precisa enfrentar ou a respeito dos medos e incertezas que está sentindo. Compartilhe com esse amigo, em sua imaginação, seus sentimentos e pensamentos, e ouça suas sugestões e conselhos. Se existe algo que o preocupa e que você não me disse, conte-lhe e veja o que ele sugere que você faça para resolver a questão". Após quinze ou vinte minutos em silêncio, com freqüência a pessoa adquire novos *insights* e esclarecimentos a respeito de suas escolhas.

Outras técnicas imaginativas se baseiam no fato de que os símbolos são a linguagem do inconsciente. A utilização de determinados tipos de símbolo que evocam as perspectivas e *insights* do inconsciente superior foi extensivamente estudada por psicólogos como Desoille, Eastcott e Assagioli,* e parecem valiosos. Uma maneira sim-

---

* R.Desoille, *Le rêve éveillé en psychothérapie*, Presses Universitaires, Paris, 1945. M. J. Eastcott, *The Silent Path*, Samuel Weiser, Nova York, 1973. R. Assagioli, *Psychosynthesis*, Hobbs, Dorman & Co., Nova York, 1965.

ples de se utilizar tais símbolos é pedir a uma pessoa que feche os olhos e imagine a si mesma numa campina, à luz do sol. Dê-lhe tempo para que aproveite a oportunidade de sentir o campo, o calor do sol, a brisa, o cheiro de grama ou de flores. Quando estiver relaxada, sugira que veja mentalmente uma montanha ao longe e, levando com ela seu problema ou decisão, caminhe em direção à montanha e comece a subir por uma trilha que leva ao topo. Ao chegar lá, sugira que encontre à sua espera uma sábia pessoa idosa que a conheceu durante toda a vida e que é extremamente amorosa. Quando encontrar a pessoa, peça-lhe que conte a ela o problema ou as preocupações que a perturbam e, depois, que ouça o que a pessoa tem a dizer. Também é bastante útil fazer com que sinta o calor do sol enquanto isso acontece. A montanha, o sol, a pessoa sábia e outros símbolos são úteis para ajudar alguém, além de serem utilizados apenas pela própria pessoa.

De vez em quando, alguém tenta executar essas técnicas pela primeira vez e não recebe nenhuma resposta. Então, convém sugerir que se concentre no verdadeiro desejo de obter uma resposta e que repita diariamente as mesmas imagens mentais, durante alguns dias. Em geral, ao fazê-lo, as respostas logo surgem. Algumas pessoas, nas primeiras tentativas, talvez encontrem uma figura desagradavelmente crítica, que as culpa ou que lhes ordene aquilo que devem fazer. Essas experiências nos fazem lembrar do opressor de Perls ou do superego de Freud. Nesses casos, pode-se enfatizar as qualidades da pessoa procurada, seu amor, compaixão e sabedoria que irão se refletir na natureza da resposta. O paciente assim abandona o ser crítico e pede a presença da pessoa sábia.

Precisamos ser cautelosos antes de aceitar, sem questionar, qualquer resposta do inconsciente ou outro conselho na vida, para só depois agirmos. A forma de se obter esse tipo de informação faz com que as pessoas acreditem nela indevidamente, sem antes examiná-la em função do que sabem ser verdadeiro e benéfico para elas. Ao utilizarmos essas técnicas, precisamos lidar com a informação obtida com o mesmo discernimento e objetividade que empregamos com relação a qualquer outro conselho que nos é oferecido.

Técnicas como essas são utilizadas de muitas maneiras por profissionais e pacientes. Muitos terapeutas e profissionais da saúde afirmam que é bastante útil consultar a própria sabedoria interior para ativar a intuição e obter *insights* sobre as necessidades de seus pacientes, e as técnicas para fazê-lo serão discutidas no capítulo 6. Naturalmente, os *insights*, como todas as intuições terapêuticas, precisam ser examinados e avaliados antes de serem colocados em prática.

O alcance do inconsciente transpessoal, quando deliberadamente aplicado em questões de saúde e de doença, parece incluir uma espécie de "médico interior" que pode colaborar com o profissional que está cuidando do paciente. Quando se consulta o médico interior de cada pessoa, obtêm-se muitas informações sobre o que é necessário para restabelecer a saúde e, mesmo, para se alcançar a cura daquele indivíduo em particular. Com seu conhecimento do indivíduo e de sua direção, o médico interior torna-se o colega do médico exterior ou de outro profissional da saúde que tenha conhecimentos complementares sobre o corpo, bem como habilidades técnicas. A colaboração única será mais bem examinada no capítulo final.

Não são apenas as *funções* transpessoais de *insight*, intuição, senso de direção e perspectiva mais ampla que se revelam úteis nos períodos de doença, mas as *qualidades* transpessoais de que cada um de nós dispõe também são bastante úteis. Qualidades como serenidade, compaixão, alegria e coragem enriquecem uma situação difícil, tanto para o profissional quanto para o paciente. Elas também são facilmente despertadas e experimentadas pelo uso da imaginação em suas diferentes formas. A mais simples dessas técnicas consiste em sugerir que a pessoa volte, em sua memória, para uma época ou lugar em que essas qualidades eram realmente vivenciadas e, depois, que use a imaginação para recriar a experiência. Uma enfermeira que utilizou essa técnica para tornar mais fáceis os últimos dias de um paciente terminal compartilha sua experiência.

Conheci P. há quatro meses, em sua primeira internação na unidade de terapia intensiva. Era um irlandês corpulento, cozinheiro aposentado, caçador e pescador. Era do tipo "machão", "duro" por fora, mas, como freqüentemente acontece, sensível e doce sob a aparência rude. Descobri o quanto valorizava o amor de sua esposa e a vida simples que partilhavam. Ele não bebia, mas admitia que sua mulher provavelmente era alcoólatra. Ele sempre dizia que ela precisava dele para controlá-la e para lhe dar "algo pelo que viver".

Todos gostavam de P., mas muitos de nós ficavam desconcertados com seu vocabulário vulgar e as intermináveis tentativas de nos colocar em situação difícil. Ele jamais deixava que uma nova enfermeira saísse do quarto sem se certificar de que ela sabia que ele a considerava "uma belezinha". Também sabíamos que para P. o melhor dia de sua vida seria aquele em que pudesse estar em seu barco, passeando pelo lago com seus dois cães, a esposa e uma vara de pesca que prometia alguns peixes de bom tamanho.

P. saiu da primeira hospitalização com 9 quilos a menos e a esperança de uma longa vida. Disseram-lhe que tinha um coração dilatado e que sofrera um forte ataque cardíaco. Três meses após a primeira internação, ele foi novamente admitido, dessa vez levado por uma ambulância, com fortes dores no peito, respiração difícil e outros sintomas cardíacos. Ao chegar, parecia cadavérico. A pele estava translúcida, os olhos saltavam das órbitas, a dentadura parecia muito grande para as faces encovadas e a pele estava fria e pegajosa. Ele sorriu ao nos reconhecer, mas conseguiu apenas sussurrar: "Eu não queria vir. Eu disse a ela que não, que não chamasse o médico ainda, mas finalmente não consegui mais respirar e a dor ficou muito forte. Maldita dor... que não me abandona há dois dias". Os dias seguintes foram realmente difíceis para ele. Sentia dores constantemente e as enfermeiras não tinham dúvida de que aquela seria sua última viagem. Os jovens internos não concordavam com esse ponto de vista. Eles o consideravam um desafio para as técnicas médicas mais recentes. P. reagiu à bateria de medicamentos e às técnicas sofisticadas e, na verdade, estava começando a melhorar, até que tentaram retirar a medicação. Sem ela, sua delicada condição piorava e melhorava com o reinício do tratamento. Repetimos muitas vezes esse procedimento — retirada da medicação-choque-medicação-recuperação.

Os dias se transformaram em semanas. Ele teve complicações e receitaram-lhe mais medicamentos para combatê-las. Pouco a pouco, quase todos ficaram exaustos. Sua esposa me perguntava com lágrimas nos olhos quanto tempo aquilo iria durar. Seu médico, temendo as visitas diárias, admitiu: "O que vou dizer? P. me pergunta quando irá para casa e eu olho para as dúzias de remédios e digo: 'Quando a medicação for suspensa' ". À medida que o tempo passava e parecia mais improvável que P. sobrevivesse fora da unidade de terapia intensiva, surgia a questão sobre ressuscitá-lo ou não, no caso de uma parada cardíaca. As enfermeiras perguntavam, indecisas: "Devemos ou não?", mas os médicos diziam: "Sim", e teimosamente se recusavam a desistir.

Além disso, P. tinha esperanças. Jamais se passou um dia sem que ele falasse sobre o momento em que poderia voltar ao barco, ao lago, aos cães e à esposa. E, finalmente, ele começou a melhorar. Seu apetite aumentou e ele passou a balançar as pernas do lado de fora da cama. Sua esposa foi fazer as refeições com ele e, logo, toda a unidade começou a se animar.

Então, um dia, sua resistência diminuiu, o que não havia mais acontecido, uma vez que ele estava bem melhor. Percebi que algo estava terrivelmente errado quando entrei para vê-lo. Ele estava abatido e transpirando, sussurrando que sentia fortes dores no peito. Liguei o oxigênio e tentei medir sua pressão sanguínea, mas não havia nenhuma. Fiz um chamado de emergência para seu médico, e os internos e enfermeiras começaram a chegar e assumiram o controle.

Finalmente, sua condição, embora precária, se estabilizou, e todos deixaram o quarto.

Sabendo como P. estava assustado, parecia imperativo que alguém ficasse com ele. Sentei-me ao lado da cama, acariciei sua testa e segurei suas mãos. Ele murmurou: "Não agüento mais. Tentei fazer tudo o que eles queriam, mas não suporto mais essa dor. Desta vez, é o fim". Ele parecia estar certo — realmente parecia ser o fim, e ele estava assustado e muito nervoso. Sua mão apertava a minha e senti que ele esperava de mim algum tipo de resposta. Eu estava quase chorando, em parte porque havíamos passado tantas vezes por esses momentos de desafio à morte, esperando que a medicação fizesse efeito, e, contudo, desta vez, sabíamos que ele provavelmente não iria reagir. E também porque eu de fato me preocupava com P. e não podia vê-lo sofrer mais. Finalmente, eu disse: "Senhor P., estou aqui e não vou deixá-lo". As lágrimas começaram a descer pelo seu rosto. Ele sussurrou desesperadamente: "Não é uma maneira idiota de se morrer? Trancado neste quartinho como um prisioneiro, sem poder enxergar o lado de fora, sem poder ir para a cama pela última vez e abraçar minha esposa. Deus, parece que se passou uma eterniadade desde a última vez em que vivi fora desde quarto horroroso. Olhe para mim! Eu nem pareço mais um *homem*".

Eu sabia como era importante para P. "ser um homem", e realmente desejava lhe dizer o quanto eu o estimava e o quanto admirava sua força e coragem. Sabia que para ele a doença, a fraqueza e a falta de liberdade que lhe foram impostas eram inadequadas ao seu conceito de masculinidade, e assim comecei a falar sobre sua masculinidade. Disse-lhe que eu o considerava um verdadeiro "homem". Lembrei-lhe que naquele exato momento ele era o mesmo homem que fizera amor com sua esposa naqueles momentos maravilhosos, que era o mesmo homem que caçara veados com seus amigos, que trabalhara em dois empregos para sustentar a família nos tempos difíceis. Lembrei-lhe que apenas seu corpo estava debilitado, mas que ele tinha a mesma mente, os mesmos sentimentos e era o mesmo "ele" que sempre fora. Pedi-lhe que se relaxasse na cama, fechasse os olhos e imaginasse que estava deixando o hospital para ir pescar. Prometi tomar conta de seu corpo enquanto ele estivesse fora. Pedi-lhe que imaginasse deixar o quarto e aprontar o barco, encontrar os cães e surpreender a esposa entrando pela porta dos fundos da casa. Lembrei-o de que ele era livre para desfrutar das coisas que sempre gostara de fazer.

Em quinze minutos, P. estava adormecido, parecendo muito tranqüilo e, incidentalmente, mostrando o melhor ritmo cardíaco das últimas três horas. Sentei-me perto da cama e imaginei o que poderíamos fazer para ajudá-lo a obter o melhor do pouco de vida que lhe fora deixado.

O final da história: durante a semana seguinte, P. e eu continuamos a fazer o mesmo jogo; ele deixava o corpo para trás e eu cuidava dele enquanto ia pescar ou caçar em sua imaginação. Fizemos isso todas as vezes em que a dor no peito se tornava muito forte, e cada vez se tornou mais fácil "escapar" — ele adormecia e despertava revigorado e sem dor. Depois de algum tempo, passou a fazer as viagens sozinho, e sua necessidade de medicação diminuiu. Ele descreveu a sensação de serenidade, paz e alegria que essa prática lhe oferecia e parecia aceitar melhor sua eventual morte. Finalmente, para espanto de todos, ele voltou para casa. Um mês depois, passou pela unidade para dizer "alô" antes de ir com a esposa para a cabana que possuíam à beira do lago. Eles permaneceram lá durante quatro dias, antes de ele precisar voltar para casa, onde logo faleceu, muito tranqüilamente, com os cães e a esposa, em seu lar.

A enfermeira envolvida no caso de P. tinha consciência dos recursos que existiam na consciência superior do paciente. Ela deliberadamente o ajudou a se afastar do corpo e das circunstâncias atuais e a usar a imaginação como um meio de trazer as qualidades transpessoais necessárias, como a paz, a serenidade e a alegria, para seus últimos dias de vida. Mesmo uma pessoa em condições críticas pode utilizar os recursos interiores em seu benefício e, como aconteceu com P., obter conforto através da experiência de uma liberdade pessoal de consciência.

A aplicação consciente e deliberada de diversas visões sobre a natureza humana na vida e no trabalho cotidianos é uma questão de escolha individual. Com certeza, é possível ser um profissional da saúde competente ou uma pessoa saudável, sem buscar a percepção e compreensão do ser humano que sugerimos aqui. Entretanto, a aceitação dessa visão com relação ao homem modifica nossa maneira de ver e de reagir aos eventos comuns de nossa vida. Nossa experiência sobre a natureza da doença e da saúde e a natureza de nosso relacionamento com as pessoas com quem nos associamos através da doença também se modificam.

3

Uma maneira saudável de ter uma doença

À medida que envelhecemos, a maioria de nós também fica mais sábia. No processo de viver, deixamos o lar, casamos, constituímos família, encontramos sucessos e fracassos e, a cada passo, a experiência exige que cada um de nós esclareça e aprofunde seus valores, explore e reexamine as crenças e suposições pelas quais vivemos. A habilidade de aprender algo valioso através da experiência parece ser uma capacidade humana natural e inata. Os períodos de crise como os de uma doença parecem particularmente ricos nesse potencial, e o ganho subjetivo de compreensão, sabedoria, *insight* e compaixão, que talvez resultem dessa experiência, podem finalmente se integrar em nossa vida diária e nos enriquecer.

Contudo, as pessoas geralmente procuram o sistema de saúde apenas para eliminar a crise, solucionar problemas e anestesiar a dor, sem perceber que os desafios, os problemas e as crises são a norma; eles são a vida; fugir deles é fugir da vida. Enxergá-los de maneira negativa é enxergar a vida como uma coisa negativa. A habilidade de se viver plenamente não consiste em evitar as crises; elas geralmente são inevitáveis. Pelo contrário, uma vida saudável parece incluir a capacidade de enfrentar os problemas de maneira a se aprender algo valioso.

A doença é sempre uma pausa, uma interrupção dos padrões de hábitos nos quais vivemos, talvez irrefletidamente, durante muitos anos. Ela pode nos fazer questionar determinados valores, prioridades e maneiras de ser que aceitamos sem discussão, considerando-os não apenas certos, mas também imutáveis. Ela pode despertar em algumas pessoas a necessidade de compreender mais profundamente quem elas são e o que é importante para elas; pode levar outras pessoas a viverem mais conscientemente, valorizando mais as coisas habituais. Para alguns indivíduos, pode até significar a dolorosa tomada de consciência de que, se tal fato pode acontecer no presente, então algum dia elas irão morrer. A inevitabilidade da morte não é algo conscientemente percebido pela maioria das pessoas, e cada indivíduo reage a esse conhecimento de maneira diferente. Alguns se tornam retraídos e medrosos, evitando todos os riscos, enquanto outros percebem a importância e o valor do tempo de que dispõem e passam a enxergar a vida e o ato de viver de maneira diferente e mais nítida.

A experiência comum é a de que a doença e especialmente as doenças graves geralmente se caracterizam pelo medo, pela ansiedade e pela perda. Porém, esse não é o único resultado possível. Se aceitarmos a capacidade natural das pessoas para aprender e evoluir, então os antigos inimigos do homem — a dor e a doença — adquirem o potencial de ampliar essa capacidade, transformando-se numa oportunidade e não somente numa infelicidade. Essa oportunidade pode ocorrer de maneira bastante simples. Até recentemente, a cultura contemporânea não tinha tradições de reflexão, meditação ou retiro, e a necessidade desses períodos de solidão ainda não foi amplamente reconhecida e compreendida. Mas a vida cotidiana muitas vezes é enriquecida com essas práticas, pois o processo de crescimento pessoal com freqüência é acelerado por um exame objetivo de nós mesmos e de nossos objetivos. Algumas vezes, ficar doente é uma forma de descobrir que estamos inesperadamente sós no meio de uma vida agitada e voltada a um objetivo, podendo se tornar um dos poucos meios socialmente aceitos de nos reservarmos um período de retiro e reflexão.

Embora esse afastamento muitas vezes não seja intencional e a maioria das pessoas não o aproveite, algumas podem espontaneamente descobrir que, uma vez livres da pressão de seus papéis habituais, preocupações e atividades, podem perceber sua vida e hábitos com maior clareza, descobrindo dentro de si mesmas uma fonte de *insight* e autoconhecimento daquilo que precisam para completar e dar significado às suas vidas. Outras deliberadamente optam por utilizar o período da doença para reavaliar suas direções, pensar em seus objetivos, prioridades e escolhas, de maneira mais aberta e questionadora.

A oportunidade para esclarecer escolhas está mais presente quando o problema físico é resultado direto do modo de vida pessoal. Muitas doenças são atribuídas a uma má escolha do ambiente, do parceiro, da ocupação, dos hábitos ou dietas. Paradoxalmente, a doença provocada pela má escolha muitas vezes é considerada o verdadeiro problema, quando na realidade tal doença pode ser apenas o resultado do problema. O verdadeiro problema parece ser o fato de estarmos geralmente mais conscientes daquilo que desejamos do que daquilo de que precisamos.

A maior parte das pessoas vive dentro de padrões de hábitos. Nem sempre escolhemos conscientemente as coisas que moldam nossa vida. Podemos até mesmo não ter consciência de todas as opções de escolha. Uma doença algumas vezes representa uma oportunidade para se começar a viver de forma mais consciente e deliberada. Ao concentrar a atenção das pessoas em suas escolhas, através do sofrimento e limitação, a doença lhes proporciona uma chance de se conscientizarem dessas escolhas e motivá-las a agir e realizar mudanças onde e quando necessário. Dessa maneira, uma crise na saúde pode se tornar parte da solução de problemas antigos, em vez de simplesmente transformar-se num outro problema na vida da pessoa. Esse processo pode ser resumido da seguinte maneira:

Desatenção → Ação insensata → Dor e → Concentração da
Inconsciência de   Escolhas insensatas   sofrimento   atenção, buscando
necessidade pessoais   compreender
Valores conflitantes   as causas
ou indefinidos   subjacentes →

→ Perspectiva mais ampla   → Reavaliação de escolhas
Maior compreensão   Reavaliação da ação →
Esclarecimento de valores

→ Escolha mais sensata → Diminuição ou alívio
Ação mais sensata   da dor
                       Saúde melhor

Através desse processo, podemos vivenciar diretamente, pela primeira vez, o efeito de nossas escolhas em nossa vida. Não apenas a doença, mas qualquer tipo de crise nos estimula a ampliar nossa perspectiva e nos tornar mais conscientes de nossas verdadeiras necessidades e dos recursos não utilizados.

Porém, não é assim que normalmente compreendemos as crises. Um teste muito popular reflete nitidamente a atitude mais comum. O teste apresenta uma lista de quinze "eventos críticos" e pede que a pessoa marque um determinado número de pontos sempre que tiver passado por um dos eventos durante o ano anterior. Descobriu-se que as pessoas que ultrapassavam determinado número de pontos corriam maior risco de contrair uma doença grave do que aquelas cuja soma de pontos era inferior. A implicação é evidente: a crise e a tensão provocam a deterioração; de alguma forma desconhecida, elas nos enfraquecem e diminuem nossa resistência às doenças; mas seu poder de fortalecer ainda não foi sistematicamente verificado.

Certa vez, Szent-Györgyi comentou a diferença entre os sistemas ativos e inativos: o inativo se desgasta com o uso; o ativo se desenvolve. Todos sabemos disso: o atleta que sistematicamente tensiona os músculos não se surpreende ao ver que ficam mais fortes. Porém, a expectativa predominante é a de que outras tensões nos enfraquecem, sugerindo que as pessoas são sistemas inativos e não ativos.

Em razão dessas expectativas comuns, muitas pessoas a princípio não têm consciência do potencial para desenvolver sua força e descobrir sua presença em períodos de crise e tensão, e, na verdade, muitas não colocam em prática esse potencial. Geralmente, a crise é considerada algo a ser tolerado, experimentado e esquecido, tão rápido quanto possível. Com essa atitude, não é de surpreender que conscientemente se aprenda pouca coisa e que não exista vontade de se examinar a experiência para tornar mais consciente o que se aprendeu. De vez em quando, esse aprendizado, que pode ser resultado da experiência, só é totalmente percebido muitos anos depois, talvez no surgimento de outra crise que o torna consciente e o reforça.

A capacidade de aprender com a experiência, obter *insight* nas tragédias e maior compaixão através do sofrimento é quase universal. As transformações positivas provocadas por experiências estressantes talvez sejam o aspecto mais singular da consciência humana e sugerem uma definição mais ampla da saúde humana. *Talvez as pessoas saudáveis sejam as que utilizam sua capacidade para transformar a experiência, para melhorar a qualidade de sua existência.* Em minha família, conta-se uma história sobre minha avó e que se refere a essa questão. Minha avó era imigrante, e a maior prioridade de sua vida era manter a família bem alimentada. Sua geladeira estava sempre transbordando de alimentos e, de vez em quando, ao abri-la caía um ovo e se quebrava no chão. A reação de vovó era invariavelmente a mesma: "Hoje vamos fazer pão-de-ló". Isso não significa que não se deva tomar cuidado com os ovos ou colocá-los no fundo da prateleira. Mas ovos quebrados fazem parte da vida e a arte de se viver uma vida saudável pode residir no fato de sermos capazes de reconhecer num ovo quebrado a oportunidade de fazer um pão-de-ló — algo que nos alimenta — e desenvolver a habilidade para fazê-lo.

Se aceitarmos que cada um de nós é potencialmente um transformador de experiência, pode haver uma maneira "saudável" de se ter uma doença, uma maneira "saudável" de se enfrentar uma crise. Pode haver uma maneira de se utilizar esses eventos comuns da vida como uma indicação para identificar o que já foi superado, para encontrar novas e melhores maneiras de ser e realizar. As tragédias e dificuldades da vida cotidiana podem se tornar uma maneira de saber quem somos e como desejamos viver.

A sensibilidade à oportunidade existente nas crises de saúde e o uso criativo da experiência exigem algumas alterações na forma como os profissionais são treinados a encarar seu trabalho, assim como na maneira de as pessoas em geral encararem a doença. Raramente pensamos em perguntar o que lucramos com a experiência de uma doença, mas apenas o que perdemos. Na realidade, as pessoas medem a eficiência do sistema de saúde e de seus profissionais apenas pela quantidade do que perderam, geralmente não considerando a quantidade do que ganharam. Nós nos inclinamos a pensar que, se temos um bom médico e recebemos bons cuidados, não deveria haver perdas, nenhum sintoma ou dor residuais.

Talvez adotemos essa atitude porque tendemos a nos concentrar na doença física e em sua solução e, muitas vezes, não temos consciência do significado e do efeito que a experiência de estar doente tem sobre as pessoas. Mesmo quando os cuidados médicos são bemsucedidos na cura de uma doença física, as pessoas ainda podem se sentir abatidas pela experiência, depreciadas em seu senso de força pessoal, autoconfiança, segurança ou mesmo auto-estima. Por outro lado, as pessoas com uma doença crônica descobrem que estão fortalecidas em sua percepção do *self* — na crença em sua habilidade para enfrentar as crises, mobilizar recursos e viver com o desafio da doença. Um enfoque que se limite à restauração da saúde física pode provocar importantes perdas pessoais ou fazer com que os ganhos obtidos passem despercebidos.

Como sugerimos no capítulo anterior, uma pessoa pode ser encarada como um processo dinâmico, em desenvolvimento. A doença é considerada não somente uma mudança física, mas uma força que altera o ritmo e a direção do processo individual. O vetor criado pela interseção do processo da pessoa com a força da doença pode ser chamado de trajetória da doença, o caminho alterado criado pela interseção dos dois. A trajetória de uma doença geralmente é concebida como um círculo fechado, que tem como objetivo o restabelecimento do *status quo*, da condição existente antes do surgimento da doença. Porém, o impacto de uma enfermidade comum sobre determinada pessoa é bem mais variável; diferentes criaturas reagem de maneiras muito diversas à mesma doença. Para algumas, a trajetória de sua doença pode ser considerada como uma espiral aberta que, no final da experiência, deixa-as com maior *insight*, capacidade e força do que anteriormente.

Restabelecer o *status quo* pode não ser o melhor dos objetivos. Na verdade, pode até mesmo não ser um objetivo realista; e certamente não abrange aquilo que sabemos a respeito das pessoas. Sendo como é, a natureza humana faz com que as pessoas mudem, até mesmo diariamente, sem mencionar as mudanças que podem resultar de um acontecimento importante, como uma cirurgia ou hospitalização. Parece ser necessária uma abordagem à doença baseada no reconhecimento de nossa capacidade para aprender, bem como de nossa capacidade para sofrer. A doença, como todas as outras experiências humanas, faz parte de um processo contínuo de aprendizado e crescimento. O reconhecimento do potencial de aprendizado nas crises de saúde é fundamental para o desenvolvimento de um sistema de saúde mais realista. Essa mudança de perspectiva indica que, para profissionais e pacientes, a eliminação de sinais e sintomas é apenas uma parte da solução da doença e nos mostra que devemos agir, sempre que possível, de maneira a nos certificarmos de que o sofrimento inevitável não se torna sem sentido e mal aproveitado.

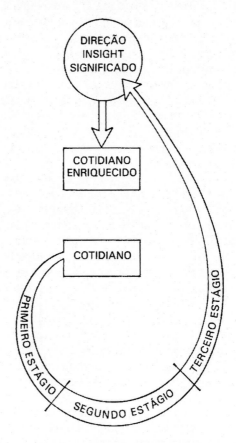

A TRAJETÓRIA EM ESPIRAL

A observação clínica confirma que o processo natural que torna algumas pessoas capazes de transformarem a doença de adversária numa oportunidade de aprendizado e posterior crescimento possui determinados estágios previsíveis e identificáveis. Cada um desses estágios pode ser breve ou durar anos, mas o padrão geral é o mesmo e seu reconhecimento nos torna muito úteis para apoiar pessoas que se encontram em crise. Como o padrão é espontâneo, no momento em que passam por eles, as pessoas muitas vezes não têm consciência de sua existência e talvez só mais tarde reconheçam a trajetória em espiral. Não é preciso perceber o processo para participar e se beneficiar dele, e muitos não desejam percebê-lo. Entretanto, para alguns de nós a percepção permite uma colaboração mais consciente com aquilo que está acontecendo conosco, com nossos amigos, família e pacientes.

O primeiro estágio dessa espiral, o da crise aguda, é sempre caracterizado pela interrupção de hábitos e padrões comuns à vida da pessoa. O impacto da doença geralmente provoca um afastamento da rotina, da escola, do trabalho, das responsabilidades e papéis do cotidiano. O período de afastamento, de pausa, tem implicações importantes: abala-nos e perturba-nos. Nesse ponto, uma doença é diretamente experimentada como uma força, exigindo mudanças de planos e ignorando escolhas individuais. Nossa doença parece ditar aquilo que podemos ter ou não — aquilo que podemos fazer ou não.

Talvez, como resultado da percepção dos limites impostos pela doença às escolhas individuais, surjam ressentimentos e até raiva. Nesse período, principalmente em caso de doenças graves, não é raro que alguns reajam à doença da mesma maneira que costumam reagir às figuras de autoridade em sua vida, com submissão ou revolta. Outros reagem como se a doença fosse um adversário que os desafiou, um adversário que precisa ser derrotado. Esses sentimentos podem se voltar contra o sistema de saúde ou contra o profissional, pois ele geralmente comunica ao paciente suas limitações. A reação irritada a conselhos úteis, como: "Você não pode comer alimentos salgados", ou: "Você precisa tomar esse remédio duas vezes ao dia", muitas vezes desorientam o médico ou enfermeiro, que naquele momento não percebem que se tornaram a "voz" da doença na experiência do paciente, expressando diretamente a limitação que a própria doença estabeleceu em sua vida.

Esse tipo de raiva, perturbadora para o paciente e para o profissional, é o resultado de um desejo, nem sempre totalmente consciente, de estar no controle da própria vida, um desejo de autonomia que, ao ser sabiamente utilizado, torna-se a base para uma saúde melhor no futuro. Nesse estágio da doença, as pessoas sentem uma assustadora perda de controle, não apenas uma inabilidade para controlar sua vida ou utilizar o tempo da maneira que desejarem, mas também uma inabilidade para controlar o corpo e suas funções. Elas se sentem dependentes, necessitadas e mesmo impotentes, talvez pela primeira vez em sua vida adulta. Para muitos indivíduos, a experiência é desconhecida. É um período de medo, confusão e ansiedade, em que estratégias anteriormente bem-sucedidas para se lidar com o mundo e defesas outrora eficazes agora se tornam ineficientes e até mesmo inúteis. Outros redobram os esforços para utilizar formas antigas de se lidar com o estresse, e outros ainda desenvolvem novas maneiras de se relacionar para satisfazer suas necessidades. Dependendo da personalidade individual e dos recursos pessoais, criaturas diferentes reagem a essa situação de maneira diferente. Para algumas, a necessidade de alguém para cuidar delas, que as ajude até mesmo em suas funções físicas, é considerada uma fraqueza humilhante, que deve ser combatida e repelida. Para outras, a necessidade de pedir e receber ajuda é considerada temporária e justificada, e elas se sentem aliviadas por serem capazes de buscar a ajuda dos outros.

Para muitas, esse estágio da doença torna-se uma oportunidade de aprender a receber dos outros e desenvolver a confiança necessária para fazê-lo. É um período para se perceber claramente a diferença entre ser uma pessoa forte e ser uma pessoa completa. Como disse um paciente portador de câncer: "Era sempre eu quem ajudava as outras pessoas. Eu me orgulhava de jamais ter necessitado ou pedido ajuda. Agora sei que sou forte e que posso aceitar o amor e carinho que as pessoas tentaram, e não conseguiram, me oferecer durante toda a minha vida. Quando me comportava apenas como doador, era um impostor. Agora que também sou receptor, sinto-me mais autêntico".

Nesse ponto, as pessoas aprendem também a cuidar de si mesmas e de seu corpo. Pessoas doentes geralmente estão mais conscientes de seu corpo, mais próximas dele do que as saudáveis. Muitas se conscientizam de sua natureza física e de suas necessidades físicas pela primeira vez, podendo investir em si mesmas e em sua situação pessoal a energia e atenção que habitualmente investiam nos outros, como pais, colaboradores, amantes ou auxiliares. Esse estágio da doença se caracteriza tipicamente pela auto-absorção. As pessoas são apanhadas pela percepção de seus sintomas e pela questão de sua sobrevivência e geralmente não estão dispostas a refletir sobre essa experiência ou tornar o aprendizado consciente. Mas elas podem aprender assim mesmo.

Durante o primeiro estágio de uma crise na saúde, os profissionais costumam apelar para sua habilidade técnica e conhecimentos para controlar as funções fisiológicas do paciente e atender a suas necessidades físicas. Dependendo da gravidade da doença, o profissional desempenha um papel bastante ativo, tomando decisões e assumindo total responsabilidade pelo bem-estar do doente. Contudo, mesmo assumindo a maior parte da responsabilidade pelo bem-estar do paciente, o profissional deve permanecer receptivo à idéia de ajudar as pessoas a assumir o máximo de auto-responsabilidade que conseguirem e desejarem aceitar. Algumas vezes, uma coisa bastante simples como participar do banho significa muito para alguém que tem medo de ser incapaz. Cuidar do corpo do paciente e ter disposição para fazer o que for adequado para sua sobrevivência não é incompatível com o respeito pelas opções do paciente, sempre que estas forem sensatas e realizáveis.

Os doentes precisam não apenas da habilidade dos outros, mas também de sua humanidade — seu calor, compaixão, compreensão e até mesmo seu humor. O desvelo pode ser mais bem transmitido pelo toque ou por outras formas de comunicação não-verbal. Tradicionalmente, a abordagem profissional no cuidado do corpo é predominantemente intelectual e analítica; uma enfermeira ou um médico tocam o corpo do enfermo para avaliar suas condições físicas ou cuidar de um problema físico. E convém não esquecermos a importância do toque, da cor, do som, da textura e do aroma como meios de conforto e comunicação pessoal. Esses parâmetros inclusive desempenham um papel ainda desconhecido para estimular a cura. Deve-se prestar atenção tanto às mensagens não-verbais do ambiente quanto às mensagens não-verbais das pessoas que nele se encontram. A luz do sol, as plantas, determinadas cores, música etc. tendem a estimular um sentimento de esperança e a crença na brandura da vida, podendo até certo ponto diminuir a ansiedade e o medo daqueles que se encontram muito doentes.

O mais importante é saber que as pessoas geralmente têm necessidade de sentir que os outros acreditam nelas; que sua dor e fraqueza, bem como a coragem e força individuais, são percebidas e reconhecidas. É muito difícil transmitir esses sentimentos através de palavras, uma vez que muitos seres humanos não aceitam uma avaliação verbal de si mesmos durante a fase aguda da doença, mas isso sempre pode ser transmitido não-verbalmente, pela simples presença. A crença na integridade dos demais altera sutilmente o tom, as atitudes e o comportamento do profissional, assim como aquilo que ele irá dizer.

No final dessa fase da doença ou no início do estágio seguinte, encontramos formas mais diretas de revelar a um paciente que ele demonstrou uma força considerável. Se você acredita sinceramente na força e inteireza de outra pessoa, realmente não existe maneira errada de fazê-lo. A sinceridade, e não o estilo, é que importa.

Uma enfermeira conta com tristeza um incidente em que ela perdeu a paciência com um enfermo que se submetera a uma série de cirurgias num período de quatro semanas. Durante a recuperação da terceira cirurgia, suas incessantes exigências e raiva irracional haviam afastado todo o pessoal da enfermagem. Quando a campainha tocou pela oitava vez em uma hora, ela atendeu ao chamado, dessa vez para atender a mais uma exigência, além de ser acusada de negligente. Ela não agüentou e perdeu o autocontrole. "Senhor Jones", disse ela, "eu realmente sinto muito que esteja doente e estou fazendo o possível para ajudá-lo, mas não tenho pena do senhor e gostaria que parasse de ter pena de si mesmo. O senhor continua se queixando, criticando e se considerando uma vítima. Não acredito nisso. Qualquer criatura que tenha sobrevivido a três cirurgias no intervalo de quatro semanas e ainda tem energia para atormentar toda a equipe como o senhor faz não precisa de piedade. O senhor não é uma vítima, é um sobrevivente, e também o acho um chato." Após o choque inicial, o paciente caiu na gargalhada e disse: "Sabe, é verdade. Sou ranzinza e suponho que também me tornei egoísta. Sinto muito".

Talvez essa não seja a melhor maneira de nos referirmos à força de um paciente, mas a sinceridade da enfermeira, que disse tudo o que achava ao homem, ajudou-o a lidar com seu medo e raiva numa situação de impotência e a reconhecer em si mesmo aquilo que para ela era tão óbvio.

Em geral, é difícil para o paciente e aqueles que cuidam dele aceitar a doença grave. Nossa cultura como um todo tende a incentivar a intolerância com a doença e dependência, e o treinamento de médicos e enfermeiras com freqüência reforça essa atitude. Assim, é importante nos colocarmos no lugar do doente, uma vez que uma atitude de resistência pode dificultar a cura.

Uma das coisas mais difíceis solicitadas ao profissional nesse estágio não é sua habilidade, porém sua aceitação: a de permitir que as pessoas fiquem doentes sem lhes transmitir o julgamento inconsciente de que existe algo de anormal ou errado no fato de estarem doentes. Através de nosso comportamento e atitudes podemos inconscientemente expressar a expectativa de que elas deveriam melhorar o mais rapidamente possível. Embora adequada para alguns indivíduos, essa abordagem não é um bom remédio para todos. O esforço sincero para se eliminar a doença pode não ser a única nem a melhor maneira de se ajudar algumas pessoas a conseguir uma saúde mais duradoura. Para algumas, a necessidade de serem o centro da carinhosa atenção dos outros e delas mesmas e o afastamento das pressões e preocupações que talvez tenham sido os causadores da doença fazem parte do processo da cura. Outras podem estar aprendendo pela primeira vez a considerar as necessidades de seu corpo e a equilibrá-las com outras necessidades. Outras ainda talvez precisem de mais tempo para explorar as causas de suas doenças e adquirir uma compreensão mais clara, que determinará suas futuras ações. Para tais pessoas, de um ponto de vista mais amplo, o tempo consumido na doença no momento presente pode, na verdade, representar uma economia de tempo despendido em doença futuramente. Muitos desejam atravessar rapidamente o período de doença e não estão preparados para perder tempo considerando suas causas ou aquilo que possivelmente poderiam aprender com ela. Essas pessoas, em geral, não passam do primeiro para o segundo e terceiro estágios da espiral; elas simplesmente recomeçam suas vidas do ponto em que as interromperam, agradecendo a ajuda que lhes permitiu fazê-lo tão rápido quanto possível. Mas outras, que estão efetuando essa exploração pessoal e que, como resultado, são capazes de realizar as mudanças necessárias, precisam de apoio para levar a cabo seu empreendimento.

O segundo estágio é a fase da espiral em que o indivíduo começa a voltar a atenção para o exterior, através do desejo de compreender a causa de sua doença, agindo de modo responsável para evitar seu retorno. Embora no primeiro estágio resida geralmente o aspecto mais dramático da doença do ponto de vista físico, o segundo e terceiro estágios, de certa forma, apresentam um desafio maior para aqueles que se preocupam com a saúde do paciente.

Muitas pessoas demonstram espontaneamente a transição para o segundo estágio no momento em que percebem o término da crise física e que sobreviveram a ela. Embora diferentes pessoas o façam de diferentes maneiras, sempre existe o desvio da atenção de uma auto-absorção anterior para uma orientação mais externa. As pessoas manifestam uma visível impaciência no papel de doentes e disposição para reassumir seus papéis habituais. Algumas começam a demonstrar repetidamente o desejo de voltar para casa, a se preocupar com as coisas que ficaram sem sua atenção durante a fase aguda da doença: a família, o trabalho, os bens.

Para aquelas cuja auto-imagem foi modificada pela experiência da doença, esse pode ser um período de dúvidas e preocupações a respeito de sua aceitação fora do hospital ou do lar, por seus amigos e colaboradores e pelas pessoas em geral, depois que perderam parte do corpo ou que não conseguem mais levar o mesmo tipo de vida que tinham anteriormente. Quando as pessoas começam novamente a pensar em recomeçar a vida, muitas delas percebem que aquilo que é rotineiro e bem-aceito por sua família ou pelos profissionais de saúde é motivo de afastamento e rejeição para aqueles que não estão familiarizados com a doença, o sofrimento ou com seus cuidados. Esses temores e preocupações às vezes não são expressos, e as pessoas acham bem-vinda a oportunidade de discuti-los com a equipe médica, a família e os amigos. De vez em quando, aqueles que se encontram próximos ao paciente talvez não tenham consciência dessas dúvidas e temores não expressos e recebem com prazer a oportunidade de discutir abertamente essas questões com o médico ou a enfermeira. Geralmente, o primeiro sinal de que uma pessoa passou para o segundo estágio é o abandono de uma atitude submissa. As pessoas no segundo estágio costumam ser descritas como "difíceis" e "exigentes": as queixas sobre o serviço de enfermagem, a alimentação ou aborrecimentos menores que fazem parte da rotina hospitalar tornam-se comuns. As queixas, críticas, insatisfações e preocupações quase sempre significam que um paciente começou a reparar no ambiente, a ser afetado por ele e a tentar afetá-lo. "Esta comida está péssima" pode na verdade ser uma maneira de dizer: "Decidi não comer isto aqui. Decidi comer algo diferente". Por meio dessas pequenas mas ativas escolhas, uma pessoa pode estar tentando confirmar seu papel na direção de sua vida e assumir a responsabilidade pelas condições em que vive. No primeiro estágio da doença, as pessoas tendem a ser mais receptivas, ou até mesmo passivas, com respeito às decisões que outros tomam por elas. Quando aquelas que passaram para o segundo estágio tentam assumir um papel mais ativo em seus cuidados e uma participação maior nas decisões, seu comportamento pode ser considerado por aqueles que cuidam delas como rejeição a tais cuidados.

É muito importante que a equipe médica e a família se desloquem junto com o paciente para esse estágio de seu processo, modificando assim a maneira habitual de cuidar dele. Isso é particularmente difícil para os profissionais envolvidos no caso, que talvez interpretem o comportamento do paciente como um desafio à sua habilidade e conhecimentos especializados ou simplesmente o considerem um "encrenqueiro". Entretanto, o desejo de liberdade e independência subjacente a essa "insubordinação" permite que o paciente se torne responsável pela preservação de sua saúde. Reconhecer o significado das queixas e do comportamento "insubordinado" na futura saúde do paciente leva o profissional a compreendê-las com maior facilidade, considerando-as até bem-vindas.

O desejo de escolher por si mesmo, demonstrado direta ou indiretamente nessa fase da doença, deve ser respeitado tanto quanto possível. Pequenas opções, como as iguarias de uma refeição, a hora do descanso ou um programa de televisão, tornam-se profundamente significativas nesse período, reafirmando a capacidade de fazer escolhas mais amplas, que irão determinar a quantidade e qualidade da vida que resta aos pacientes.

A preocupação consciente ou inconsciente com escolhas e liberdade finalmente leva o paciente a considerar e reexaminar as escolhas que fez no passado que, de alguma forma, podem ter contribuído para a atual doença. Muitas vezes, as pessoas perguntam: "Por que eu?". "Por que isso aconteceu comigo?". "Quais os caminhos que escolhi e que tiveram influência na minha doença?" "Quais os caminhos que posso escolher agora e que evitarão que ela retorne?"

Nesse ponto, muitos ficam irritados e têm dificuldade de aceitar o que, de certo modo, já sabem: que, muitas vezes, as escolhas que fizeram *foram* responsáveis, em parte, por seu atual estado de saúde. Em geral, a responsabilidade é confundida com acusações e, mais tarde, com culpa. De fato, ser "responsável" e ser "culpado" podem ser considerados sinônimos. É preciso esclarecer que ser responsável também implica a capacidade de modificar as coisas — de assumir o controle. Autoridade inclui responsabilidade e um executivo responsável por uma firma também pode tomar decisões para modificar a orientação dessa empresa. Quando levamos em consideração apenas o passado, o reconhecimento da responsabilidade pessoal realmente nos leva a auto-acusações e sentimento de culpa. Olhar para o futuro talvez, seja uma forma de evitar sofrimentos desnecessários e adquirir poder para realizar as mudanças indispensáveis à melhora da qualidade de vida.

Em geral, a tendência para examinarmos nossas escolhas é acompanhada pela curiosidade sobre a causa da doença. O sofrimento e limitações experimentados no primeiro estágio despertam em alguns a necessidade de compreender sua causa, para evitar a repetição dos problemas que acabaram de enfrentar e perceber o que esperar no futuro. Agora, é possível começar a reunir informações sobre a experiência pela qual acabaram de passar utilizando o raciocínio para lidar com a situação.

Muitas pessoas fazem perguntas à família e à equipe médica, acolhendo com alegria a oportunidade de discutir detalhadamente o processo da doença. Perguntas como "O que provoca um ataque cardíaco?" "Por que às vezes me sinto atordoado?" "O que acontecerá se eu abandonar a dieta?" "Quais os resultados de meus testes e por que preciso fazer esse novo exame?" são bastante comuns. As pessoas provavelmente reunirão informações do maior número de fontes a fim de compreender totalmente a causa da doença e, portanto, tornam-se mais influentes em seu controle. Talvez fique evidente que determinadas circunstâncias são incompatíveis, e a necessidade de mudanças positivas torna-se bem nítida.

Nesse estágio, pode-se conhecer a causa física das doenças e examinar o que os indivíduos aprenderam a respeito de si mesmos, seus relacionamentos e seu modo de vida, através da experiência da doença. Durante esse período, a equipe médica pode encorajá-los a refletir sobre a recente experiência fazendo com que se lembrem de seus pensamentos, sentimentos e comportamentos. Os papéis habitualmente desempenhados na vida cotidiana são agora explorados, e sentimentos e atitudes que se encontram ocultos, examinados e discutidos. Algumas pessoas são capazes de se libertar desses papéis e observá-los, por assim dizer, do lado de fora. A partir dessa perspectiva, os sistemas de crenças e valores tornam-se mais evidentes. Rudolf Virchow, pai da patologia, comentou: "Muitas doenças são um conflito de valores que navegam sob uma bandeira fisiológica". Os papéis limitadores que levaram as pessoas a se desesperar com a qualidade de suas vidas, levando-as a recorrer a estratégias de fuga, como o alcoolismo, o vício de ingerir tranqüilizantes ou estimulantes, a obesidade, a promiscuidade, o materialismo excessivo e outras, são reconsiderados e reexaminados.

Em outros casos, papéis inusitados para uma pessoa, que surgiram durante uma enfermidade grave, revelam pensamentos e sentimentos antes não manifestados, bem como desejos não realizados.

Um desses pacientes era uma mulher de 45 anos, aparência austera, esposa, mãe de quatro filhos e uma atarefada corretora de seguros. Mesmo durante a fase de recuperação de uma cirurgia na vesícula biliar, as enfermeiras ficavam impressionadas com seu ar de competência, eficiência e autoridade. Essa mulher tivera boa saúde durante toda a vida e obviamente estava acostumada a cuidar de negócios. Porém, durante a doença, ocorreram algumas mudanças sutis em seu modo de ser. Os amigos e colaboradores mandaram-lhe flores, e logo o quarto estava cheio de cores. Sua companheira de quarto presenteou-a com um perfume, que ela aceitou, relutante. Quando comentou como gostava de ter as costas massageadas pelas enfermeiras, uma delas sugeriu que pedisse a sua família para trazer uma loção perfumada que poderiam usar durante esse ritual diário. O marido, percebendo o prazer dela ao receber as flores e o perfume, trouxe uma camisola com laços e babados, que ela vestiu imediatamente. Quando uma enfermeira fez um comentário acerca da camisola que lhe assentava bem, ela riu e disse: "Sabe, me transformei numa amante — uma mulher com tempo para o lazer. Ninguém antes havia me enviado flores e jamais usei perfume. Isso foi uma revelação para mim". A enfermeira comentou seu óbvio prazer com essas novas experiências e auxiliou-a a reconhecer as qualidades de feminilidade, auto-estima e receptividade, que agora estavam mais presentes em sua vida. Então, perguntou à paciente se gostaria de continuar a tê-las, quando voltasse para casa. A paciente respondeu afirmativamente, pois elas realmente não tomavam tanto tempo e pareciam importantes. "Acho", disse, "que vou começar a tomar banhos de espuma em lugar de duchas." Antes de a enfermeira sair, a paciente pediu-lhe que ensinasse seu marido a fazer massagens em suas costas, o que lhe foi prometido.

Obviamente, há muito mais coisas envolvidas do que uma simples questão de flores e perfumes. Através da doença, essa mulher aprendeu uma nova maneira de ser e de se relacionar e, provavelmente, a desenvolveria posteriormente na vida cotidiana. Ao perceberem isso, as enfermeiras ajudaram-na a ter consciência dessa experiência, aumentando suas possibilidades de continuar a desenvolver e explorar esse aspecto.

Nessa fase da doença, a equipe médica e a família recorrem a diversos métodos para apoiar as pessoas em sua exploração da causa de suas doenças, das vantagens pessoais adquiridas e da habilidade para utilizar os recursos que têm à disposição para melhorar suas vidas. Técnicas como a das imagens mentais dirigidas e visualização, exercícios de relaxamento, *biofeedback*, um diário pessoal, gestaltterapia e meditação são muito úteis para a consolidação dessas vantagens. É sempre benéfico encorajá-las a falar sobre a experiência, fazendo perguntas como: "O que isso significou para você?", ou: "Qual foi a parte mais difícil?", e depois salientar as forças e recursos que o paciente usou para reagir à crise. Habilidades como a de planejar e delegar autoridade e a de tomar decisões rápidas, a tranqüilidade sob condições tensas e outras semelhantes, são fáceis de serem comentadas, embora o paciente talvez não esteja plenamente consciente de que seu comportamento possa ser percebido pelos demais.

Deve-se permitir que as pessoas aceitem a doença e a capacidade para reagir por meios tão simples como o de estimular o uso de formas precisas de linguagem: "Meu corpo, minha dor e minha doença" em lugar de "o corpo, a dor e a doença". "Preciso de algo para a dor" é consideravelmente diferente de "Preciso de algo para minha dor", bem como dizer "Estou aprendendo a cuidar da doença" é diferente de "Estou aprendendo a cuidar da minha doença".

Além disso, estimular o uso de afirmações diretas na primeira pessoa leva os pacientes a um contato melhor com suas necessidades e com a capacidade para manifestá-las, permitindo-lhes receber apoio e conforto. A frase "Geralmente as pessoas se sentem solitárias nos hospitais" recebe uma resposta bem diferente de uma enfermeira ou de um médico do que a frase mais direta: "Eu me sinto solitária aqui".

E, finalmente, encorajar os indivíduos a examinar afirmações como: "Eu não posso" para que verifiquem quais delas realmente significam "Eu não quero" talvez os faça refletir se na verdade não poderiam, se tentassem, tornando-os mais receptivos à sua verdadeira capacidade. Descobrir que a afirmação "Eu não posso me levantar" realmente queria dizer "Eu não quero me levantar" pode fazê-los enxergar pela primeira vez uma limitação auto-imposta e questionar quantas suposições a respeito deles mesmos também são auto-impostas.

Esses e outros métodos constituem enorme auxílio para as pessoas doentes reconhecerem forças, recursos e qualidades individuais dos quais não tinham consciência e perceber a habilidade para torná-los mais presentes na vida cotidiana. Através dessas e de outras formas, ajudamos os pacientes a abandonar falsas convicções com relação a recursos pessoais, libertando-os de comportamentos e atitudes limitados que, no passado, foram impostos por essas convicções.

No segundo estágio da doença, o exame das escolhas e a procura das causas muitas vezes são motivados pelo desejo de lidar melhor com ela, tornar a vida mais saudável, evitar doenças futuras e conservar a saúde. Como no caso da executiva, ou do médico com úlcera, a crise na saúde mostra estilos diferentes de vida, oferecendo uma oportunidade para a reavaliação de padrões habituais e maior aproveitamento de opções antes desconhecidas ou aparentemente inacessíveis. O exame da experiência da doença pode se interromper aqui para algumas pessoas, mas outras podem se dirigir para o terceiro estágio da espiral e começar a examinar sua experiência dentro de uma estrutura de significado mais ampla.

Como Firman e Vargiu* destacaram no artigo "Dimensions of Growth",

A experiência da dimensão transpessoal não é algo exótico ou incomum. Ela é uma parte característica do ser humano. Também não é incomum que interesses transpessoais sejam despertados por uma séria ruptura na vida de uma pessoa, uma ruptura que a obrigue a se desidentificar da maioria das coisas às quais anteriormente se apegava. Um divórcio, um acidente, uma doença podem destruir muitas coisas que pareciam certas e estáveis, forçando-nos a indagar: "Se isso pode mudar, então em que se baseiam todas as outras coisas? De que, na verdade, posso ter certeza?". Igualmente, as experiências que aproximam uma pessoa de sua própria morte ou que a fazem perceber que a morte algum dia irá se tornar uma realidade pessoal

---

* J. Firman e J. Vargiu, "Dimensions of Growth", em *Synthesis,* vols. 3-4, pp. 59 ss., San Francisco, 1977.

farão com que ela questione o significado de sua vida e procure respostas além de si mesma.

Essa dimensão da experiência da doença é bastante individual, e com freqüência as pessoas descobrem significados diferentes em experiências comuns. A mesma doença que faz com que uma pessoa conclua que a vida é sem sentido e casual pode levar uma outra a perceber um senso de ordem e propósito no universo. Muitas coisas que fazem parte da natureza da doença estimulam um movimento em direção ao transpessoal e à destruição de determinados conceitos errados que as pessoas têm a respeito da natureza inacessível dessa área da experiência humana. Algumas vezes, esse movimento ocorre de maneira muito simples. Por exemplo, qualidades transpessoais, percebidas pela primeira vez na situação de crise, são reconhecidas e aceitas pelo indivíduo e incorporadas à sua vida diária, de forma mais plena e deliberada. Outras pessoas descobrem que não são quem pensavam ou temiam ser, e algumas passam até pela experiência direta de uma identidade inalterável, diferente de seus papéis, suas qualidades ou suas habilidades.

Lembro-me nitidamente de um paciente que quase se afogou em uma piscina. Da janela da cozinha, a mãe viu o filho cair da bicicleta, bater a cabeça no cimento e rolar para a piscina. Parando apenas para chamar o Corpo de Bombeiros, ela correu para o jardim, pulou completamente vestida dentro da piscina e retirou o menino. No momento em que a equipe de resgate chegou, ela estava fazendo respiração boca a boca no filho, como vira fazerem na televisão. Quando a criança deu entrada no hospital, estava consciente e pedia para voltar para casa. Examinei-a cuidadosamente, solicitei alguns exames de sangue, raios X do tórax, eletrocardiograma e coletei culturas. A criança parecia estar em perfeitas condições.

Há alguns anos, eu consideraria meu trabalho terminado. Teria saído para conversar com a mãe e lhe diria que seu filho parecia estar bem, que gostaríamos de observá-lo durante a noite e que ela poderia vir buscá-lo na manhã seguinte. Mas, em vez disso, saí e sentei-me perto da mãe e perguntei-lhe como estava se sentindo. Seu marido já havia chegado e parecia irritado. Ela começou a chorar e disse que achava que não era uma boa mãe e que falhara no cuidado com o filho.

Então, comecei a partilhar com esses pais meu trabalho de treze anos como pediatra. Em minha experiência com crianças, aprendi que os acidentes acontecem muito rápido e a todos os tipos de pessoa — com as cuidadosas e com as negligentes. Como os acidentes são quase impossíveis de se evitar, são considerados como uma parte natural da vida e do crescimento. O importante não era o acidente, mas o que aconteceu depois dele, a reação da pessoa.

Disse à mulher e ao marido que ela havia salvado a vida do filho. Sem a ação rápida e serena, ele com certeza teria se afogado. Ela meneou a cabeça, em dúvida. "Doutora", disse, "tenho medo de água. Eu nem mesmo sei nadar." Como eu também não sei nadar, fiquei bastante comovida. "Você tirou Davi de uma piscina de mais de três metros de profundidade. S., você deve amá-lo muito", disse. Ela continuou a menear a cabeça. "Doutora, eu não tinha idéia de que alguém pudesse ser tão importante para mim." Nós três percebemos, então, que esse talvez seja o verdadeiro significado de ser uma boa mãe.

O incidente foi o início de muitas transformações nessa mulher. Ela sempre fora uma pessoa tímida, retraída e medrosa, mas, através dessa experiência, passou a conhecer um outro lado de si mesma que não era medroso. Ela sentiu não apenas sua coragem, mas também seu heroísmo; sua capacidade para defender alguém ou alguma coisa que considerava mais importante do que sua própria vida. Ela a descreve de maneira bem simples: "Eu não tinha idéia de quem realmente era antes disso".

Começou a fazer muitas coisas que antes tinha medo de realizar e superou outras limitações auto-impostas; aprendeu a dirigir e a nadar. Também organizou um grupo de apoio para pais de filhos que haviam sofrido acidentes semelhantes para que, juntos, examinassem sentimentos de culpa e forças. Contudo, sua primeira interpretação sobre o ocorrido foi: "Eu não sou uma boa mãe".

Como essa mulher, muitas pessoas a princípio percebem apenas o significado negativo de suas experiências, concentrando-se somente naquilo que temem ser suas deficiências. "Eu não sou uma boa mãe" ou frases semelhantes muitas vezes são a única interpretação da experiência. A focalização no significado negativo pela família e pela própria pessoa doente é muito comum e merece ser examinada, uma vez que pode se tornar uma barreira que impede a consideração de outras interpretações mais proveitosas sobre nossas experiências.

No início da doença, muitos se sentem derrotados por um sentimento de inutilidade, nulidade, impotência e até culpa. A princípio, muitas pessoas parecem aceitar um significado quase universal para suas experiências, acreditando inconsciente ou conscientemente que são más e que, de certo modo, estão sendo punidas. Esse significado não é individual e, por ser bastante comum, todos estamos sujeitos a ele, em diferentes escalas.

A doença inicialmente é considerada em termos simbólicos, como um sinal ou uma indicação da existência de algum mal interior sem nome ou até como uma indignidade. Esses significados negativos da doença são quase universais e fazem parte inclusive de nossa linguagem: "Ele está 'pra baixo' (abatido) com a pneumonia e sente-se 'mal' ". "O que há de 'errado' comigo, doutor?" "Você se sente 'melhor' "? Nesse contexto comum, a doença é interpretada como um comentário sobre a "qualidade" ou valor pessoal do indivíduo. Uma pessoa doente é um "inválido", uma palavra que também significa ausência de verdade ou de valor positivo.

As crianças geralmente são mais autênticas do que os adultos na manifestação dessas interpretações perturbadoras sobre as doenças. Quando lhes perguntamos por que se encontram no hospital, com freqüência respondem em função de alguma suposta má ação: "Estou aqui porque apertei o nenê", ou: "Estou aqui porque tirei dinheiro da bolsa de minha mãe", ou: "Estou aqui porque fui mau". A dor que acompanha a doença muitas vezes é interpretada como uma punição pelas más ações do passado. As crianças quase sempre dão essas justificativas para suas doenças, mesmo quando lhes explicamos cuidadosamente os motivos da hospitalização.

Os adultos também apresentam o mesmo tipo de interpretação a respeito de doenças, mas talvez não tenham consciência delas nem as verbalizem com a mesma rapidez, fazendo com que passem despercebidas. Essas interpretações e preocupações arquetípicas carre- gadas de culpa raramente refletem baixo nível de cultura ou falta de informação; até os profssionais da saúde fazem perguntas impregnadas de angústia quando enfrentam uma doença pessoal ou na família: "Eu planejava me divorciar de minha mulher pouco antes de ela ter câncer. Será que isso tem algo a ver com o surgimento da doença?", ou: "Estou tendo um caso com o amigo do meu marido — será que isso, de alguma forma, foi responsável por meu ataque cardíaco?".

Quando os significados universais da doença são individualizados, eles podem se tornar profundamente perturbadores e passar a exercer uma influência prejudicial no comportamento e atitudes da pessoa, com relação a ela mesma e à sua situação. Esse pensamento mágico pode ser bastante doloroso, a ponto de fazer com que ela relute em examinar sua experiência, tornando-a pouco receptiva à possibilidade de perceber nela um significado ou interpretação mais individual.

Nesses casos, para que o significado individual se revele, outras pessoas devem encorajar o paciente ou os familiares a se aprofundarem mais, como no caso da mãe cujo filho quase se afogou. Para alguns indivíduos, esse processo se inicia no segundo estágio, na busca da causa da doença, o que constitui o passo inicial para a eliminação dos significados simbólicos, coletivos ou negativos da doença. Outros podem até mesmo estar inconscientemente motivados a buscar uma causa corriqueira, biológica, para seus sintomas, em razão da necessidade inconsciente de reafirmarem para si mesmos que não são maus e que, portanto, não estão sendo punidos; de que o problema foi provocado não por desmerecimento, mas por uma bactéria ou um vírus.

Em geral, as interpretações generalizadas e simbólicas da experiência da doença surgem do inconsciente inferior e são consideradas universais, não individuais. Em muitos casos, o processo de se trabalhar com elementos do inconsciente inferior e o abandono dessas suposições e crenças negativas ocorrem de maneira natural e espontânea depois de algum tempo. Embora as pessoas não estejam plenamente conscientes desse processo, é impressionante como muitas delas realmente prosseguem e desviam sua atenção do significado da doença para a questão mais ampla, a do significado de suas vidas.

Muitas vezes, a doença exerce um profundo impacto na percepção individual do significado da vida pessoal e do propósito e significado da vida em geral. Como resultado do questionamento e reflexão durante o tempo da enfermidade, alguns indivíduos esclarecem e reafirmam o senso de significado já adquirido. Outros vão mais longe e, finalmente, obtêm um novo senso de significado, bem como uma satisfação e realização mais amplas. Para outros ainda, a doença ou a incapacidade física resultam na perda do senso de significado, fazendo-os pensar que a vida agora tem menos valor e qualidade. A perda de significado muitas vezes é acompanhada de atitudes e sentimentos de desespero, desinteresse, depressão, raiva e medo.

O senso de significado que o paciente ganha ou perde é um fator tão crítico na reabilitação quanto a natureza do problema físico em si. Isso é particularmente verdadeiro nas doenças crônicas, em que um senso de significado pessoal, que ultrapassa o bem-estar físico, pode fazer a diferença entre alguém que se torna inválido e alguém que é capaz de viver plenamente dentro das limitações impostas pela condição física.

Os dois casos seguintes ilustram como o significado afeta a adaptação à deficiência física. No primeiro, um novo senso de significado foi espontaneamente adquirido, e, no segundo, um antigo senso de significado foi temporariamente perdido.

O primeiro paciente era um trabalhador mexicano-americano de 45 anos, com grave artrite reumatóide. Ele havia trabalhado nas plantações de alcachofra desde a adolescência e com o passar dos anos foi promovido à posição de supervisor. Seu trabalho fora sua vida durante trinta anos. Mas nos últimos anos passou a sofrer de dores e rigidez progressivas, até que finalmente não conseguiu mais trabalhar. Quando o examinei, sua capacidade estava bastante limitada. O dano ocorrido nas articulações era irreversível e eu lhe revelei esse fato, bastante receosa. Ele sorriu e disse que já sabia disso. Conversamos a respeito dos sintomas e limitações físicas que poderiam advir no futuro, e após esclarecer essa parte perguntei como se sentia, agora que não era mais capaz de trabalhar. Ele respondeu que era difícil, especialmente pela dor que sentia diariamente, e então acrescentou que também sentia mais tranqüilidade em sua vida e enxergava muitas coisas com mais clareza, de maneira diferente. No início, disse ele, perguntava a si mesmo: "Por que eu? Por que isso aconteceu comigo?", e ficava irritado e amargo. Pouco a pouco, começou a vislumbrar uma riqueza na vida que antes não havia percebido. A doença mudara seu modo de vida e o aproximara de sua família. Agora, tinha tempo para levar os filhos à escola e ouvir suas esperanças, sonhos e temores. Tinha tempo para sentar-se com a esposa na cozinha e conversar enquanto ela preparava as refeições. Tinha tempo para observar um pôr-do-sol, pensar e sonhar, e até mesmo para aprender a ler. Ele disse que não se sentia mais amargurado com a artrite, mas pensava que essa talvez fosse a maneira de a natureza fazê-lo diminuir seu ritmo e lhe mostrar um outro lado da vida.

Enquanto falava, tornou-se evidente que perdera algo, mas também que ganhara alguma coisa. Sua deficiência permitira-lhe uma oportunidade para descobrir qualidades e experiências anteriormente ausentes de sua vida, e através dessa descoberta a vida adquirira novo valor e significado. Minhas perguntas e comentários o ajudaram a se tornar consciente disso e o deixaram mais robustecido nos novos avanços que fizera.

Os profissionais da saúde, a família e os amigos podem estimular as pessoas a realizar o mesmo tipo de exame, com relação às perdas e ganhos, que aquele homem concretizou sozinho. Podemos fazer perguntas simples, como: "Em que coisas a sua condição o limitou? Suas prioridades se modificaram? Existem coisas que você sempre desejou fazer, mas para as quais nunca teve tempo? Você aprendeu alguma coisa sobre a utilização do tempo ou a importância de seus relacionamentos familiares ou de amizade? Que coisas você tem agora que não tinha antes?".

Quando uma pessoa que se encontra em condição crônica concentra sua atenção somente naquilo que perdeu, a resposta a essas perguntas é, com freqüência, "nada". Ao conversar com ela, torna-se evidente que, em vez de adquirir significado, a vida perdeu o significado e objetivo que tinha anteriormente, pois sua deficiência atual a impede de realizar uma atividade ou função habitual.

Isso aconteceu com um jovem, cujas esperanças de fazer carreira no futebol profissional foram repentinamente destruídas quando um acidente o deixou paralisado da cintura para baixo. Nos dois anos seguintes, ele ficou desesperado e periodicamente tentava o suicídio, recusando-se a participar de terapias físicas ou a fazer qualquer coisa que pudesse melhorar sua capacidade física. "O futebol", disse, "era minha vida. Não quero viver se não puder jogar." "Por que o futebol é tão importante para você?", perguntei, e ele começou a falar sobre o desafio do jogo, dos jogadores trabalhando juntos para alcançar um objetivo comum, superando diferenças individuais, preferências e aversões pessoais. Falou sobre a beleza dos raros momentos de uma jogada perfeita, quando o time parecia ser uma só pessoa, com uma mente, um coração, um objetivo. Descreveu seu prazer ao estimular e participar dessa harmonia. Durante algumas semanas, reexaminamos seu passado e as coisas que haviam sido importantes e significativas para ele. Pouco a pouco, surgiu um padrão que se originou na infância e que enfatizava a importância que conferia ao esforço conjunto, à eliminação de diferenças e ao companheirismo. Finalmente, eu disse: "Você parece compreender muita coisa a esse respeito e sabe instintivamente ajudar os outros a superar suas barreiras pessoais e a trabalhar juntos nesse sentido. Como você poderia continuar a fazê-lo numa cadeira de rodas?". De início, ele pareceu espantado, mas logo começou a rir. "Você quer dizer que tudo o que devo fazer é desistir do futebol?"

Começamos a explorar outras maneiras de ele usar suas habilidades e compreensão. Encaminhei-o a um conselheiro, que o ajudou a se decidir por uma carreira de administração organizacional, um campo que lhe permitiria manifestar diariamente os princípios que uma vez expressara jogando futebol. O novo objetivo lhe ofereceu a motivação para reverter seu inconformismo anterior. Começou a participar regularmente da terapia de reabilitação e também fez grandes progressos físicos.

Ao lhe perguntar por que o futebol era tão importante para ele, permiti que começasse a separar a atividade em si mesma das razões por que ela era tão importante. A revisão dos padrões habituais de valores e qualidades refletidos nos acontecimentos e atividades importantes do passado com freqüência ajuda as pessoas a identificar os princípios que deram significado à sua vida e que elas temem ter perdido devido à deficiência. Uma vez identificados, o próximo passo para se descobrir novas maneiras de continuar a viver com esses princípios, e de acordo com eles, é obtido com bastante rapidez.

Atualmente, o impacto do senso de significado de uma pessoa em sua recuperação não é amplamente reconhecido e a abordagem convencional da reabilitação está enraizada principalmente nas considerações físicas. Mas, na última década, o reconhecimento mais amplo da influência dos sentimentos e pensamentos sobre a doença e a saúde começou a ampliar essa abordagem.

Esse tipo de abordagem é particularmente importante para as pessoas idosas e para aquelas que estão morrendo, que, através desses métodos, podem ser ajudadas a manter a qualidade de suas existências. Assim que identificam os princípios que orientaram suas vidas e as qualidades e valores que lhes eram importantes, elas podem receber ajuda para encontrar formas de expressá-las durante o tempo que ainda lhes resta — independentemente de sua duração. O apoio para se escolher uma forma de usufruir o final da vida, coerente com a maneira de enfrentá-la, muitas vezes é profundamente estimulante para as pessoas que estão envelhecendo ou morrendo, firmando seu senso de identidade e dignidade enquanto indivíduos.

Às vezes, durante a crise, as pessoas têm um *insight* transpessoal direto, uma percepção do significado e propósito da vida como um todo, que as ajuda a reorganizar seu comportamento, prioridades e direção. Um jovem advogado descreve essa experiência ocorrida no momento de uma cirurgia de emergência devido à ruptura do apêndice.

Eu me lembro de estar deitado no corredor, numa maca, pouco antes da cirurgia, pensando que minha vida estava por um fio e imaginando o significado daquilo tudo. Minha vida inteira parecia absolutamente sem sentido e inexpressiva; eu sentia ter perdido alguma oportunidade importante, ter permitido que alguma coisa passasse por mim sem ser percebida. Agora, tudo aquilo parece engraçado, uma espécie de angústia adolescente, mas na época era bastante real e eu estava desesperado.

Lembro-me de ter acordado na sala de recuperação sentindo dores e, de repente, percebi que eu estava diferente. É difícil explicar com palavras, mas era como se eu fosse simultaneamente duas pessoas — uma de 36 anos, sentindo muita dor, e outra, imutável, acima do tempo e da dor. Como explicar isso? Eu ainda estava condicionado pela ambição e competição. Mas, ao mesmo tempo, era como se tivesse me lembrado de um núcleo interior inalterável, um centro de existência absoluta, com um potencial infinito. Dessa perspectiva, eu parecia compreender a totalidade da vida. Sabia, sem sombra de dúvida, que ela se destinava a um objetivo maior. Eu não conseguia traduzir em palavras esse objetivo, mas o simples fato de saber que ele existia fazia uma grande diferença. A percepção desse centro e desse propósito permaneceu comigo e me tornou capaz de agir com verdadeira liberdade. Tornei-me livre para inovar, sem esperar aprovação, para fazer não aquilo que se esperava de mim, mas sim o que eu considerava certo e necessário. Muitos de meus medos desapareceram.

A percepção de uma direção interior e de um objetivo mais amplo foi descrita por outras pessoas que sofreram ataques cardíacos e outras situações que as deixaram muito próximas da morte. Após experiências como essas, é comum ocorrer uma mudança do enfoque, que se desloca das preocupações individuais para a preocupação com os outros. As pessoas dizem sentir o desejo de servir aos demais, de compartilhar suas forças e *insights*, de não somente utilizar a experiência para enriquecer suas vidas, mas também de vivê-la de uma forma que enriqueça a qualidade de vida daqueles que as rodeiam.

Para essas pessoas, o próprio significado da saúde se modificou. Elas parecem ter perguntado a si mesmas: "Por que ser saudável? Será que a saúde é uma qualidade tão intrinsecamente valiosa a ponto de ser procurada e possuída apenas por si mesma? Ou a saúde, como o dinheiro, é valiosa somente porque pode ser utilizada com outro objetivo?".

Por ter sido percebida dentro de um contexto mais amplo, a saúde parece ter se tornado para essas pessoas um meio e não um fim. Em contraste com o segundo estágio, quando as pessoas tendem a focalizar aquilo que aprenderam com a doença para melhorar sua própria saúde e bem-estar individuais, as que se encontram no terceiro estágio mostram-se inclinadas a utilizar sua saúde como um meio de expressar aquilo que aprenderam sobre o significado, objetivo e direção da vida. Assim, estimulam os outros — amigos, família e mesmo seus profissionais da saúde — a realizarem um exame semelhante a respeito da natureza e propósito de sua saúde e da saúde humana em geral. Vamos considerar o seguinte caso:*

Reginald Mitchell foi um inglês que morreu em 1937. Na época de sua morte, era mundialmente famoso por ter projetado os aviões que, ano após ano, deram à Inglaterra a vitória na Copa Schneider Internacional de competições aéreas. Em 1933, desenvolveu um câncer

---

* Extraído de "Dimensions of Medical Synthesis", uma série de conferências realizadas na Synthesis Graduate School for the Study of Man, outono de 1978.

e submeteu-se a uma cirurgia, da qual jamais se recuperou totalmente. Um ano depois, durante uma viagem à Alemanha, ficou preocupado com o que viu naquele país. Conversou com as pessoas nas ruas, encontrou-se com Göring e, devido à sua habilidade no campo da aviação, visitou a Força Aérea Alemã. Ficou impressionado com o progresso da Alemanha nos projetos de aviões. Com o coração apertado, percebeu que a tecnologia dos aviões alemães era muito mais avançada do que qualquer coisa comparável na Inglaterra. Voltou para casa e disse a Whitehall que considerava a atual capacidade da Força Aérea Alemã um perigo potencial para a segurança de seu país. Ele conseguiu persuadir o governo a acreditar nisso e recebeu autorização para projetar um avião que permitiria à Inglaterra uma chance de defesa, no caso da remota possibilidade de uma guerra com a Alemanha nazista.

Logo depois que Mitchell iniciou seu trabalho, o clima entre os dois países começou a se deteriorar com rapidez. Ele trabalhava de dezoito a vinte horas por dia, sete dias por semana. Sob essa tensão, sua frágil saúde piorou e ele consultou diversos médicos, que o aconselharam a interromper o trabalho. Ele ignorou os conselhos e continuou a trabalhar, e assim sua saúde continuou a piorar. Finalmente, disseram-lhe que simplesmente não podia continuar a trabalhar; se mantivesse aquele ritmo, estaria morto em um ano. Sua resposta foi: "Penso que um ano é tudo de que preciso. Vocês podem me manter vivo até lá?". Depois de refletir muito, seu médico decidiu darlhe o apoio de que ele precisava e, quase vinte meses após ter retornado da Alemanha, ele completou os desenhos finais, e iniciou-se então a fabricação do avião. Em 5 de março de 1936, ele observou, numa cadeira de rodas, o vôo inaugural: o Spitfire comportou-se exatamente como ele planejara e tornou-se o fator fundamental da defesa bem-sucedida da Inglaterra contra a Luftwaffe. Seis meses depois, Mitchell morreu, aos 42 anos.

Mitchell foi um homem que "gastou" sua saúde, que a utilizou para fazer algo que lhe era mais valioso do que a própria saúde. Mitchell e outros pacientes como ele mostram uma outra visão de saúde. Para eles, a saúde é um recurso humano, uma capacidade que lhes permite expressar suas prioridades e senso de objetivo. De certa forma, talvez a vida de Mitchell tenha sido mais saudável do que a de muitas pessoas que estão bem fisicamente e que consideram a vida sem sentido. Ele escolheu viver de acordo com seus valores e, ao fazê-lo, propôs ao médico uma difícil escolha. Na realidade, o médico optou por ajudar Mitchell a viver dessa maneira, a "mantê-lo em pé" para que pudesse utilizar sua vida fazendo alguma coisa que lhe proporcionou não apenas satisfação pessoal, mas também a oportunidade de satisfazer uma necessidade que considerava maior do que a sua. Será que pacientes como Mitchell são tão raros? Muitas pessoas valorizam algo que aumenta o significado e qualidade de suas vidas, mais do que valorizam a própria saúde. Esse caso é dramático, uma vez que Mitchell também perdeu a vida; casos menos extremos são freqüentes, mas passam despercebidos no exercício diário da medicina. Os profissionais que examinam sua própria experiência na prática descobrirão que as pessoas com freqüência escolhem dormir menos, pular uma refeição ou retornar ao trabalho antes de estarem completamente restabelecidas, para realizarem algo que é importante para elas e para os outros. Os médicos usam sua saúde dessa maneira, o tempo todo. Esse uso da saúde como um meio apresenta ao profissional da saúde perguntas desafiadoras e sem respostas, que serão consideradas no capítulo final do livro.

O impacto da crise de saúde no senso de significado e propósito de uma pessoa é muito complexo e bastante individual. Para algumas pessoas, não há nenhum impacto. Outras descobrem que a má saúde limita seu senso de propósito, concentrando a atenção em suas necessidades físicas. Outras ainda percebem que o período da doença é uma oportunidade para esclarecer um senso de propósito antes inconsciente, concentrando a atenção naquilo que é realmente importante para elas e levando-as a reavaliar suas prioridades e rumos. E há também aquelas que descobrem que seu senso de propósito não é ofuscado pela doença e, como Mitchell, procuram e encontram formas de utilizar sua saúde para realizar seus objetivos, continuando a viver de uma forma que, para elas, tenha sentido.

A espiral pode ser considerada como a análise de uma das maneiras pela qual a crise nos permite construir uma ponte entre o consciente superior e a percepção habitual, entre nossa sabedoria, propósito, *insight* e direção e nossa experiência diária. É um processo pelo qual a experiência da vida permite aos seres humanos estimular o alcance e refinamento de sua própria humanidade. Ela não é apenas uma maneira de considerar a doença, mas pode ser aplicada a qualquer situação difícil, personalizando-a e transformando-a de obstáculo em aprendizado. Um estudante de medicina conta o seguinte, com estranho senso de humor:

A espiral foi útil para que eu compreendesse o processo da doença, bem como o processo de minha educação médica. Durante os últimos três anos de faculdade, eu realmente estava no primeiro estágio: as coisas aconteciam tão rápido e tantas coisas me eram solicitadas que mal me agüentava. Perguntei a mim mesmo — do que eu teria de desistir para me tornar um médico? — o que eu iria perder? Eu estava muito comprometido com minha própria sobrevivência, fazia o que me mandavam sem fazer perguntas e, de algum modo, ia conseguindo me manter intacto. Com a aproximação do final do curso, acho que estou entrando no segundo estágio da minha experiência profissional. Cada vez mais penso na especialidade que desejo praticar. Quero ser pediatra? Cirurgião? Estou cada vez mais consciente da existência de outras áreas ainda obscuras: se decidir ser um cirurgião, que tipo de cirurgião? Quais as qualidades que desejo expressar através do meu trabalho? Quais as mensagens que desejo transmitir? E mais: eu realmente acredito em tudo o que me ensinaram? Nos últimos três anos, vi determinadas maneiras de se relacionar com os pacientes, certas formas de praticar a medicina. Quero me relacionar e praticar desse modo? Quais são minhas responsabilidade com meu paciente e quais as responsabilidades de meu paciente com ele mesmo? Sou responsável pela saúde de outra pessoa, e, se assim for, de que maneira?

Extrapolando a espiral, quase consigo prever as inevitáveis preocupações que vou sentir no terceiro estágio, preocupações que alguns de meus professores estão sentido a respeito de suas próprias carreiras, manifestadas durante a pausa para o café. Muitos parecem imaginar o significado daquilo tudo. Por que todo esse sofrimento? Qual o significado de ser um médico? De ser um curador? Estamos realmente ajudando as pessoas e, caso contrário, por que não? O que é uma sociedade saudável? Uma comunidade saudável? Um planeta saudável? De que maneira aquilo que fazemos é relevante para os objetivos mais amplos com relação à saúde? O que se aprendeu durante a vida, como médico, que não poderia ter sido aprendido de outra maneira? Essa compreensão me ajudou a atravessar o primeiro estágio com uma aceitação maior e encontrei-me esperando ansiosamente pela oportunidade de fazer minhas próprias perguntas no terceiro estágio e descobrir minhas próprias respostas para elas. Espero que algum dia, com a ajuda desse método, eu possa praticar a medicina de maneira única e criativamente minha.

Com relação à doença, somos levados a acreditar que o uso positivo da experiência só ocorre em casos de doença grave. Entretanto, a distinção entre doença "mais grave" e "menos grave" parece ser uma diferença física: mais grave com relação ao corpo, menos grave com relação ao corpo. Mesmo uma pretensa doença "menos grave" pode desempenhar um importante papel na vida de uma pessoa, provocando mudanças de direção, de percepção e produtividade, enquanto uma doença mais grave pode exercer poucos efeitos positivos sobre uma pessoa que é incapaz ou que não está disposta a utilizá-la num sentido criativo. Os profissionais da saúde precisam se sensibilizar às oportunidades existentes na rotina; até um resfriado representa, em determinados casos, uma oportunidade de crescimento.

Devemos respeitar e aceitar que nem todos desejam se aventurar em tal exploração de sua experiência; a espiral é uma oportunidade e não uma obrigação. Nem todos têm a mesma atitude com relação à sua experiência, como a demonstrada por um adolescente com uma enfermidade crônica: "Eu paguei a passagem, é melhor fazer a viagem". Muitas pessoas parecem não admitir sua doença, suportando-a, mas sem vivenciá-la. Nesses casos, elas jamais ingressam na espiral e pode não haver transformação ou crescimento visíveis, como resultado da experiência.

Outras entram na espiral e jamais saem do primeiro estágio, permanecendo no papel de doentes, num estado de invalidez crônica. Outras ainda permanecem no segundo estágio e se tornam hipocondríacas ou simplesmente concentram seu entusiasmo na saúde e bem-estar como o principal objetivo de sua vida. A tendência a ingerir somente alimentos puros ou a excessiva preocupação com a estética do corpo e a duração da vida são reflexos dessa situação.

A disposição individual de cada pessoa é o fator-chave no ritmo em que se viaja pela trajetória em espiral. Algumas estão prontas a fazê-lo espontaneamente, enquanto outras precisam de apoio. Algumas trajetórias duram décadas; a informação obtida durante a doença permanece latente durante anos e é utilizada posteriormente, quando necessário. Porém, na época da doença, aparentemente tinham aprendido ou lucrado pouca coisa.

Finalmente, a espiral da saúde raramente se percorre a sós. No desenvolvimento do processo do uso criativo da experiência, o sofrimento torna-se uma oportunidade para aumentar a riqueza da vida da equipe médica, da família, dos amigos e até da comunidade e do indivíduo.

Para encerrar, convém observar a relação entre alguns dos temas e assuntos dos capítulos anteriores e a execução prática do uso criativo da doença. Ao nos sensibilizarmos com a experiência subjetiva, evitando a conclusão prematura baseada na rotulação e autorotulação (capítulo 1), tornamo-nos mais capazes de aceitar aquilo que as pessoas são e sua atuação única diante da doença em suas vidas. O verdadeiro diagnóstico — em contraste com o diagnóstico rotulador — inclui a avaliação das forças de uma pessoa e seu lugar atual na própria espiral, bem como a identificação precisa do processo da doença. Ter em mente o potencial da trajetória em espiral sensibiliza profissionais e pacientes a esse processo e permite enxergá-lo até em situações e em pessoas que, a princípio, parecem pouco promissoras. Esse reconhecimento possibilita a elaboração de métodos de tratamento com relação à espiral e à doença. A visão dinâmica da natureza humana (capítulo 2) e o conceito de sabedoria interior como parte essencial da condição humana constituem a verdadeira base da espiral. Sem essas estruturas, não ocorre o potencial para a transformação criativa da crise na saúde. A existência de nossa natureza superior e de nossa habilidade através da experiência, para que nos tornemos mais conscientes dela e façamos melhor uso dela a fim de enriquecer e direcionar nossa vida, é a chave que abre as portas a essa maneira deliberadamente saudável de ter uma doença.

4

Tempo do relógio e tempo de vida

*O relógio, e não a máquina a vapor,
é o mecanismo que controla o mundo moderno.*

LEWIS MUMFORD

De seu bolso direito pendia uma grande corrente de prata, com uma maravilhosa espécie de mecanismo na ponta. Pedíamos a ele que tirasse o que quer que estivesse no final daquela corrente; parecia ser um globo, metade de prata e metade de um metal transparente; no lado transparente enxergávamos estranhas figuras desenhadas em círculo, e pensávamos poder tocá-las, até que nossos dedos eram detidos por aquela substância transparente. Ele colocou junto ao nosso ouvido aquele mecanismo, que fazia um barulho incessante, como o de um moinho de água. E presumimos que fosse algum tipo de animal desconhecido, ou o deus que ele adora; mas estamos mais inclinados a acreditar na última hipótese, pois ele nos assegurou (se é que o compreendemos bem, pois ele se expressava de forma muito imperfeita) que raramente fazia alguma coisa sem consultá-lo. Ele o chamava de seu oráculo e disse que mostrava o tempo para cada ato de sua vida.

Relato dos liliputianos para Sua Majestade sobre o relógio de Gulliver.
JONATHAN SWIFT, *As Viagens de Gulliver*

"A agitação da enfermaria impede que eu realmente converse com meus pacientes. Apenas receito remédios." "Não estou satisfeito com o trabalho que realizo com a maior parte das pessoas que vêm ao meu consultório, mas não tenho tempo suficiente para fazer as coisas de outra forma." Queixas desse tipo são muito comuns na prática das profissões de saúde. Mais do que qualquer outro fator, as pressões do tempo são culpadas pela necessidade de abordagens, métodos e até mesmo estilos de vida que não reconhecem as necessidades humanas do paciente e do profissional. As pressões do tempo são reais; o que talvez não seja tão real é a suposição de que a pressão do tempo seja totalmente ou mesmo a principal responsável pelas limitações nos cuidados da saúde e de que, se houvesse mais tempo, as limitações desapareceriam. Vale a pena reexaminar as opiniões com relação ao tempo, pois ao compreendê-las podemos avançar mais em direção ao objetivo de melhorar os cuidados com a saúde, assim como os relacionamentos envolvidos nesses cuidados.

Vamos examinar inicialmente a concepção de tempo no sistema médico contemporâneo e seu impacto sobre os profissionais: a percepção de si mesmos, seus papéis e suas responsabilidades pessoais e profissionais. Muitas dessas crenças de hoje em dia estavam implícitas no modo de vida do dr. H., meu antigo professor da faculdade de medicina.

O dr. H. era profundamente respeitado por alunos e colegas, tanto por seus conhecimentos médicos quanto por sua dedicação. Seu trabalho iniciava-se às sete da manhã, com visitas aos doentes do hospital; depois ia ao consultório e examinava três ou quatro pacientes por hora, até às quatro da tarde. Como trabalhava sozinho, os pacientes telefonavam-lhe durante o dia inteiro e quase todas as noites. Entretanto, com freqüência, um estudante que examinava um paciente ou anotava sua história tarde da noite podia levantar os olhos e encontrar o dr. H. atrás dele, pronto como sempre a responder a perguntas, confirmar uma diagnóstico ou apenas conversar.

O dr. H. dedicou muitos anos ao treinamento profissional, incluindo associações de cardiologia, endocrinologia e neurologia. Anotava cuidadosamente os casos de todos os seus pacientes, mesmo depois que o residente ou o interno já o tivessem feito. Muitas vezes, aplicava injeções intravenosas e retirava amostras de sangue, a despeito da boa vontade das enfermeiras em executar tais tarefas. Quando não estava na enfermaria ou dando palestras, geralmente se encontrava na biblioteca, lendo as revistas mais recentes. "Nunca conseguimos saber o suficiente", dizia. Em geral, falava da doença como se ela fosse um adversário pessoal e jamais mencionava a morte sem demonstrar um traço, embora leve, de raiva.

Ele estava sempre se movimentando, apressado. Ninguém jamais o viu fazendo uma refeição sentado, a não ser durante uma conferência. Raramente dormia o suficiente, e geralmente parecia tenso e aflito. Embora de fato se preocupasse com os pacientes, não prestava muita atenção ao que eles diziam, pois, na maioria das vezes, estava distraído pelas coisas que ainda precisava fazer. As questões e preocupações que eles não conseguiam expressar de maneira clara e sucinta ou que não possuíam uma relevância óbvia para o problema imediato com freqüência passavam despercebidas. Dizia que tinha uma família, esposa e filhos, mas jamais falava deles, nem parecia procurar seu apoio. Quando morreu, aos 43 anos, num acidente provocado por ter adormecido ao volante de seu carro, eu os conheci no funeral. Seus pacientes, alunos e colegas sentiram profundamente a perda. A biblioteca da faculdade passou a ter seu nome. Sua carreira tornou-se um modelo na nossa instituição e sua vida, um exemplo para seus alunos.

Essa história trágica e sua conclusão não são muito raras entre os profissionais da saúde. Algumas vezes, parece que eles não sabem utilizar o tempo, avaliar seus valores e necessidades e fazer escolhas prudentes que os integrem e equilibrem. Geralmente lutam contra o tempo porque não sabem que é possível controlá-lo. O tempo pode parecer uma autoridade que lhes dá ordens e finalmente os derrota, e, como sabemos, pagam um preço terrível em forma de ataques cardíacos, úlceras, distúrbios emocionais e morte prematura. Esse padrão de comportamento sugere que os profissionais não têm tempo, mas que o tempo é quem os tem. Desse ponto de vista, as pressões do tempo são intransponíveis; estamos limitados por elas e não podemos agir livre ou criativamente dentro delas. Entretanto, a habilidade de fazer escolhas pode ser tão eficazmente aplicada em nosso tempo quanto em nossa saúde.

O dr. H. foi uma vítima de determinadas noções que ele, como muitos outros profissionais, tinham a respeito de seu próprio tempo e, na verdade, a respeito do tempo em geral. Por exemplo, a crença comum de que o valor e compromisso de uma pessoa com a profissão são mais bem avaliados em termos de auto-sacrifício, ou da boa vontade em subjugar continuamente as necessidades pessoais importantes às responsabilidades profissionais. A competência profissional tende a ser definida exclusivamente em termos de "tempo profissional": o tempo despendido no treinamento e desenvolvimento profissional. Como dizia o dr. H.: "Nunca conseguimos saber o suficiente". O número de anos dedicado ao treinamento técnico freqüentemente é considerado como a medida do *valor* do trabalho de um profissional e não simplesmente como uma indicação de sua área de interesse. Esse sistema de valores se reflete na discrepância entre *status* profissionais (e, conseqüentemente, nos honorários profissionais) entre, por exemplo, um neurocirurgião e um médico de família.

Entretanto, um mesmo valor não é atribuído ao tempo dedicado ao desenvolvimento pessoal. Um médico que passa o tempo lendo assuntos de áreas diferentes da medicina, participando de *workshops* para adquirir *insight* pessoal, preocupando-se com os problemas cotidianos da família e amigos ou participando da vida na comunidade, pode descobrir que essas atividades são consideradas por colegas e pacientes como não relacionadas ao seu trabalho e até mesmo comodistas e uma *perda* de tempo. De algum modo, o *"tempo pessoal"* e o *"tempo profissional"* são considerados como coisas totalmente distintas, como se a pessoa profissional se deslocasse de um compartimento para outro dentro de sua vida, cada um deles muito distante do outro. Essa visão pressupõe uma noção mais básica, nitidamente incorreta: se tais atividades são realmente irrelevantes, se as experiências pessoais e a esfera de ação do profissional como ser humano não têm influência na eficácia e excelência dos cuidados dedicados ao paciente, então somos forçados a concluir que o profissional não está, de algum modo, pessoalmente presente quando cuida do paciente e se relaciona com ele. Essas suposições sutilmente desumanizam os profissionais, encorajando-os a assumir que sua vida pessoal está realmente separada de sua vida profissional.

Se, como acontece com freqüência, o profissional realmente aceitar essa espécie de divisão e esse papel limitado, pode deliberadamente se esforçar para *não* estar pessoalmente presente nos relacionamentos que envolvem cuidados com o doente. Esse distanciamento do *self* transmite às pessoas enfermas a mensagem de que elas também não estão autorizadas a estar presentes como seres humanos em tal relacionamento. É de estranhar, então, que as pessoas raramente confidenciem espontaneamente aos profissionais da saúde seus pensamentos, medos, sonhos, esperanças e suas forças, mas, ao contrário, falem apenas de seus "sintomas"?

Além da tendência a desumanizar o relacionamento profissional/paciente, as noções sobre o tempo não estimulam os profissionais da saúde a utilizar o tempo de maneira responsável, aumentando sua saúde e bem-estar pessoais ou cuidando de si mesmos com respeito, como seres humanos com necessidades humanas. Contudo, com freqüência são essas prioridades de tempo que eles desejam estimular nos outros. É muito estranho que uma pessoa que dormiu cinco horas nos últimos dois dias recomende a outra pessoa ir para casa se deitar, descansar e cuidar da saúde. As prioridades de tempo e o comportamento de um profissional abalam a credibilidade daquilo que diz às pessoas, pois a verdadeira mensagem é "use o tempo como eu mando e não como eu uso". Não nos surpreende que os profissionais da saúde geralmente sejam considerados pessoas que sabem muito sobre doença e pouco sobre saúde.

Essas noções profissionais comuns a respeito do tempo, se consideradas coletivamente, são chamadas de "mito do serviço", pois em geral se originam do reconhecimento da necessidade dos outros e da escolha real de utilizar a vida tão plenamente quanto possível para atender a essa necessidade. Contudo, a escolha é apenas um início; são necessárias outras escolhas para que se possa colocá-la em prática de maneira responsável. Muitas das opções secundárias envolvem a habilidade no uso do tempo. Levando em consideração a

132

necessidade de servir, outras exigências devem ser levadas em conta, bem como selecionar cuidadosamente as prioridades e o momento e a forma de atendê-las. Ao contrário do mito do serviço, a verdadeira assistência envolve uma organização consciente de nossas prioridades de acordo com nossos valores, geralmente numa base diária, para se suportar esse tipo de vida.

O profissional que olha não apenas para as tarefas diárias imediatas, mas também para as de uma vida inteira de serviço, não deve deixar de perceber que, para ser útil de maneira responsável, precisa aprender a utilizar o tempo de maneira sábia, atendendo às necessidades das pessoas, cuidando de si mesmo e se desenvolvendo a fim de ajudá-las. Talvez a aceitação e execução de prioridades imediatas e de longo prazo sejam indicadoras da verdadeira dedicação profissional ao trabalho e de seu valor para a sociedade. O dr. H., ao ser incapaz ou não estar disposto a manifestar esse compromisso com seus pacientes e alunos através da utilização mais deliberada de seu tempo, pode ter custado à profissão 25 anos de ensino competente e cuidados a pacientes. Naturalmente, esse não é um procedimento sensato num mundo que carece de profissionais para atender à necessidade de cuidados com a saúde e de professores para treiná-los. Contudo, muitos médicos e outros profissionais de saúde compartilham tais prioridades de tempo.

A habilidade de satisfazer constantemente as prioridades imediatas e não a de planejar o tempo a longo prazo é considerada atualmente a medida da competência profissional e de seu valor para a profissão. Os sintomas a serem tratados hoje, os alunos a serem educados esta manhã, as revistas a serem lidas esta tarde. A ênfase no uso efetivo do tempo imediato é uma característica do treinamento médico contemporâneo no Ocidente. Como resultado, a maior parte dos profissionais é extremamente habilidosa para planejar o "tempo do consultório" e bem menos engenhosa para administrar o "tempo de vida". Essa visão estreita de tempo pode não somente limitar a longevidade profissional, mas também a eficiência e a satisfação profissionais.

Uma visão restrita de tempo pode igualmente diminuir a compreensão da importância e o significado de eventos e impedir uma total avaliação sobre a natureza da saúde e da doença. O tempo humano é abrangente: ele é imediato e de longo alcance, e a melhora da saúde freqüentemente constitui uma das funções de uma percepção flexível e acurada dos dois tipos de tempo. A saúde é determinada por fatores anteriores, muito mais importantes do que uma consulta de quinze minutos, que podem ser afetados por muitos anos por aquilo que ocorrer durante esse rápido encontro. Na realidade, qualquer um dos pequenos intervalos de tempo em que o profissional e o paciente se encontram geralmente têm relevância e significado somente em função dessa perspectiva mais ampla, a totalidade da vida do paciente. Portanto, o cuidado realista e eficiente da saúde exige uma espécie de visão bifocal do tempo, uma consideração simultânea de perspectivas imediatas e de longo prazo.

Pensar nos seres humanos em termos de tempo a longo prazo não é uma atitude estimulada no treinamento profissional. Isso não significa que não se acredite nas outras dimensões do tempo, mas, sim, que elas não constituem a preocupação direta do médico ou da enfermeira e, portanto, não são efetivamente consideradas. Se observarmos o comportamento dos profissionais, o foco do treinamento parece resultar na compreensão do tempo como um fluxo de unidades de tarefas pequenas e distintas. O ocupado profissional precisa acompanhar esse fluxo e, conseqüentemente, está sempre num estado de *pressa controlada*. Essa situação, na verdade, é apresentada como um ideal ao estudante. O bom médico, a boa enfermeira, o bom profissional da saúde são pessoas que estão no controle de sua pressa, enquanto se deslocam de uma rápida e distinta unidade de atividade para outra. O profissional bem-sucedido atua dentro de uma rapidez deliberada, movimentando-se por diversas salas de exame, onde os pacientes esperam, sabendo o tempo todo que outros pacientes também estão esperando noutra sala ou na enfermaria. Tal sistema encoraja os profissionais a enxergar cada paciente como se ele existisse e até representasse um período de tempo de quinze minutos. A noção inconsciente que subjaz a essa visão é a de que o profissional, e não o paciente, é o ponto de referência na interação: a interação ocorre dentro de um período de quinze minutos na experiência e na vida do profissional e não dentro do contexto de setenta ou oitenta anos de vida do paciente. Obviamente essa não é a estrutura de tempo mais proveitosa para se compreender totalmente os seres humanos e sua saúde.

Desenvolver a percepção das diversas camadas de tempo que abrangem a existência humana é uma forma de ampliar as questões e preocupações que fazem parte do encontro entre o profissional e o paciente. É mais ou menos como focalizar um microscópio no tempo e não no espaço. Questões diferentes entram em foco e se tornam relevantes à medida que o observador opta por mudar o ponto focal das lentes.

A visão sob a ampliação máxima revela a menor área da lâmina com mais detalhes, que é, de muitas maneiras, análoga à visão do paciente dentro de um período de tempo limitado. Tal lente prende-se a considerações sobre a natureza dos problemas mais urgentes da pessoa e em sua atual condição física. Qual o perigo imediato e o que precisa ser feito para evitá-lo? Quais as técnicas necessárias para determinar a natureza e a extensão do problema físico? Quais os sintomas e sinais presentes? Há dor? Qual a medicação e/ou tratamento adequados para solucionar o problema físico e aliviar a dor? O que os pacientes pensam e sentem *agora* a respeito de sua condição? Eles compreendem a natureza de seus problemas mais graves e o que precisa ser feito nos próximos dias para solucioná-los? Através da focalização de um período de tempo médio, outras questões se tornam de interesse mútuo. Quais os fatores no atual modo de vida da pessoa que contribuíram para a presente condição? Quais as crenças e sistemas de valores que as pessoas adotam e que podem influenciar sua reação a essa doença que pode ter sido em parte causada por eles ou que não lhes permite procurar ajuda e utilizá-la de maneira eficiente? Quais os problemas impostos pela doença em seus relacionamentos atuais no lar, no trabalho ou no lazer? As pessoas têm dinheiro suficiente para realizar o tratamento? Quais as qualidades e habilidades que desenvolveram durante a vida e que podem suavizar o problema e se tornar úteis agora? Elas estão conscientes dessas habilidades e de sua viabilidade na atual situação?

E, finalmente, o enfoque na ampliação mínima, com a visão mais extensa da lâmina, faz surgir preocupações e perguntas como: o que as pessoas precisam saber a respeito de si mesmas para levar uma vida mais plena? Essas informações podem ser aprendidas através do problema atual e de sua solução? Onde os pacientes gostariam de estar daqui a cinco anos? A experiência dessa doença pode favorecer ou impedir que esses objetivos sejam alcançados? Qual o impacto que esse problema terá nos próximos dez, vinte ou trinta anos de sua vida? E a mais intrigante: "Por que agora?". Que benefício essa doença traz a essas pessoas neste momento de sua vida?

Anos atrás, os professores de patologia costumavam dizer: "Microscópio de alta potência, patologia de baixa potência". O que é verdadeiro sobre a área do microscópio também o é com relação ao tempo: a ausência de visão ampla necesssariamente conduz à imprecisão, pois a visão mais ampla modifica o significado de qualquer detalhe observado. Quando o tempo da vida do paciente, e não o contato individual ou a consulta, é considerado o intervalo crucial ou a estrutura de tempo na qual o profissional está praticando, algumas das pressões para se obter resultados imediatos expressivos são aliviadas, e o médico trata os doentes de forma mais realista e, portanto, mais competente.

Considerar as ações e escolhas não apenas dentro do contexto de uma consulta de quinze minutos, mas também dentro do cenário da vida do paciente, traz outros importantes benefícios. Muitos profissionais acreditam sinceramente serem os únicos responsáveis pelas conseqüências de uma doença e consideram-se sozinhos em sua preocupação com o paciente. Algumas vezes isso é verdade, mas nem sempre. O dr. H. foi um representante clássico e heróico desse ponto de vista, como pudemos observar pela sua escolha de exercer sua profissão sozinho e por sua relutância em confiar totalmente nos relatórios e técnicas dos outros, preferindo fazer suas próprias anotações e procedimentos. Uma percepção maior do tempo a longo prazo auxilia os médicos a perceber que, na verdade, são membros de um grupo muito amplo que se interessa pelos cuidados de uma única pessoa. Esse "time da saúde" inclui uma longa lista de profissionais de saúde, que tiveram ou terão um relacionamento profissional com determinada pessoa durante sua vida e também as próprias pessoas, suas famílias e sistemas sociais e educacionais, a sociedade e muitos outros fatores. Na realidade, mesmo o profissional que trabalha sozinho sempre o faz no contexto de ampla colaboração. O tratamento iniciado por ele com determinado paciente pode ser concluído por outros profissionais no futuro, da mesma forma que ele também pode terminar um trabalho iniciado por outros médicos. Como mencionamos no capítulo 3, algumas vezes as pessoas não ouvem aquilo que lhes dizem, nem tomam nenhuma atitude, a não ser muitos anos depois — numa época em que estão preparadas para fazê-lo. Com freqüência, quando isso acontece, a pessoa cujos esforços facilitaram esse aprendizado há muito tempo já não está presente na vida do paciente e talvez esteja totalmente inconsciente da ajuda que lhe proporcionou.

O profissional da saúde pode não ter nenhum contato direto com esse grupo mais amplo do qual participa e cujo apoio, com freqüência, não percebe diretamente. Contudo, saber que os pacientes possuem muitos outros recursos para apoiá-los contribui para diminuir ansiedades desnecessárias e auto-expectativas irrealistas.

A natureza competitiva do treinamento profissional dificulta a percepção cooperativa abstrata. O que nos parece necessário é a habilidade de nos movimentar livremente entre o que podemos denominar consciência individual e consciência de grupo. Para um indivíduo, o tempo dedicado ao relacionamento com um paciente é finito e limitado. Entretanto, quando os profissionais sentem que estão trabalhando não apenas como indivíduos, mas também como parte de um sistema cooperativo de saúde, que vem desde a época de Hipócrates, dirigindo-se para um futuro desconhecido e, lateralmente, ao redor do mundo de hoje, então seu relacionamento com qualquer paciente é, de certa forma, tão contínuo, amplo e rico quanto o relacionamento do paciente com esse grupo mais amplo, do qual fazem parte. Embora os profissionais possam contribuir individualmente, a tarefa de cuidar da saúde de um paciente é na realidade um empreendimento cooperativo mais amplo. Se os médicos se dispuserem a pôr de lado a compulsão de se considerarem os únicos profissionais comprometidos numa interação muito breve, durante a qual tudo precisa ser solucionado com êxito, então obterão a percepção de seu verdadeiro relacionamento com o paciente — e da responsabilidade de executar sua parte de maneira adequada e completa.

Além disso, considerar a rápida interação médica dentro da estrutura do tempo de vida do profissional e do paciente faz com que esta abranja não apenas o tempo a longo prazo, mas também uma dimensão de tempo inteiramente diferente, a dimensão da qualidade. A consulta ou contato rápido com o paciente é simplista, não porque seja rápido, mas porque é avaliado e vivenciado quantitativamente, no "tempo do relógio". O tempo quantitativo é destituído de conteúdo e valor. Não é ele que constrói a essência de uma vida. Em nossa linguagem, lidamos com ele como um elemento sem vida — nós o desperdiçamos, o economizamos, o possuímos, o perdemos. A visão de tempo materialista ignora seus aspectos qualitativos, aqueles aspectos que podemos chamar de "dimensão humana de tempo". A vida humana jamais é meramente quantitativa, uma hora igual à outra, que é igual a uma outra. No *tempo da vida* — até quinze minutos têm qualidade —, eles são repousantes, difíceis, íntimos, belos, educativos, dolorosos, e assim por diante.

Sentimos com facilidade o aspecto humano de tempo ou "tempo da vida" se lembrarmos de uma hora importante ou significativa de nossa vida e considerarmos a hora que acabou de passar. Imediatamente, torna-se óbvio que esses períodos de tempo quantitativamente idênticos foram qualitativamente muito diferentes. A hora relembrada tinha uma qualidade diferente e, portanto, tem muito mais força, impacto e significado em nossas vidas do que a que acabou de passar.

Muitos profissionais da saúde lamentam ter uma preocupação com o tempo e certamente desejariam ter mais tempo para dedicar a cada paciente. Contudo, a insatisfação com freqüência é o resultado de problemas na qualidade do tempo, bem como na quantidade do tempo. *As pessoas muitas vezes percebem problemas na qualidade do tempo como se fossem problemas na quantidade do tempo*, e os problemas na qualidade do tempo podem, na realidade, se transformar rapidamente em problemas na quantidade do tempo. A comunicação verbal ou não-verbal do interesse simples, preocupação e compreensão humana, quando autêntica, é quase instantânea.

Então, a situação clínica adquire qualidades como calor, confiança, empatia e reafirmação, e as pessoas percebem que estão sendo encaradas de forma mais completa e que suas necessidades são atendidas mais amplamente. Por outro lado, quando as pessoas não vivenciam essas qualidades, sentem-se insatisfeitas. O medo e ansiedade resultantes fazem com que telefonem repetidamente para o consultório do médico, ou, quando hospitalizadas, exijam excessivamente o tempo das enfermeiras, na esperança inconsciente de que se elas e o profissional conversarem o *suficiente*, seu medo será dissipado e suas necessidades, atendidas. Isso raramente acontece. Tomar providências para melhorar a qualidade do tempo geralmente irá dissolver esse padrão comum. Uma estudante de enfermagem descreve sua experiência com esse tipo de abordagem:

Fui criada pelos meus avós. Meu avô, que tem 76 anos, recentemente apresentou sintomas que levaram seu médico a interná-lo no University Hospital, onde diagnosticaram um "aneurisma saculado" — enfraquecimento e dilatação das artérias da base do cérebro. As implicações dessa condição foram explicadas aos meus avós, assim como a necessidade urgente de uma cirurgia no cérebro, pois a ruptura do saco de paredes finas poderia levar ao sangramento e morte rápida. Frente a essa crise, eles ficaram bastante assustados, e eu também.

Nos dias anteriores à cirurgia, comecei a desviar minha atenção de meu avô, ficando cada vez mais preocupada com minha avó. Como meu avô, ela era idosa e nervosa e, embora sua saúde não fosse boa, insistia em visitá-lo diariamente. As anotações das enfermeiras freqüentemente relatavam que ela chorava no corredor, e ela disse a uma delas que tinha medo de que vovô não vivesse para comemorarem as bodas de ouro. Durante esse período extremamente difícil, ela procurava constantemente o médico, fazendo inúmeras perguntas, algumas vezes repetitivas, e reclamava que o doutor nunca tinha tempo suficiente para ela. O médico era muito calmo, mas tenho certeza de que se sentiu aliviado quando o neurocirurgião finalmente assumiu o caso de vovô.

Na tarde anterior à cirurgia, minha avó recusou-se a deixar o hospital, e ficamos sentadas na sala de espera ao lado da unidade, e considerei a hipótese de pedir ao cirurgião a administração de um sedativo para ela. Eu estava novamente preocupada com sua saúde e imaginei se ela, em sua agitação e perturbação, seria capaz de cuidar de vovô depois da cirurgia. Talvez ele pudesse permanecer no hospital por mais alguns dias ou ser encaminhado para uma clínica de convalescença.

Enquanto esperávamos, a porta da enfermaria se abriu e o conhecido cirurgião, com a equipe que iria operar vovô no dia seguinte, saiu, seguidos pelos residentes, quinze ao todo. Ao ver vovó, ele parou, apresentou-se e perguntou se poderia falar com ela. Levou-a para um canto da sala, onde conversaram em particular, por três ou quatro minutos. Em determinado momento, ele tomou as mãos de minha avó nas suas, disse-lhe algo, e ela começou a sorrir. Tudo terminou antes que eu notasse, e o cirurgião e seus residentes se afastaram. Quis saber o assunto da conversa. "Bem", respondeu ela, "bem, ele realmente não disse nada que o outro médico já não me tivesse dito. Ele disse que vovô era forte para um homem de sua idade. Falou sobre a cirurgia, do que vai acontecer e quanto tempo vai durar. Alguém irá me encontrar aqui amanhã, tão logo tudo termine, para me contar o resultado. E então ele me perguntou há quanto tempo vovô e eu estamos casados e quando eu disse: 'Quase cinqüenta anos', ele segurou minhas mãos e disse: 'Suas mãos cuidaram bem de seu marido durante quase cinqüenta anos. Deixe-o em minhas mãos somente amanhã e eu farei o melhor para devolvê-lo à senhora'. Sabe, eu acredito nele, também. Sei que ele fará tudo o que for humanamente possível. Suas mãos são fortes. Que homem bom!". Ela hesitou durante um minuto e então disse: "Vamos para casa. Estou tão cansada!". E dormiu a noite inteira.

Meus avós toleraram muito bem a cirurgia, e vovó lidou com a convalescença de vovô de maneira confiante, tanto no hospital quanto em casa. Acho que devo dizer que, depois da conversa, minha avó raramente chamava o médico e jamais chamou o cirurgião. Acho que em poucos minutos ele lhe disse tudo o que ela desejava saber.

Ao ler as anotações das enfermeiras, o cirurgião reconheceu as necessidades dessa senhora e atendeu-as eficientemente. Num rápido contato, conseguiu transmitir que seu compromisso e preocupação, durante cinqüenta anos, com o bem-estar de seu marido eram compartilhados por seu médico. Ao compreender o valor da qualidade do tempo e as habilidades que desenvolveu trabalhando com essa dimensão do tempo, o cirurgião poupou ao médico, à equipe médica e por conseguinte a si mesmo muito tempo quantitativo. Além disso, através do reconhecimento verbal e não-verbal e do respeito pela habilidade da velha senhora de proporcionar uma vida de carinhos e cuidados devotados ao marido, ele apoiou sua crença na habilidade para continuar a fazê-lo. Naqueles poucos minutos de conversa, ele estabeleceu com ela um relacionamento cooperativo — duas pessoas afetuosas com diferentes habilidades vitais, ambas empenhadas em utilizá-las em benefício do marido dela. Dessa maneira, ao confirmar a força dela, ele permitiu que o paciente recebesse o apoio eficiente da esposa durante a convalescença.

Considerar o tempo como uma coisa qualitativa e quantitativa é simples, mas não fácil. Entretanto, a transição é essencial, se desejamos que os cuidados com a saúde se tornem não apenas eficientes, mas também efetivos. Além disso, a qualidade do tempo pode ser tão facilmente escolhida quanto a sua quantidade, embora muitas pessoas não percebam a opção. A enfermeira que cuidou do paciente terminal no capítulo 2 aprendeu que isso realmente é verdade. Os profissionais podem deliberadamente influenciar a qualidade de seus relacionamentos, bem como encorajar os pacientes a fazê-lo.

Um desses pacientes era uma mulher com um câncer terminal, que, quando o enfermeiro lhe perguntou o que precisava, respondeu sinceramente: "Empatia". Ao discutirem isso, tornou-se evidente que, embora agradecida pela competência e eficiência da equipe que cuidava dela e pela preocupação dos amigos, ela muitas vezes sentira necessidade de maior empatia durante a doença. Percebeu que ela própria não era particularmente empática, embora tivesse adquirido essa qualidade depois que ficou doente. Durante a conversa, manifestou o desejo de se tornar mais empática e também de receber mais empatia dos outros. Ela estava disposta a tentar uma "experiência", para ver se poderia atingir esse objetivo. O enfermeiro pediu que fechasse os olhos e se lembrasse de algum acontecimento de sua vida em que tivesse sido empática, e o partilhasse com ele. Juntos, exploraram as circunstâncias em que isso acontecera, e ele pediu que vivenciasse novamente a maneira como se sentira na ocasião. Com os olhos fechados, ela sentiu facilmente a empatia. Então, ele sugeriu que trouxesse a empatia para o quarto. Ela abriu os olhos e olhou para ele durante alguns minutos. Então, sorriu e disse que ele certamente havia perdido a hora do jantar devido à longa conversa e que apreciava sua boa vontade em ouvi-la e ajudá-la. Ele ficou bastante emocionado e expressou esses sentimentos.

Ela ficou satisfeita com o efeito da experiência e concordou em dedicar cinco minutos por dia, com os olhos fechados, a lembrar-se do acontecimento passado e vivenciar novamente a empatia. Também planejou evocar o evento sempre que desejasse ser mais empática. Durante as semanas seguintes, ela o fez muitas vezes. Percebeu, pela primeira vez, a dor e tristeza que a sua enfermidade e a mudança de sua aparência provocaram nos amigos e o fato de eles enfrentarem essa situação aflitiva, apenas para visitá-la. Ela viu como os diversos profissionais atendiam a suas necessidades a despeito, em alguns casos, de uma pressão ou fadiga óbvias, que antes não notara. O que viu modificou sua maneira de falar e de se comportar.

140

Mostrou-se surpresa por estar recebendo muito mais empatia das pessoas com quem também era empática. Depois de algum tempo, comentou com as enfermeiras e os amigos a mudança que estava notando, e recebeu ainda mais empatia. Com algumas, ela compartilhou sua experiência, e elas também iniciaram experiências semelhantes, com uma qualidade que desejavam experimentar mais.

Essa técnica é bastante útil não apenas para os pacientes, mas também para os profissionais da saúde. As limitações do tempo são reais. A experiência de se escolher a qualidade necessária no consultório, ou o que desejamos obter numa consulta de trinta minutos, é uma das formas de se evitar tais limitações. Quando se opta por uma qualidade, encontramos facilmente maneiras que não consomem tempo para expressá-la. Algumas vezes, é simplesmente o tom de voz; outras, um gesto ou uma frase mudam a atmosfera da visita e dão vida à qualidade necessária. Um médico ficou admirado ao descobrir quanto calor e interesse podia transmitir durante um exame clínico rotineiro simplesmente pela maneira de tocar as pessoas.

Assim que uma qualidade foi escolhida e o profissional reafirmou para si mesmo a intenção de manifestá-la, as oportunidades que anteriormente teriam passado despercebidas freqüentemente se fazem presentes. Uma enfermeira que deliberadamente escolheu manifestar a qualidade da compaixão para um paciente difícil encontrou em seu passado um acontecimento em que sentira compaixão e conservou esse sentimento durante uma troca de roupas rotineira. Ficou surpresa ao descobrir que era fácil expressar dó por esse paciente, que anteriormente pouca pena lhe despertara, mas que também sua intenção de manifestar essa qualidade fez com que enxergasse o paciente de maneira diferente. Sua dor e medo, que geralmente estavam ocultos pela raiva, eram agora mais facilmente vistos, e a compaixão que demonstrava era sinceramente sentida.

Trabalhar no tempo humano exige o desenvolvimento de uma percepção mais intensa e profunda da qualidade do tempo; uma percepção não somente da qualidade do tempo que o profissional e o paciente passam juntos, mas também da qualidade do tempo da própria doença, que pode ser diferente e variar de paciente para paciente. Algumas vezes, a doença simplesmente permite que as pessoas tenham uma oportunidade para descansar ou para incluir em sua vida uma qualidade ausente. As pessoas envolvidas podem não estar totalmente conscientes de suas necessidades e, assim, são incapazes de procurar e encontrar outras maneiras de satisfazê-las. O caso seguinte, narrado por um estudante de medicina, exemplifica essa situação, que é cada vez mais comum na tensa sociedade contemporânea:

Há dois meses, eu estava na sala de emergência trabalhando com o dr. N. Havia uma mulher asiática, de aproximadamente sessenta anos, deitada de costas numa cama, enquanto recebia medicação via intravenosa. O dr. N. disse que ela tivera alguns problemas cardíacos, mas nada sérios.

Fui conversar com ela. Perguntei como se sentia e a razão de sua internação no hospital. Ela imediatamente começou a desabafar e falar sobre a situação de sua família. Seu marido, que morava com ela, estava paralítico; além de trabalhar fora, ela ainda cuidava dele dando-lhe banho, alimentando-o e fazendo quase tudo para ele. Naquela tarde, ela sentira fraqueza, e seu coração começou a bater irregularmente. Ela tomou um táxi, veio para a sala de emergência, foi internada para observação e passou a tarde lá. Descobri que ela fizera isso muitas vezes antes, pelo menos uma vez por mês e, em algumas ocasiões, até mais. Ela sentia fraqueza e palpitações, deixava o marido doente com os filhos, ia para a sala de emergência e recebia cuidados da equipe, por um dia ou mais. Não entendo nada de doenças orgânicas, e assim não pensei que ela talvez tivesse realmente uma séria doença cardíaca. Eu acreditava no que o dr. N. dissera e simplesmente considerei o fato como uma coisa prática, uma forma de lidar com uma vida difícil. Disse-lhe o que eu pensava. Ela pareceu compreender e concordar; assim, conversamos um pouco mais a esse respeito.

Seus filhos eram adultos e não moravam com ela, mas os sintomas só apareciam quando eles vinham visitá-la ou estavam disponíveis para cuidar do pai. Quando sabia que as necessidades do marido seriam atendidas, ia para o hospital e se afastava da situação. Perguntei se nunca fizera outra coisa para se afastar, a não ser ir para a sala de emergência. Fazia alguma outra coisa para se relaxar, para se sentir bem e receber atenção? Descobrimos que não fazia nada para si mesma, havia muito tempo. Trabalhava numa fábrica, ia para casa, dava banho no marido, alimentava-o, acomodava-o na cama e ia dormir, dia após dia, até que não conseguia mais agüentar e então ela mesma criava as palpitações e ia para o hospital para ser tratada. Os sintomas ajudavam-na a não se sentir tão mal por deixar o marido e a receber o que precisava.

Começamos a conversar sobre seu passado, do que gostava de fazer antes da doença do marido. Descobrimos que durante a infância gostava de pescar. Perguntei como se sentia naquele tempo; ela começou a contar seus sentimentos e pela primeira vez sorriu. Depois de conversarmos mais um pouco, decidimos que realmente não existia nenhuma razão para que não pudesse pescar por um dia, afastando-se de casa sem precisar ir para o hospital. Seria muito bom para sua saúde; na verdade, seria bem melhor. De qualquer maneira, aqui ela não recebia aquilo de que precisava. Ela sempre ia embora insatisfeita, pois pensava que iria receber muito mais compreensão, atenção e simpatia, mas nunca recebia tanto quanto precisava, uma vez que a equipe da emergência estava sempre muito ocupada. Ela ia para o lugar mais agitado do hospital, a sala de emergência, para descansar e, naturalmente, ia embora insatisfeita. Não era bom para ela, nem para nós. Eu lhe disse que achava que seu marido realmente precisava que cuidasse de si mesma, tanto quanto cuidava dele, que precisava ter um tempo só para si, sem precisar ficar doente para consegui-lo. Ela pareceu indecisa e, então, fui conversar com o dr. N., que concordou com a idéia — até mesmo lhe prescreveu "descanso e pescaria".

Assim, elaboramos um pequeno programa. Ela trabalhava perto do cais e planejamos que todos os dias após o trabalho ela iria dar um passeio por ali e olhar os barcos e as gaivotas, antes de voltar para casa. E num fim de semana em que as coisas parecessem pesadas demais, pediria que seus filhos viessem, e pronto. Em vez de passar o tempo no hospital, iria pescar. Calculamos também que esse procedimento seria muito mais barato. Ela estava realmente excitada com a idéia e o dr. N. também se mostrou satisfeito.

Para essa mulher, o tempo da doença era um tempo de nutrição pessoal, uma qualidade que, infelizmente, estava ausente de sua vida. Nesse caso, o estudante de medicina encarou o problema da paciente de maneira realista. Embora não aprovasse a forma de ela utilizar o sistema de saúde, não condenou seu comportamento; pelo contrário, enxergou e compreendeu a necessidade humana que o estimulou. Ao avaliar a importância dessa necessidade, assegurou à paciente a sua legitimidade e iniciou com ela uma busca simples, mútua, de uma maneira melhor de satisfazê-la.

Desnecessário dizer que a forma como a mulher anteriormente utilizara o sistema médico não é adequada nem econômica, mas infelizmente é bastante comum, pois as pessoas não estão conscientes de suas necessidades pessoais ou sentem que precisam encontrar um motivo para terem o direito de satisfazê-las. Quando a paciente se tornou mais consciente de suas necessidades e de seu direito de agir para atender a elas, conseguiu elaborar um plano que lhe daria o tempo necessário para nutrir a si mesma; tempo de tranqüilidade, de descanso, de alegria. Ela não precisou mais do tempo da doença para levar essas qualidades para sua vida, e isso diminuiu suas visitas à sala de emergência.

Atualmente, mesmo que a pessoa esteja totalmente consciente de suas necessidades, com freqüência não é fácil dizer: "Eu preciso parar agora e vou parar". Preciso de um descanso de meu papel de advogado, funcionário, marido, esposa". Todos nós representamos papéis diariamente. As pressões da sociedade são tantas que somente em circunstâncias muito especiais nos sentimos liberados das expectativas dos outros e de nós mesmos, com relação à nossa atuação. Uma das poucas maneiras socialmente aceitas para se conseguir um afastamento temporário de nossos papéis é ficar doente. Uma mulher, mãe de três filhos, acha que precisa estar periodicamente sozinha para reabastecer suas forças, afirmar sua identidade e adquirir novas perspectivas. Nesses momentos, diz à família que está com dor de cabeça e vai para a cama. Algumas vezes, a doença é inventada, mas com freqüência é bastante real, uma resposta inconsciente do corpo ao estresse e à necessidade de tempo para se retirar de cena e refletir. Uma distensão, uma dor de cabeça ou até mesmo uma queda de resistência a infecções viróticas podem conceder ao indivíduo o tempo qualitativo e quantitativo de que ele necessita.

Quando as pessoas estão doentes ou presas à cama, ficam deprimidas por esse mesmo motivo — elas se desacostumaram a dar tempo e espaço para seus pensamentos e energias. Não nos ensinaram a "arte" da reflexão e, conseqüentemente, sentimos um vazio que normalmente é preenchido por dúvidas a respeito de nossa própria força, culpa por não estarmos cumprindo os deveres cotidianos e medo do resultado desconhecido de um processo doloroso. Algumas vezes, é útil chamar a atenção das pessoas para o tempo e energia que agora têm à sua disposição e perguntar-lhes como gostariam de utilizá-lo. Existe alguma coisa sobre a qual normalmente elas não têm tempo para refletir? Há alguma coisa em que estão pensando, a despeito do tédio ou da dor? Mesmo as fantasias ou devaneios que as pessoas têm nesses períodos contêm indicações de necessidades ou aspirações não realizadas que, quando compartilhadas e tornadas conscientes, estimulam o planejamento e as ações para satisfazê-las.

Essa abordagem se torna viável ao considerarmos a doença em termos de tempo humano. Se o tempo de vida de uma pessoa for utilizado como uma forma de medir o tempo, podemos então olhar para outra pessoa e nos perguntar: "Que horas são?" — não em função do relógio ou do calendário, mas em função do processo de crescimento do outro. O impacto e o significado da doença variam tremendamente com a maturidade e com freqüência são usados para desenvolver o próprio processo de amadurecimento. Na verdade, a percepção de tempo do profissional da saúde, que o considera um adversário, reflete a percepção do papel profissional envolvido na preservação do corpo, a ponto de excluir o processo da pessoa. O tempo realmente é inimigo do corpo; o envelhecimento, a doença e a morte física são, até certo ponto, funções do tempo. Entretanto, o tempo não é necessariamente o inimigo da pessoa, pois a maturidade, a sabedoria e uma crescente compreensão também são funções do tempo. Chegar a um acordo com dimensões mais longas de tempo é bastante difícil. Ao considerarmos o tempo humano, não devemos excluir a possibilidade de estruturas de referência ainda mais amplas do que o tempo de vida do indivíduo, o conceito de que o próprio tempo de vida pode ser apenas uma fase na maturidade da pessoa. Kübler-Ross, Stevenson e Noyes, psiquiatras especialistas no estudo da morte e do morrer, recentemente notaram evidências da permanência da consciência depois da morte do corpo.* Essas questões metafísicas sobre as dimensões de tempo do indivíduo não podem ser solucionadas aqui, mas a medicina precisa permanecer aberta a elas, refletindo e pesquisando a seu respeito.

Um número crescente de pessoas, jovens e idosas, convencionais e não-convencionais, está começando a acreditar nessas dimensões ampliadas do tempo. Uma recente pesquisa relatada na revista *Newsweek***, revelou que 70% das pessoas entrevistadas acreditavam em alguma forma de vida após a morte. As atuais atitudes com relação à morte estão se modificando rapidamente, e essas crenças precisam ser reconhecidas, pelo menos como fatores na vida dessas pessoas.

Quando os profissionais da saúde, por motivo de doença ou de dor, participam da vida de outra pessoa, eles são como viajantes num país estranho. É necessário conhecer a moeda e a "taxa de câmbio" de cada país para que possam se relacionar de maneira eficaz enquanto estiverem lá. Aquilo que a pessoa sente e acredita a respeito do tempo constitui um aspecto fundamental de sua moeda. A seguir, um caso ilustrativo em que um médico de família encontrou-se "viajando em outro país":

Recentemente tive uma paciente de trinta anos que veio ao meu consultório devido a um problema de infertilidade. Estava casada

---

* E. Kübler-Ross, *Death, the Final Stage of Growth*, Prentice-Hall, Englewood Cliffs, Nova Jersey, 1975. I. Stevenson, "The Explanatory Value of the Idea of Reincarnation", em *The Journal of Nervous and Mental Disease*, vol. 164, n? 5, pp. 305 ss. R. Noyes, "The Experience of Dying", em *Psychiatry*, vol. 35, maio de 1972, p. 174.
** *"Life After Life"*, *Newsweek*, 1? de maio de 1978, p. 63.

havia seis anos e tentava conceber um filho quase desde a época de sua lua-de-mel. Ela e o marido desejavam ter filhos; ambos vinham de famílias numerosas, que os encorajaram a buscar ajuda. O marido já havia sido examinado por seu médico, que constatara serem normais a mobilidade e o número de seus espermatozóides. Pediu-me que eu examinasse a esposa, pois achava que provavelmente ela era a causa do problema. A avaliação de seu caso durou alguns meses, durante os quais passei a conhecer bem B. e o marido. Ambos eram pessoas gentis, amorosas, que pareciam ideais para constituir uma família. Ao final desse período, eu ainda não havia identificado o motivo da incapacidade de concepção. Os testes apresentaram resultados normais e uma cuidadosa medição da temperatura matinal revelou ovulação regular. Assim, encaminhei B. ao hospital da universidade para realizar estudos mais complexos que pudessem traçar sua anatomia pélvica. Os estudos revelaram que ela nascera sem as trompas de Falópio, as passagens que unem o útero aos ovários e através das quais o óvulo passa para ser fertilizado.

Marquei uma nova consulta com B. para discutir os resultados dos testes. Também pedi a presença do marido. Eu não me sentia ansioso para contar ao casal que eles deviam desistir de qualquer esperança de ter filhos. Embora não parecessem tão desesperados para ter filhos quanto outros casais com quem eu já trabalhara, sabia que isso podia ser uma verdade dura para um jovem casal. Eu não sabia como iriam reagir e esperava que a conversa fosse difícil... para eles e para mim. Surpreendentemente, não foi isso o que aconteceu.

Eles vieram ao meu consultório e sentaram-se em silêncio depois que eu lhes contei os resultados dos testes. Após alguns minutos, eles se olharam e sorriram. Sentindo-me confuso pela ausência de reações (eu estava preparado para as lágrimas de Mrs. B.), perguntei a ela como estava se sentindo com relação às notícias decepcionantes. Ela disse que se sentia triste, mas que elas confirmavam algo que já sabia... que nesta vida não teria filhos. Olhei para ela, atônito, e ela mostrou-se um pouco tímida, mas continuou, dizendo que ela e o marido haviam realizado estudos orientais durante alguns anos. Através das leituras, ambos começaram a questionar se a vida terminava com a morte, e chegaram à conclusão de que era muito mais provável que a consciência continuasse e que as pessoas reencarnassem constantemente, para realizar objetivos individuais.

Quando se tornaram conscientes, pela primeira vez, de que tinham um problema para conceber filhos, B. se sentiu bastante deprimida e passou muitas horas meditando e refletindo para ver se conseguia perceber a origem do problema. Nesse esforço, atingiu uma familiaridade com o estado de gravidez e criação de filhos que atribuiu ao fato de ter sido mãe muitas vezes, no passado.

Ela também teve a certeza profunda de que esta vida era diferente; que ela veio para expressar sua criatividade de outras maneiras e para deixar atrás de si uma contribuição diferente. Tinha tanta certeza disso que ela e o marido já haviam elaborado planos a esse respeito. Ela disse que me procurou simplesmente para confirmar sua suposição.

Eu estava abismado. "Então, vocês não pretendem adotar uma criança?" "Não", respondeu ela, "estamos pretendendo fazer outra coisa", e agradeceu-me o interesse e a ajuda.

Lembro-me dessa paciente com gratidão, pois ela me forçou a lembrar que existem muitos diferentes pontos de vista, muitas maneiras de se enxergar os fatos. Sua percepção a respeito da natureza da vida humana era bem diferente da minha. Entretanto, o ponto de vista que se revelou através de suas leituras e reflexões é aceito por milhares de outros seres humanos. Além disso, essa perspectiva ajudou-a de maneira prática, fazendo com que aceitasse seu problema físico e salientando alguns passos positivos que precisava dar em sua vida. Algumas das coisas que me falou fizeram-me imaginar se minha própria crença no aqui e no agora ainda continuaria a mesma se eu lhe dedicasse maior reflexão e atenção.

Reencarnações à parte, existem algumas importantes lições para se aprender com a cultura oriental, lições que podem completar e enriquecer nossa visão de tempo culturalmente limitada. Não é de estranhar que muitos profissionais da saúde, confrontados diariamente com aquilo que consideram um fluxo constante de intervalos de tempo breves e distintos, pensem no tempo como *adversário*. O calendário, o relógio, o livro de consultas e mesmo o processo da doença tornam-se manifestações da força hostil do tempo e um constante desafio às habilidades e capacidades do profissional. Contudo, logicamente podemos esperar que o tempo, o aliado da cura e do crescimento, possa também se tornar um aliado do profissional da saúde. Para formar uma aliança com o tempo, é necessária uma exploração aberta às abordagens mais intrínsecas a esse "adversário", na vida profissional e pessoal.

Embora seja parte integrante da cultura ocidental, a tentativa de controlar através do domínio é apenas uma das muitas formas de se lidar com um adversário. Como mostra o aikidô e outras artes marciais japonesas, o "adversário" deve ser enfrentado de maneira bem diferente. Enfrentar um oponente — no estilo ocidental — com uma força oposta direta limita os possíveis resultados de vitória ou de derrota. O mestre do aikidô não enfrenta o adversário dessa maneira. Ao contrário, ele exerce sua força de forma a se harmonizar com ela, em vez de resistir à força do golpe, e tanto ele quanto o adversário se movimentam juntos ao longo do vetor determinado pela força combinada de ambos. Na verdade, o mestre *usa* a energia e a força do "adversário" para percorrer uma distância maior numa nova direção, uma oportunidade que não é possível sem o ataque. Tradicionalmente, ele demonstra gratidão por essa nova possibilidade, ao final do encontro, ao agradecer ritualmente ao adversário a dádiva de sua força e energia.

No capítulo anterior, discutimos a possibilidade de se enfrentar a força da doença dessa maneira. Será que também é possível enfrentar a força do tempo dessa mesma maneira? *Harmonizarmo-nos* com ela, usá-la e, assim, *superá-la* através da compreensão, e não do domínio? Essa abordagem exige a disposição de reexaminar e enriquecer crenças quantitativas, de curto prazo, com relação ao tempo, assim como a alteração dos conceitos de tempo ensinados no treinamento profissional e da visão e percepção do tempo da cultura em geral. Ela oferece a promessa de libertação dos limites do tempo e a oportunidade de se obter maior realismo e satisfação na prática e na vida.

5

Livre escolha

Atualmente, a saúde é profundamente influenciada pela capacidade de cada ser humano de formular e colocar em prática as suas escolhas. A resolução de muitos dos problemas que afetam nosso bem-estar, as chamadas doenças da civilização, do modo de vida, do ambiente e das tensões, exige que cada um de nós escolha por si mesmo e o faça da melhor forma possível. A própria natureza da vida contemporânea tornou a escolha individual o fator mais importante para a conservação da saúde.

A mudança da escolha para seu atual papel central na determinação e conservação da saúde é resultado de cinco décadas de esforços médico-científicos que conseguiram vencer muitas doenças epidêmicas, infecciosas e nutricionais. Hoje, os principais assassinos d' raça humana são as condições intimamente relacionadas à escolha: doenças como obesidade, alcoolismo, vício de drogas, câncer de pulmão, hipertensão, doenças coronarianas e acidentes provocados por motoristas embriagados, atividades perigosas, poluição ambiental e outros.

Além disso, como a tecnologia coloca sob o controle do ser humano muitas questões que antes eram relegadas às mãos do destino, as pessoas enfrentam escolhas cada vez mais complexas a respeito de sua vida e de sua morte. Quero evitar a gravidez? Devo fazer um aborto? Devo ter cinco filhos? Quero diminuir meu nariz? Aumentar meus seios? Quero doar sangue? Doar ou receber um rim ou uma córnea? Desejo me submeter a um tratamento cujas conseqüências são graves, para prolongar minha vida? Quero que a minha vida ou a de pessoas de minha família seja mantida por métodos artificiais, em caso de uma fatalidade? Diariamente, esforçamo-nos para tomar decisões razoáveis a respeito de questões tão difíceis e encontrar a força interior para colocá-las em prática.

Os profissionais da saúde também se beneficiam de uma compreensão mais profunda do processo de formulação e execução das escolhas. Eles podem não apenas ajudar as pessoas de maneira mais eficaz, à medida que elas lutam com suas escolhas, mas talvez encontrar maior facilidade para tomar suas próprias decisões, que se

149

tornam cada vez mais difíceis. O recente avanço tecnológico da medicina envolveu aqueles que trabalham nos cuidados da saúde em importantes decisões, quer estejam ou não prontos para participar delas. Questões tão abrangentes como a realização de um transplante de coração, quem deve se submeter à diálise, até onde lutar pela sobrevivência de uma criança geneticamente deficiente, quando desligar aparelhos que mantêm o paciente vivo, quando utilizar medicamentos que provocam sérios efeitos colaterais ou estabelecer métodos para o controle de natalidade e muitas outras fazem parte da prática diária dos cuidados da saúde. Todas essas técnicas têm seus benefícios e seus riscos.

Ao abrir um enorme leque de opções, a medicina colocou-nos frente a um problema constante: *Nós agimos porque podemos ou porque devemos?* A capacidade de fazer as escolhas de maneira clara e inteligente é uma habilidade que pode ser desenvolvida ao prestarmos atenção, de forma responsável, aos fatores que determinam e influenciam a escolha individual e o próprio processo de escolha. Assim, parece importante que as pessoas fiquem mais familiarizadas com alguns conceitos gerais de intencionalidade e preferências.

Basicamente, todo ser humano possui, em menor ou maior grau, o atributo da *vontade,* a força interior que pode eleger, confirmar a eleição e realizá-la. Antes da era vitoriana, que considerava a vontade tirânica e coerciva, esta era considerada uma força humana: a capacidade que oferecia às pessoas sua liberdade, seu objetivo, seus valores, sua dignidade e sua habilidade para criar, no mundo material, aquilo que pensavam, imaginavam ou sonhavam. A vontade era considerada um criado das pessoas e não seu amo. Essa maneira de enxergar a vontade reconhece nela um recurso que permite a expressão plena e deliberada de valores, perspectivas e visão pessoais, tornando esses aspectos disponíveis para enriquecer nossa vida diária, assim como a vida dos outros. De certo modo, a vontade é o instrumento da vida interior, a ponte que torna explícitos a sabedoria interior e o senso de direção.

A verdadeira vontade é livre e onidirecional: todas as opções estão igualmente abertas. Contudo, ao examinarmos nossa experiência com escolhas, constatamos que nem sempre isso acontece. Então, surge a pergunta: a partir de onde estamos direcionando e focalizando nossa vontade? Estamos escolhendo ou existe alguma parte de nós que escolhe em nosso lugar? Nossa escolha reflete o melhor ou simplesmente aquilo que nos parece mais fácil ou menos doloroso naquele momento?

A utilização da vontade, de acordo com o melhor que conhecemos, com freqüência é uma experiência de liberdade, integridade pessoal e profundo senso de identidade. Muitas, se não a maioria de nossas escolhas, estão muito aquém dessa experiência. Na realidade, os fatores que influenciam e determinam nossas seleções são tão difusos que uma escolha verdadeiramente livre torna-se rara. Entretanto, a maior parte das pessoas tem a ilusão de que sua vontade é livre.

Na verdade, grande parte das escolhas não é examinada — ela é inconsciente e surge de hábitos de comportamento e pensamentos. A escolha pode ser influenciada por pressões sociais, limitada pela aceitação das expectativas de nossa sociedade, por nossos papéis, nossa idade e nossa educação. Com bastante freqüência, as preferências são determinadas por nossos sentimentos, medos, desejos e tendências. O desejo de conforto ou o de evitar o que nos parece doloroso é determinante na motivação da escolha.

As pessoas geralmente sentem a ausência da livre escolha como a sensação de impotência frente a uma emoção ou tendência fortes e, mais tarde, comentam tristemente: "Eu sabia que estava errado, mas não pude resistir. Havia uma voz insistente me avisando, mas eu não escutei...". Nessas situações, a mente pode colaborar com nossos impulsos e sentimentos, através do processo de racionalização, encontrando razões para realizar aquilo que esses aspectos de nós mesmos desejam fazer. Nessas ocasiões, podemos nem mesmo estar conscientes de que são nossos sentimentos e tendências que determinam nossas escolhas e ações.

A mente sofre outras influências, igualmente poderosas, através de nossa educação e da informação que temos sobre a situação em que a escolha é realizada; aquilo que sabemos, aquilo que ouvimos e aquilo que acreditamos ser verdade. É comum nos encontrarmos presos num conflito entre a mente e os sentimentos e talvez seja necessário reprimir um deles para que possamos escolher. Em qualquer caso, *nós* não estamos escolhendo — considerando-se a natureza de nossos sentimentos e os dados fornecidos pela mente. Na verdade, nossos sentimentos e nossa mente estão escolhendo por nós.

Além disso, a escolha com freqüência é profundamente influenciada pela multiplicidade de nossa personalidade, pela percepção, em determinado momento, de quem somos. Como discutimos no capítulo 2, as pessoas em geral se identificam inconscientemente com alguma parte de si mesmas e as escolhas, realizadas por essa parte, com suas perspectivas, necessidades e objetivos limitados, dirigem a vida da pessoa como um todo. Tais escolhas não são, rigorosamente falando, livres. Em muitos dos casos apresentados até agora, especialmente o de Paul R., à página 67 e o de Harold, à página 17, as escolhas foram realizadas por uma das partes do indivíduo, um aspecto da personalidade que estava dirigindo a vontade para seus próprios objetivos. Muitas vezes, as escolhas provocam doença. Para uma consideração maior das opções existentes e da escolha mais prudente, é necessário que as pessoas se afastem dessa parte de si mesmas e avaliem suas necessidades, direções e metas, a partir de uma perspectiva mais ampla e de uma identidade mais abrangente. Quando tomamos uma decisão a partir de uma parte de nós mesmos, destruímos nossos recursos interiores e não podemos nos beneficiar totalmente deles. Então, nossa decisão talvez não reflita o melhor daquilo que sabemos — o que aprendemos durante a vida ou o que percebemos ser nossa verdadeira direção. Com freqüência, é difícil a própria pessoa enxergar a natureza de suas seleções, embora possamos aprender a nos observar e finalmente nos tornar capazes de fazê-lo. Até que essas habilidades sejam aprendidas, geralmente é mais fácil para outras pessoas, do que para nós mesmos, enxergar isso com maior sensibilidade, principalmente em períodos de medo ou tensão. Quando as pessoas se confrontam com decisões difíceis a respeito de sua saúde, os médicos podem ajudá-las a liberar suas escolhas.

Atualmente, esses profissionais assumem a responsabilidade de auxiliar as pessoas no processo da escolha, compartilhando sua experiência, informação e conhecimentos. O interesse do profissional não é o de apenas compreender os problemas físicos do paciente, mas também o de informá-lo das diversas opções para solucioná-los, certificando-se de que essas opções e suas conseqüências foram totalmente compreendidas. Muitas vezes, as decisões são flexíveis dentro de determinados limites, as opções podem ser modificadas e adaptadas ao modo de vida, habilidade e capacidade das pessoas. Quem não consegue engolir comprimidos recebe o mesmo medicamento em forma líquida ou injetável. Aqueles que têm dificuldade para ir ao hospital devido à idade avançada são tratados em casa por uma enfermeira. Ao se realizar essas adaptações, a natureza da situação exterior de cada um e sua realidade objetiva são consideradas para que as opções se tornem acessíveis a determinada pessoa, ajudando-a a melhorar seu bem-estar físico.

À medida que as complexidades da natureza e das escolhas humanas se tornam mais nítidas e mais bem compreendidas, o paciente e o profissional começam a considerar a situação subjetiva da mesma maneira. Com a mesma sensibilidade com que agora reconhecemos as barreiras externas para colocar em prática as nossas escolhas, podemos também aprender a reconhecer as barreiras internas. Todas as opções foram compreendidas pela pessoa? Ela pode se beneficiar dessas alternativas? Ela é capaz de considerá-las e decidir livremente se vai ou não se submeter à cirurgia, ou a escolha está controlada por uma parte que, na verdade, está tomando a decisão? Quando isso for esclarecido, o médico pode fazer o que for possível para liberar a escolha do paciente, *ajudá-lo a entrar em contato com aquilo que ele reconhece ser o curso de ação melhor e mais prudente para si e então encontrar a energia para executá-lo.* Essa avaliação nem sempre é fácil e pode até mesmo ser ressentida pelas pessoas que não reconhecem seu objetivo ou que se encontram identificadas com uma parte que está decidindo pelo todo. Entretanto, a habilidade para realizar esse tipo de avaliação é muito importante se os profissionais desejam favorecer não somente a liberdade de escolha, mas também a qualidade livre da própria escolha. Os casos seguintes mostram um contraste marcante a respeito de decisões. No primeiro caso, uma decisão é inicialmente feita pelos sentimentos da paciente e, no segundo, a paciente escolhe livremente, baseada no senso de direção de sua vida, e o médico foi apanhado na armadilha de seus próprios sentimentos, ao impedir determinadas opções.

Marion é mãe solteira, tem trinta anos e, juntamente com seus filhos pequenos, é minha cliente há vários anos. Certa manhã, ela me telefonou para pedir uma receita de Dexedrine. Ela tinha duas semanas de férias, que vinha esperando com ansiedade e das quais precisava muito. Segundo seus planos, dali a três dias ela iria viajar de carro através do país, junto com as crianças, para se encontrar com alguns amigos em Nova York. Devido ao trabalho, não pudera sair antes e pretendia dirigir direto até a costa leste, parando apenas para rápidos cochilos. Iria dirigir sozinha e precisava do remédio para mantê-la acordada.

Disse-lhe que seu plano me preocupava, pois achava que nem ela nem as crianças estariam seguras e que eu não poderia, em sã consciência, receitar o remédio. Então, comecei a explorar formas alternativas de ela obter o mesmo resultado. Não haveria ninguém que se revezasse com ela na direção? Não, retrucou ela, não conhecia ninguém e não queria colocar um anúncio no jornal e ter um estranho ao seu lado o tempo todo. Considerara a hipótese de viajar de avião? Ela respondeu que não tinha dinheiro suficiente para isso e que as excursões com preços especiais exigiam uma reserva antecipada de trinta dias. Além disso, queria levar o carro. Não seria o caso de adiar o encontro e contar com mais alguns dias de viagem? Nesse momento, ela ficou muito irritada e disse que nada resolveria o caso, a não ser o remédio; se eu não estava disposto a receitá-lo, então encontraria outro médico. Desculpei-me por lhe causar tanta irritação e disse-lhe que não acreditava que esta fosse a coisa mais sensata a ser feita e que talvez fosse conveniente avaliar a importância de seu objetivo, levando em consideração os possíveis perigos aos quais estariam expostos. Sem outra palavra, ela desligou. Logo em seguida, ela telefonou novamente, para se desculpar. "Marion", disse-lhe, "se você tivesse quatro semanas de férias em vez de duas, você escolheria essa forma de viajar para Nova York?". "Não", respondeu, "realmente é perigoso." Fez uma pausa e continuou: "Sabe, eu poderia tirar outra semana de férias não remuneradas, ou talvez pudesse perguntar em minha igreja se alguém estaria disposto a me acompanhar". No final, ela foi sozinha, tirou mais cinco dias de férias e parou durante o trajeto para pernoitar em hotéis. Quando chegou a Nova York, colocou um anúncio procurando alguém para dirigir com ela na volta, conversou com diversas pessoas e escolheu uma mulher bastante agradável, que não apenas guiava mas que também era boa companhia e ajudou-a a cuidar das crianças. Mais tarde, comentou que valeu a pena tirar a semana extra de férias, sem remuneração. Fora uma longa viagem; se tivesse seguido o plano original, achava que iria precisar de mais dois dias apenas para se recuperar da experiência.

Inicialmente Marion estava tomando uma decisão baseada principalmente em sentimentos, e sua mente buscava razões para fazer aquilo que seus sentimentos desejavam. Estes estavam fortemente ligados a uma determinada solução, e ela se aborreceu com minha má vontade em colaborar com seu plano. Quando as emoções de uma pessoa decidem por ela, muitas vezes a mente é dominada por elas e fica disponível apenas para apoiar um curso de ação específico, que considera o único e o melhor. Marion estava caracteristicamente incapacitada de ponderar as opções e os planos alternativos, inclusive de incluir em sua decisão os possíveis perigos. Algumas vezes, obter informações precisas nos ajuda a nos libertar da tirania de nossos sentimentos, como parece ter acontecido com ela. Isso nem sempre ocorre; nossas emoções, quando suficientemente fortes, nos impedem de buscar a informação de que precisamos para agir, ou de agir de acordo com a informação que temos. Talvez seja necessário que as pessoas encontrem formas de se libertar da atração exercida por seus sentimentos, para que possam considerar de maneira mais abrangente as questões atuais e determinar o que é conveniente para elas e não somente o que seus sentimentos desejam que ela faça. Em geral, as exigências de nossos sentimentos se fazem bastante presentes e precisamos desenvolver a habilidade para ouvirmos não somente o que fala mais alto dentro de nós, mas também o que é melhor.

Algumas vezes isso é realizado de forma bastante simples, identificando as coisas às quais nossos sentimentos estão ligados e colocando-as de lado durante algum tempo, enquanto se avalia a situação. Podemos descobrir que sentimos medo da dor ou ansiedade a respeito de nossa capacidade para enfrentar despesas. Podemos ficar zangados com a perspectiva de nos afastarmos do trabalho, que será exigida por ordem médica, ou com a interrupção de nossos planos. Convém considerar o que faríamos se o processo não fosse doloroso ou se tivéssemos uma quantidade ilimitada de tempo ou dinheiro. Contudo, ao refletirmos, podemos, como Marion, enxergar mais nitidamente que existe algo sensato e, na verdade, certo para nós fazermos, *embora anteriormente não estivéssemos dispostos a levá-lo em conta.*

Assim que descobrimos o que é certo para nós, podemos usar nossa energia, não para resistir a isso, mas para encontrar maneiras de colocá-lo em prática. Podemos executar planos e pedir apoio e conselhos aos outros para que nos ajudem a realizar aquilo que agora reconhecemos ser a escolha acertada. Nosso médico pode utilizar medicamentos para aliviar grande parte da dor; ele pode descobrir alguma forma de financiamento para cobrir parte de nossa despesa, parcelar despesas ou eliminar partes do processo, que talvez não sejam essenciais, para diminuir os gastos. Talvez não seja necessário permanecermos hospitalizados por dez dias, mas receber cuidados de uma enfermeira ou de nossa família, sob uma acurada supervisão médica. Devem existir maneiras de realizar o trabalho do escritório em casa. Algumas coisas podem ser adiadas e outras pessoas podem assumir algumas atividades inadiáveis.

Uma mulher que precisava se submeter a um exame pélvico devido a sintomas que sugeriam uma doença grave descobriu que o medo que sentia era tão grande que, embora tivesse 35 anos, jamais consultara um ginecologista e ainda agora não tinha coragem de fazê-lo. Quando perguntou a si mesma: "Se eu não tivesse medo, iria?", e percebeu claramente como o exame era necessário e também como era certo submeter-se a ele, compartilhou esses sentimentos com o médico, perguntando se havia alguma forma de ajudá-la a lidar com o medo. Ele respondeu que, uma vez que o medo era bastante antigo e o exame urgente, poderia conseguir que ela o fizesse sob anestesia geral. Ela aceitou a solução como um meio de realizar o que, agora, reconhecia ser uma escolha sensata.

Essa abordagem de recuo pode ser sugerida a um paciente e o processo realizado com o médico, ou apenas pelo paciente, em sua casa. Em alguns casos, técnicas como a desidentificação — quando o profissional está familiarizado com elas — ajudam o paciente a perceber com clareza a escolha sensata. Em outros, é preciso ajudá-lo a dar esse passo através da *imaginação* e evocar recursos interiores para lidar com o medo. Esse assunto será descrito mais adiante, quando discutirmos a vontade habilidosa.

As pessoas cujos sentimentos estão fazendo escolhas por elas representam um desafio para o profissional da saúde que leva a sério sua responsabilidade de libertar, o máximo possível, as escolhas das pessoas. Muitas vezes, o resultado dessas situações nem sempre é positivo, como no caso de Marion, e essas são as situações mais difíceis a serem enfrentadas na prática dos cuidados com a saúde. Infelizmente, não são raras, quer na prática da medicina quer na vida cotidiana.

Na verdade, é muito embaraçoso para nós quando alguém de quem gostamos, um amigo, membro da família ou paciente, toma uma decisão que não nos parece sensata e pede nossa colaboração. Seus sentimentos nos influenciam, fazendo com que se torne muito difícil manter nossa posição e perspectiva, com integridade, arriscando-nos a enfrentar sua irritação. *Entretanto, devido a esse carinho, dispomo-nos a fazê-lo, ficando à disposição para oferecer apoio se a decisão causar problemas.* Não há dúvida de que Marion tinha o direito de tomar as decisões que iriam moldar sua vida. Porém, ao apoiar o direito à escolha, o profissional da saúde deve também apoiar as próprias escolhas, indiscriminadamente? O médico reconheceu a natureza da decisão inicial de Marion e o risco potencial para ela e sua família. Ele não estava disposto a apoiar a escolha dela, embora certamente aprovasse seu direito de escolha. Ao fazê-lo, ele agiu com responsabilidade no interesse da paciente, baseado em seu conhecimento da medicação envolvida no caso e das possíveis conseqüências de seus atos. As próprias pessoas também aprendem a reconhecer quando suas escolhas não são livres e aceitam a responsabilidade de avaliar com seriedade mais opções e alternativas, tornando-se mais receptivas a outras maneiras de se fazer as coisas.

Uma senhora, que foi minha paciente quando eu era interna, tomou sua mais árdua decisão, baseada em considerações muito diferentes das de Marion. Ela chegou ao hospital, que é mundialmente famoso pelo diagnóstico e tratamento do câncer, para fazer um exame num inchaço do queixo. Essa massa tumoral foi rápida e habilidosamente diagnosticada como osteossarcoma, uma forma particularmente maligna de câncer, e um dos médicos da equipe pediu à mulher que marcasse a cirurgia. Ele ficou indignado, pois a paciente recusara submeter-se à operação. Ele explicou cuidadosamente o resultado fatal da malignidade e descreveu o método cirúrgico padrão, que envolvia a remoção de todo o maxilar inferior. Ao final da explicação, ela lhe agradeceu o interesse e disse que ia para casa. Quando ele insistiu que sua decisão iria quase certamente significar a sua morte, ela sorriu e respondeu: "Tenho 82 anos e penso que chegou a minha hora". Nenhum argumento conseguiu demovê-la dessa decisão. Ela parecia ter compreendido inteiramente as conseqüências de sua atitude e as perguntas que ele fizera mostravam nitidamente que ela não tinha medo da cirurgia nem da mudança em sua aparência. Ela facilmente poderia ter escolhido a cirurgia, mas não ia fazê-lo. Quando lhe pediram que assinasse um documento isentando a equipe médica de toda responsabilidade pelo resultado de sua escolha, ela o fez calmamente. A despeito da enorme pressão e oposição da equipe, ela deixou o hospital e nunca mais voltou.

Durante dias, a equipe se manteve irritada, inclusive eu. A despeito da óbvia dignidade dessa senhora, lembro-me de ter pensado que ela provavelmente estava senil. Voltando no tempo, parece que não reconheci o lugar dentro dela, de onde essa mulher estava decidindo. Sua lucidez era impressionante, assim como a certeza de onde se encontrava em sua vida e do que era certo para ela. Talvez, na verdade, sua escolha tenha sido bem mais livre do que a minha.

Naquela época eu estava presa no que parecia ser uma interminável batalha contra a morte física, e meus sentimentos estavam muito envolvidos nesse conflito. Creio que é justo afirmar que não somente me opunha à morte como também a odiava. Dessa posição de ódio à morte, é muito difícil aceitar que alguém possa escolhê-la — ou tenha o direito de fazê-lo — como parte de uma longa vida. É quase impossível compreender como uma pessoa que viveu a vida com coragem e realismo escolha continuar a manifestar essas qualidades quando confrontada com uma doença fatal. Odiar a morte é ser contrário a esse livre-arbítrio.

Meus próprios sentimentos com relação à morte haviam me aprisionado. Eu estava preparada para solicitar os testes de laboratório necessários, para auxiliar na sala de operações e para apoiar aquela paciente se ela decidisse lutar contra a morte, como eu estava lutando. Meus sentimentos a respeito de sua escolha me impediram de reconhecer o autoconhecimento e a percepção de tempo pessoal, a partir dos quais ela tomou sua decisão, nem a liberdade com que ela o fez.

Muitas pessoas são capazes de dar prioridade a outra coisa, que não à saúde, longevidade ou conforto físico, em prol de alguma coisa que percebem ser verdadeira a respeito de si mesmas ou sobre a vida em geral. Naquela época, eu não era uma delas. Agora, me parece que a principal questão na afirmação da vida não é agir para adiar a morte, mas agir para apoiar cada pessoa a escolher livremente de que maneira viver sua vida, independentemente da pouca duração que ela possa ter.

Não é incomum que as pessoas reconheçam uma alternativa sensata, mas sentem que são incapazes de aceitá-la ou realizá-la. Nesses casos, paradoxalmente, o próprio desejo pode ser mobilizado para ajudar a libertação da vontade. Uma maior familiaridade com alguns dos conceitos gerais sobre a vontade pode ajudar a nós e aos outros.

A vontade não é uma qualidade simples, única, nem um instrumento rígido, ameaçador, que se apodera de outros aspectos de nossa natureza. Ela é uma função multifacetada, que se origina de nossa identidade mais profunda, podendo harmonizar, dirigir e utilizar, de maneira construtiva, partes da personalidade que muitas vezes se encontram em conflito, sem reprimir nenhuma delas.

A *vontade forte* geralmente é o tipo mais conhecido; muitos dos conceitos errados com relação à vontade têm origem na convicção de que esse aspecto *é* a própria vontade. A vontade forte se caracteriza pela tenacidade e é a força que nos permite manter nossas escolhas, apesar de dificuldades ou obstáculos. Na linguagem comum, a vontade forte é a "força de vontade". Resistência, intensidade e persistência, qualidades da vontade forte, têm seu lugar na vontade humana plenamente realizada, porém não são a sua essência. Na verdade, ao ser desligada de seus outros aspectos e da sabedoria, do carinho, propósito e amor, a vontade forte é prejudicial para todos. No primeiro exemplo mencionado, os sentimentos de uma mulher inicialmente orientaram sua vontade forte para um curso de ação perigoso e, no segundo, outra mulher empregou sua vontade forte para superar a oposição a um curso de ação que lhe pareceu profundamente correto.

Porém, a vontade forte não é o único aspecto da vontade. *A vontade habilidosa*, como demonstrado no livro do dr. Assagioli, *The Act of Will,* * é o aspecto que obtém resultados, não pelo uso da força, mas pelo uso da flexibilidade e julgamento, e do desenvolvimento de métodos práticos para vencer a resistência e alcançar objetivos com menos consumo de energia. Um dos exemplos oferecidos pelo dr. Assagioli nos ajuda a compreender a diferença entre a vontade forte e a vontade habilidosa:

> Se queremos fazer um carro andar e ficamos atrás dele empurrando-o com toda a força, estamos utilizando uma vontade que é apenas forte. Mas se nos sentamos ao volante, ligamos o motor e dirigimos o carro, estaremos usando uma vontade habilidosa. No primeiro caso, consumimos uma

---

* Roberto Assagioli, *The Act of Will*, The Viking Press, Nova York, 1973.

quantidade considerável de energia; fizemos um esforço desagradável que pode, temporariamente, nos deixar exaustos. No segundo, garantimos o sucesso com um mínimo de esforço, *desde que tenhamos anteriormente adquirido conhecimento do carro e a habilidade suficiente para lidar com ele.*

O final da frase é fundamental; para utilizarmos a *vontade habilidosa* de maneira total e efetiva, é necessário conhecer o carro ou, mais exatamente, o mundo interior ou psicológico que é o veículo ou o instrumento dessa vontade. Basicamente, precisamos saber de que maneira nossa imaginação e nossos pensamentos se relacionam às nossas eventuais ações e de que forma nossas ações se relacionam aos nossos pensamentos. A vontade habilidosa não nos é tão familiar quanto a vontade forte. O tempo gasto para aprendermos a compreender e utilizar esse aspecto da vontade é bem investido, pois é uma das ferramentas naturais que permitem que cada um de nós assuma um papel mais eficaz nos cuidados de nossa saúde. O exemplo seguinte, extraído da prática de um clínico geral, ilustra algumas das diversas técnicas sistematicamente adotadas na utilização clínica da vontade habilidosa, bem como algumas das vantagens de ter à disposição a vontade habilidosa.

Mark, um músico de 33 anos, descobriu recentemente um inchaço em sua virilha esquerda. Embora suspeitasse de hérnia, adiava uma consulta ao médico, pois o pensamento de uma cirurgia o aterrorizava. Finalmente, foi forçado a fazer uma consulta, quando o inchaço aumentou e tornou-se bastante dolorido. Após o exame físico, diagnostiquei uma hérnia e, sem saber, confirmei seus piores temores, ao afirmar que seria necessário realizar uma cirurgia para corrigi-la. Ele ficou pálido e disse que sabia ser a coisa certa a fazer, mas que não tinha coragem, em razão de um medo de cirurgia que o acompanhava desde a infância. Perguntei-lhe a respeito dessa experiência passada, e ele a descreveu em detalhes. Depois, pedi que escrevesse sobre ela, uma vez que eu descobrira que manter um diário muitas vezes ajuda as pessoas a se tornar mais conscientes de suas escolhas e opções. Eis a transcrição daquilo que ele escreveu:

Quando eu tinha três anos, me submeti a uma cirurgia no olho esquerdo. Aos sete, foi a vez das amígdalas. Nas duas ocasiões, os médicos utilizaram éter; em ambas as vezes, a experiência foi idêntica: tive que ser mantido à força na mesa de cirurgia, e fui forçado a respirar com uma máscara. Posso me lembrar perfeitamente que me sentia indefeso e aterrorizado. E, na verdade, jamais superei essa sensação; adquiri um medo mortal de salas de cirurgia e de hospitais.

"Doutor", disse ele, "sei que preciso ser operado, mas acho que não consigo me forçar nem mesmo a atravessar a porta de um hospital." Para mim, essa afirmação significava que Mark não se considerava capaz de escolher a cirurgia, embora soubesse ser uma boa decisão. Imaginei que talvez pudesse atingir seu objetivo através do uso da vontade habilidosa, aprendendo a utilizar, no futuro, esse recurso pessoal.

Assim, descrevi a vontade habilidosa e perguntei se gostaria de utilizar sua imaginação para diminuir um pouco sua ansiedade, permitindo que agisse baseado em sua percepção daquilo que era melhor para ele. O rapaz ficou intrigado com a sugestão e concordou em tentar.

Marcamos dois encontros de meia hora cada um para ajudá-lo a definir a escolha. Comecei o primeiro encontro, pedindo-lhe para visualizar a si mesmo, deitado no alto de uma montanha, sob a luz do sol. Ele descreve a experiência em seu diário:

Assim, imaginei estar deitado numa encosta em Sonoma, num dia ensolarado; tudo estava muito tranqüilo, muito real e muito próximo de algumas de minhas experiências reais. Era muito agradável. Então, o médico pediu-me que imaginasse estar me levantando de onde me encontrava, observar a paisagem lá de cima, enxergando o topo da montanha e, ao longe, o hospital; sentindo o calor do sol e olhando na direção do hospital. Ele fez com que eu ficasse muito tempo apenas me concentrando nesse contexto — montanha, sol e céu, e, lá longe, aninhado nas colinas, o hospital.

Fiquei surpreso ao ver que não sentia meu habitual ceticismo a respeito do que estava acontecendo. Pelo contrário, sentia-me excitado e curioso. Quando a paisagem ficou realmente impressa em minha imaginação, ele pediu que eu voasse na direção do hospital, cada vez mais perto, até que pudesse começar a enxergar alguns detalhes do edifício. Sempre que sentia ansiedade ao me aproximar do hospital, voltava para o alto da montanha, passava alguns minutos sentindo o calor do sol e, então, voltava a me aproximar do hospital. Assim, em minha imaginação, aproximava-me cada vez mais do hospital, até que, finalmente, fui capaz de entrar nele.

A primeira sessão, que durou cerca de meia hora, terminou aqui. Para completar uma hora, pedi a Mark que imaginasse ver o hospi-

160

tal de algum lugar entre a Terra e a Lua. Dessa posição, espontaneamente viu o hospital como um centro de cura, pertencente a uma ampla rede de centros de cura, espalhados pelo planeta. Para sua surpresa, ele não sentiu o medo habitual, mas, ao contrário, um enorme respeito pelo hospital, ao considerar sua função. Dessa forma, fez novas associações mais positivas com relação aos hospitais. Além disso, no mundo seguro da imaginação, foi capaz de construir um padrão mental novo e mais preciso, para substituir o antigo conceito emocional, carregado de temores. A mente adulta reconheceu a função e a utilidade de um hospital como um centro de cura, um local de auxílio e apoio. Agora, Mark pode usar a mente como recurso para diminuir os temores, lembrando-o da função e intenção de um hospital e o respeito que experimentara na visualização orientada.

Antes da visita seguinte, Mark concordou em reservar cinco minutos todas as tardes para se sentar, fechar os olhos e rever a visualização. Também concordou em anotar as lembranças sobre a visualização e não perder de vista os sentimentos e pensamentos com relação a ela. Mark adorou a visualização e a tranqüilidade que ela lhe proporcionava. Deixou meu consultório sentindo-se orgulhoso por ter começado a dominar suas emoções.

No início da visita seguinte, contou-me que se sentira calmo e relaxado durante três dias e que, depois, seus antigos temores começaram novamente a se reafirmar, em forma de dúvidas. Será que só mais uma sessão seria suficiente? Será que eu teria mais tempo, se ele viesse a precisar? A cirurgia poderia ser adiada, se necessário? Quando iniciamos a segunda sessão, fiquei satisfeito com os progressos de Mark. Ele não tinha mais medo de conseguir "passar" por uma cirurgia, mas, no momento, duvidava que pudesse estar preparado a tempo. Parecia saber agora que era possível estar preparado!

O objetivo da segunda sessão consistia em fazer com que Mark imaginasse estar na sala de cirurgia, sem sentir medo. Uma vez que concordáramos em realizar a cirurgia de hérnia sob anestesia local, esse era um objetivo realista e prático. A decisão de utilizar anestesia local se baseara na diminuição dos riscos, assim como no respeito ao medo que ele sentia de perder a consciência e ficar indefeso.

Durante a segunda visualização orientada, Mark voou do alto da montanha à porta da sala de cirurgia, antes de sentir necessidade de se afastar para adquirir mais confiança. Inicialmente, estava assustado pela força de sua resistência para entrar na sala, até mesmo na imaginação. Conseguiu flutuar sobre a sala de cirurgia depois de ter se cercado, mentalmente, pela luz e calor do sol. Descreveu sua experiência por escrito, da seguinte forma:

Quando entrei no edifício, desci pelo corredor, com o médico me lembrando o tempo todo da realidade maior: o calor do sol acima e a paz da terra abaixo. Nesse ponto, aconteceu uma coisa engraçada. Quando ele sugeriu que eu visualizasse as portas da sala de cirurgia, via as portas de vaivém que vira havia trinta anos. Naquele tempo, as instalações do hospital já eram antigas, e tenho certeza de que, atualmente, elas se encontram nas mesmas condições daquela época. As portas de vaivém da sala de cirurgia mais pareciam as portas de um *saloon* do velho oeste. Tinham o mesmo formato e eram feitas de madeira, e juro que é assim que eram em minha aterrorizante experiência quando tinha três anos. Estava visualizando a sala de cirurgia de minha infância. Mas não era nessa sala que eu iria entrar agora. E eu não era mais a criança indefesa, tão vulnerável e assustada, que fora carregada através daquelas portas de vaivém. *Eu tinha 33 anos e jamais seria novamente tão vulnerável.* De repente, comecei a rir. Realmente, eu estava me divertindo.

Nesse momento decisivo, Mark foi capaz de se desidentificar da parte de si mesmo que tinha medo da cirurgia — o menininho. A percepção mais ampla que adquirira a respeito de si mesmo enquanto adulto colocara o medo sob outra perspectiva. O restante do trabalho decorreu rapidamente.

Em sua imaginação, Mark inspecionou a sala de cirurgia, voando ao seu redor, sentando-se na mesa de operação, examinando os instrumentos, observando a entrada do médico e das enfermeiras e, finalmente, viu a si mesmo na mesa, coberto de lençóis esterilizados, conversando e brincando com a equipe cirúrgica. Comentou ter sentido um pouco de ansiedade, mas disse que ela era "tolerável" e nada parecida com o terror que sentira anteriormente quando pensava entrar num hospital.

Mark continuou a rever diariamente sua visualização e uma semana depois submeteu-se à cirurgia. Em seu diário, contou que tudo e todos pareciam muito mais gentis do que esperara e que se sentia apenas um pouco nervoso. Durante a cirurgia real, ele se deitou tranqüilamente na mesa, conversando de vez em quando com o cirurgião e comigo. Diversas vezes, perguntei o que estava sentindo. Ele contou que se sentia tranqüilo e que tudo era muito diferente de seus antigos temores e expectativas. Disse também que estava imaginando o sol de Sonoma brilhando sobre ele. Em seu diário, escreveu a experiência assim:

Eu estava consciente durante a maior parte da operação. Na verdade, lembro-me de ter cochilado quando ouvi o cirurgião dizer:

"Aqui está". Foi aí que "apaguei". Tendo acompanhado todo o processo até aquele momento, sabia que tudo estava bem, e assim tirei uma soneca. Quando acordei, perguntei ao anestesista, que era a única pessoa que conseguia enxergar devido aos lençóis: "Em que ponto *nós* estamos? Como está indo a operação?". E ele respondeu: "Já terminamos. Estamos prontos para levá-lo para a sala de recuperação". Eu me sentia feliz da vida por fazer parte daquilo tudo.

Mark aprendeu a mobilizar sua vontade habilidosa para colocar em prática uma escolha que reconhecia ser certa para ele. O trabalho pessoal que realizara no consultório foi reforçado pelas anotações que fizera no diário, uma técnica que atendeu a dois objetivos — reforçar a experiência positiva da visualização pré-operatória e ativar seu Observador,* para que se afastasse um pouco de seus sentimentos — um passo preliminar para a *desidentificação* com seus temores. O médico teve a opção de escolher um objetivo puramente cirúrgico, insistindo em que Mark se submetesse à anestesia geral. Essa opção poderia ter "resolvido o assunto", mas provavelmente teria reforçado os temores e preocupações de Mark com relação ao seu abandono. Entretanto, o médico compartilhou alguns dos objetivos de Mark, que incluíam o de superar seus medos e a sensaçã) de impotência, aumentando sua habilidade para escolher livremente, assim como atender às necessidades de seu corpo, através da cirurgia. Ele adotou essa abordagem para atingir metas mais abrangentes de maneira eficiente.

A capacidade para escolher livremente, em si e por si, não é suficiente para promover a saúde. Escolher com sabedoria também é fundamental. Infelizmente, os fatores internos que limitam a liberdade de nossas escolhas geralmente têm o mesmo efeito sobre a sabedoria de nossas escolhas. Apesar dessas dificuldades, as pessoas com freqüência escolhem com sabedoria, na maior parte das circunstâncias difíceis. Então, como fazer uma escolha sábia?

Uma das formas mais comuns para se aprender a escolher com sabedoria é através da própria experiência, do método de tentativa e erro. A não ser que ameacem a vida, os problemas não precisam ser solucionados imediatamente. Algumas vezes, um problema antigo, como um estilo de vida muito agitado, excesso de fumo, bebida ou alimentação, é mais bem resolvido durante um período mais amplo. Isso permite que a pessoa tente diversas soluções, convencendo a si mesma da melhor resolução. Podemos pensar que temos apenas uma oportunidade de resolver tais problemas em nossa vida, mas,

---

* Veja o capítulo 2, p. 60.

na realidade, desfrutamos de muitas oportunidades. Se a primeira solução não for eficaz, o problema não será resolvido e irá voltar, dando-nos uma oportunidade para solucioná-lo novamente, de outra forma. Podemos resolver o mesmo problema diversas vezes, até que encontremos a decisão viável e certa para nós. Então, o assunto estará resolvido e provavelmente não precisaremos mais lidar com ele. Algumas vezes, isso acontece em dez minutos e, em outras, o método de tentativa e erro talvez não apresente uma solução viável nem em dez anos.

Muitas vezes, aquilo que aprendemos a nosso respeito ao solucionar problemas anteriores pode ser utilizado na solução de novas questões e acelerar uma solução sábia. À medida que o conhecimento sobre nós mesmos — quem somos realmente e o que consideramos importante — cresce, talvez não seja mais necessário tentar uma série de soluções reais, tornando-nos capazes de considerá-las em nossa imaginação, ver para onde elas nos conduzem e rejeitá-las sem passarmos pela experiência real. O estudante que se recusa a sair para beber na noite anterior a um exame importante ou o homem que decide não iniciar um relacionamento com uma mulher bonita, porém egoísta, agem de acordo com suas experiências anteriores em situações semelhantes, com o conhecimento dos efeitos indesejados provocados por determinadas decisões e com o autoconhecimento daquilo que consideram importante.

Embora o aprendizado através da experiência seja bastante comum, essa não é a maneira mais eficiente de se aprender a escolher com sabedoria e podemos pagar um preço alto em termos de perda de tempo, sofrimento prolongado e danos físicos. Mesmo quando isso não acontece, lidar com o mesmo problema sempre da mesma maneira retarda nosso desenvolvimento e amadurecimento, uma vez que nos impede de concentrar a atenção em questões mais abrangentes ou no próximo passo. Apesar disso, algumas pessoas precisam aprender dessa maneira, até que descubram outras formas melhores de entrar em contato com aquilo que é certo para elas. Mark foi uma dessas pessoas. O profissional da saúde que trabalhou com ele reconheceu que aquilo era verdadeiro para Mark, usou o método de tentativa e erro e, ao mesmo tempo, mostrou que existem outras maneiras, menos arriscadas e mais rápidas, de se aprender.

Mack é motorista de caminhão de 23 anos, muito orgulhoso de seu recorde de rodar 9 milhões de quilômetros sem um único acidente. Ele veio ao consultório queixando-se de que, nos últimos três meses, quando se esticava para ajustar o espelho ou para tocar a buzina da parte superior da cabina, o braço e mão esquerdos ficavam dormentes.

Um relato cuidadoso de sua vida revelou que fumava, em média, um maço de cigarros e bebia quase 4 litros de cerveja por dia. Embora tivesse sido gordo durante a maior parte da vida, ganhou muito do atual peso nos últimos dois anos. Quando questionado a respeito do braço, não relatou nenhum episódio anterior de ferimento ou formigamento. Na época em que foi ao consultório, ele pesava 141 quilos e tinha cerca de 1,82 metro de altura. Os exames de laboratório revelaram que sua pressão sanguínea, batimento cardíaco e ritmo respiratório eram normais. Meu exame não revelou perda de força ou enfraquecimento dos músculos do braço. Ele não sentia uma alfinetada nem um toque leve na parte externa do braço, na área sustentada pelo nervo ulnar. Concluí que, devido ao peso, ele estava pressionando demais um dos nervos do braço quando se movimentava de determinada maneira. Ele mesmo já suspeitava disso. Sugeri que, temporariamente, não usasse roupas apertadas e evitasse levantar o braço.

Obviamente essa recomendação não eliminaria a causa do problema, e juntos estabelecemos um programa de perda de peso. Mack descreveu uma experiência anterior, quando, com o auxílio de comprimidos para emagrecer, perdera 7 quilos em duas semanas. Ele queria perder peso da mesma maneira. Eu lhe disse que esse método não era a melhor solução, pois ele precisava perder pelo menos 46 quilos e os comprimidos para emagrecer se tornam ineficazes com o passar do tempo, além de apresentar efeitos colaterais. Apesar da informação detalhada que lhe forneci, Mack estava absolutamente inflexível e disse que queria tomar os comprimidos, de qualquer maneira. Comentei que ele precisava verificar por si mesmo que aquilo que eu lhe dissera era verdade, e ele concordou. "É assim que eu sou." Eu lhe disse que o método de tentativa e erro nem sempre era a maneira mais fácil para se aprender, mas estava disposto a lhe dar uma oportunidade de tentar durante um período de tempo e, depois, discutiríamos outros métodos para perder peso. Assim, receitei uma dose moderada de comprimidos para emagrecer, o suficiente para duas semanas, e marcamos uma nova consulta.

Ele voltou duas semanas depois, bastante satisfeito. A pressão sanguínea e os batimentos cardíacos ainda estavam normais. O braço estava um pouco melhor. Ele perdera 6 quilos e desejava mais comprimidos. Renovei a receita e marcamos outra consulta, para duas semanas mais tarde.

Dessa vez, ele voltou se queixando de que não conseguira perder mais peso e que, na verdade, até engordara um pouco. Desgostoso, comentou: "Acho que meu corpo se acostumou com eles. Já não fazem mais efeito. Que tal me receitar uma dose maior?". Eu lhe disse que uma dosagem mais elevada seria perigosa, tornando-o nervoso e prejudicando seu raciocínio, necessário para que pudesse dirigir com segurança. E, acrescentei, eu não estava disposto a levar a experiência adiante.

"Sabe, seu corpo se acostumou com essa dose, e também se acostumará com uma dose mais elevada. Que tal tentar outra maneira?" Mack riu. "Sabe, eu devia ter desconfiado. Quando dirijo, sempre procuro atalhos, mas parei de fazer isso porque eles geralmente não me levam para onde quero ir. Você não pode contar com eles — a gente precisa seguir o caminho mais longo. Já perdi um mês procurando uma saída mais fácil." Ele me perguntou se eu o ajudaria a iniciar uma dieta; manifestou o medo de perder a força do braço e disse que estava determinado a perder peso para que isso não acontecesse. "Ser gordo é realmente uma coisa perigosa — muitas pessoas já me disseram, mas eu não havia percebido até agora."

Ao adotar essa abordagem, o médico de Mack impediu que ele fosse procurar outros médicos, na tentativa de perder peso com comprimidos para emagrecer. Ele também concentrou a atenção de Mack em sua maneira habitual de fazer escolhas e nas limitações que ela impunha, ajudando-o a perceber que existem outras formas para se agir e decidir, mais benéficas.

Algumas pessoas talvez achem mais fácil fazer escolhas sábias baseando-se na experiência de seu médico ou de amigos que tiveram problemas semelhantes, em vez de contar apenas com sua própria experiência como fonte de informações. Muitas pessoas realmente fazem suas escolhas, não através da tentativa e erro, mas com a adoção de uma abordagem mental, reunindo o máximo de informações possível a respeito de diferentes opções e da própria natureza do problema. Mesmo quando as pessoas assumem a responsabilidade de educarem a si mesmas para tomar decisões, as informações seguras sobre doenças e tratamentos nem sempre estão facilmente disponíveis. Nesses casos, o profissional da saúde tem a responsabilidade de orientá-las. Isso pode ser realizado através de discussões francas, bem como pelo fornecimento de informações escritas e de respostas às perguntas que surgirem a respeito do texto. Algumas vezes, o médico pode facilitar o acesso a outras importantes fontes de informação, que, de outro modo, os pacientes não poderiam obter sozinhos, como ocorreu no exemplo seguinte:

Recentemente encaminharam-me um rapaz de dezessete anos, que havia muito estava com a doença de Chrohn, um distúrbio do intestino grosso que provoca dor, perda de peso e decadência física generalizada. Durante muitos anos, foi tratado com medicamentos, na esperança de controlar a doença, e sua situação piorou, apesar do tratamento. Sua saúde estava piorando e tornou-se óbvio ser necessária uma solução cirúrgica para resolver o problema. Seu antigo médico lhe descrevera a cirurgia, que envolvia a remoção de parte do intestino grosso e a criação de uma colostomia — uma abertura permanente na superfície do abdome, através da qual o restante do intestino poderia se esvaziar. O paciente aprenderia a cuidar de si mesmo, utilizando um ritual diário bastante simples. Quando lhe apresentaram essa opção, o rapaz deixou o consultório, indignado.

Ao conversar com ele, tornou-se claro que sua resistência a esse procedimento tão necessário se originava, em grande parte, dos seus sentimentos. A resistência era tão forte que ele ainda não conseguira pensar em lidar com a situação, para obter uma outra perspectiva, mais ampla. Após ouvir suas objeções — não posso viver dessa maneira, é horrível, ninguém vai me amar —, decidi verificar a exatidão das informações que ele tinha sobre a cirurgia e seus efeitos. Pedi que me explicasse a cirurgia. Então, fiz desenhos e falei sobre algumas coisa que ele parecia desconhecer; sobre os cuidados exigidos por uma colostomia, em termos diários, que não era mais difícil ou demorado do que fazer a barba ou quaisquer outras formas de cuidar rotineiramente do corpo. Além disso, com a devida permissão, forneci os nomes de quatro adolescentes que haviam se submetido à colostomia e encorajei-o a lhes telefonar e encontrar-se com eles para verificar suas condições de vida.

Através daqueles pacientes, ele adquiriu muitas informações valiosas. Descobriu que, em conseqüência da cirurgia, eles eram muito mais ativos do que ele, jogavam futebol, iam a discotecas e compareciam regularmente à escola. Quando compartilhou seus sentimentos a respeito da operação, eles disseram que no início também sentiram a mesma coisa, e ainda a sentiam de vez em quando, mas afirmaram também que geralmente as coisas não acontecem da maneira que pensamos. Realmente, algumas pessoas não aceitavam a condição em que eles se encontravam ou se afastavam deles, mas outras, não. Dois dos jovens com quem conversou tinham namoradas firmes, que não encontravam dificuldade para aceitá-los como eles eram.

Depois de conversar com os outros pacientes, ele percebeu que *podia* escolher a cirurgia — uma opção inaceitável antes. Após passar alguns dias pensando cuidadosamente no assunto, decidiu se submeter à cirurgia. Ainda sentia tristeza por desistir para sempre de uma parte do corpo, mas agora compreendia perfeitamente não apenas a natureza e os riscos da cirurgia, mas também seus possíveis benefícios. "Puxa! Aqueles caras estão bem."

De vez em quando, reunir informações não é suficiente para fazer uma escolha sábia. Algumas pessoas talvez precisem adquirir uma perspectiva mais ampla a respeito de suas opções e escolhas, aprendendo a entrar em contato diretamente com sua sabedoria interior, através de diversas técnicas e disciplinas, como a meditação, reflexão e outras. O atual interesse na exploração da consciência, predominante em nossa sociedade, aumentou o número de pessoas familiarizadas com essas técnicas e a tendência é que esse número continue a aumentar. Essas pessoas tomam decisões importantes em suas vidas, partindo de uma estrutura de referência mais ampla, que abrange a percepção de seus próprios objetivos e direção na vida, assim como do significado e objetivo da vida humana em geral. Portanto, os valores, aspirações e prioridades que compreenderam à luz dessa perspectiva ampla são utilizados para orientar as escolhas que realizam na vida cotidiana.

O acesso a uma perspectiva mais vasta é facilitado pelo profissional da saúde, com técnicas simples como as visualizações descritas no capítulo 2, que permitem que os pacientes considerem seus problemas de forma diferente, mais completa. Os sentimentos, preocupações e pensamentos que impediram a escolha de determinadas opções podem ser explorados, e os conflitos, resolvidos. A mulher que adquiriu uma visão mais clara de seu útero, citada no capítulo 2, é um exemplo da utilidade dessa estratégia na tomada de decisões.

Também é importante reconhecer que a vontade é um potencial próprio do homem, embora para muitas pessoas ainda não seja uma realidade. Algumas não sabem escolher conscientemente ou utilizar sua vontade para efetivar suas escolhas. Outras precisam fortalecer sua vontade. Outras, ainda, simplesmente precisam voltar sua atenção para a oportunidade de escolher. Algumas vezes, é difícil saber se as pessoas *escolheram* não agir em circunstâncias que aparentemente atenderiam às suas necessidades físicas — como aconteceu com a senhora que tinha câncer no maxilar — ou se elas não *sabem* que podem agir dessa maneira, ou ainda se são *incapazes* de agir em seu próprio interesse, como Paul, mencionado no capítulo 2. Indivíduos capazes de utilizar a vontade, mas que a empregam de maneira autodestrutiva, talvez precisem adquirir maior conhecimento sobre a parte de si mesmos que está realizando a escolha, e aprender a agir dentro de uma percepção mais aguçada de si mesmos. Uma pessoa como Mark, que reconhece, mas é incapaz de realizar uma ação sábia, talvez precise fortalecer e desenvolver a vontade, aprendendo técnicas para colocá-la em prática.

Para ajudar as pessoas a escolher com liberdade talvez seja necessário aprender a reconhecer quando elas estão conscientes das es-

colhas ou quando estão simplesmente se deixando levar pela corrente dos acontecimentos. Embora todos os dias façamos inúmeras escolhas — o que iremos almoçar, se iremos ou não trabalhar, o que iremos vestir e tantas outras —, muitas pessoas estão surpreendentemente inconscientes dessas escolhas. A inconsciência talvez nos faça sentir que de um modo geral somos reagentes e não agentes; que vivemos automaticamente e não conscientemente.

Muitas pessoas descobriram que a doença estimula a percepção das escolhas, desafiando dramaticamente as opções que, sem saber, fizeram durante muitos anos. Com o surgimento da doença, as opções ficam limitadas e elas são forçadas a cancelar planos, desistir de sonhos e realizar mudanças indesejadas nos padrões habituais de suas vidas e pensamentos. Algumas vezes, somente ao nos chocarmos contra uma barreira é que nos tornamos plenamente conscientes de que, em primeiro lugar, estávamos nos movimentando, para depois percebermos os recursos e a direção desse movimento. O segundo estágio da espiral da doença descrito no capítulo 3 revela o potencial da doença para aumentar a percepção individual de escolha e decisão.

Com muita freqüência, a doença *é* uma experiência de impotência. As pessoas doentes sentem-se pressionadas pelos acontecimentos, controladas, por assim dizer, por um sintoma físico que determina um modo de ação. O medo que acompanha a doença pode se originar, em parte, dessa sensação de impotência. Essa emoção talvez pareça inadequada e até irracional, se sua verdadeira fonte não for reconhecida pelo paciente e pela equipe médica. Uma exploração cuidadosa da natureza desses sentimentos comuns que acompanham a doença e a dor indica que muitas vezes a hospitalização, o diagnóstico e os métodos terapêuticos, ou até a própria doença, não são tão temidos quanto a sensação de sermos pessoas privadas de escolha, *indefesas* e *vitimadas.*

Embora isso possa ser em parte verdadeiro, conscientemente fazemos muito menos escolhas do que efetivamente somos capazes. Muitas pessoas, em situações de doença, decidem seguir o conselho do médico, confiando, com razão, em suas escolhas e concordando com elas. *Mas, a menos que conscientemente decidam se submeter a um método ou tratamento em lugar de se "deixarem levar", interiormente podem esperar que lhes imponham um curso de ação.* Com muita freqüência, ouvimos afirmações como: "Eu me submeti à cirurgia... realmente, não tive escolha". Certamente, a necessidade do procedimento é verdadeira, mas não a ausência de escolha. Essa atitude sugere uma paralisia da vontade, que pode levar a sentimentos desnecessários de impotência e vulnerabilidade.

Uma das ilusões mais comuns se refere ao pensamento de que a única forma de reagir a algo que parece ter sido exteriormente determinado é a oposição ou a passividade. Os adolescentes muitas vezes agem dessa forma, e nos fazem lembrar do jovem que resiste à idéia de freqüentar determinada escola simplesmente porque sua família deseja que o faça e porque ele precisa "escolher por si mesmo". Na verdade, não existe uma razão que o impeça de optar por freqüentar a escola determinada pelos pais e, ao mesmo tempo, fazer uma escolha real, pessoal e sincera. A chave consiste em se reconhecer por que a escolha está sendo feita — não para agradar aos pais, mas a partir da percepção de integridade pessoal e reconhecimento de necessidades pessoais.

É possível escolher livremente aquilo que é necessário ou até inevitável, e não apenas se deixar levar. Assim que se faz a escolha, a pessoa está livre para enfrentar o que está acontecendo, em lugar de desperdiçar energia resistindo inconsciente ou mesmo conscientemente às atitudes que está colocando em prática. De certo modo, esse tipo de escolha nos torna plenamente responsáveis por nossas condições, nossa vida e nossas ações. Talvez não façamos as coisas de maneira diferente, talvez ainda precisemos nos submeter à cirurgia ou hospitalização, desistindo de uma parte de nosso corpo ou adquirindo uma cicatriz, mas nossa experiência e nossa atitude serão diferentes. Em vez de sermos pressionados pelos acontecimentos exteriores, estamos avançando livremente com eles. Nosso autoconhecimento também será bem diferente. Adquirimos uma percepção mais ampla de nossa própria força e movimento ao confirmarmos um curso de ação que anteriormente nos parecia imposto e que seguimos mas que na realidade não aceitamos.

Uma escolha ativa pode trazer mais benefícios do que simplesmente atenuar um sentimento de impotência. É muito difícil viver com as conseqüências de algo que não se escolheu. É interessante considerarmos se a cicatriz da cirurgia não escolhida pode demorar mais a se fechar ou psicologicamente ser mais difícil conviver com ela. Na ausência da escolha deliberada, o ressentimento e resistência inconscientes prolongam o tempo de recuperação e cura, provocando um sentimento de raiva com relação ao corpo e ao médico.

Ao reconhecer o efeito da escolha deliberada de ações necessárias, especialmente aquelas que trarão conseqüências ao sentido de integridade e força do paciente, o profissional da saúde pode encorajá-lo a escolher conscientemente os métodos e os tratamentos como meio de atingir um objetivo desejado, em vez de simplesmente concordar com eles. A sensação de ter escolhido o inevitável e o necessário torna-se mais real se pudermos agir, embora com limitações, confirmando que realmente nós fizemos a escolha.

O caso seguinte conta a história de uma menina que foi capaz de agir dessa maneira.

Angie nascera com estritura uretral, um estreitamento do ducto da bexiga. Para corrigir o problema, precisava se submeter a uma dilatação, um procedimento que exigia anestesia geral. Logo após a internação em nossa enfermaria, o residente da pediatria me procurou manifestando preocupação com a menina de dez anos. Apesar da atitude habilidosa e sensível do médico, Angie não parara de chorar desde que a mãe se fora e resistia às tentativas de se deixar examinar, demonstrando muita raiva, chutando e batendo nele. "Onde está sua mãe?", perguntei. A mãe de Angie ficara meia hora na enfermaria — o suficiente para preencher os formulários e fornecer um resumo de sua história. Seu medo e ansiedade eram tão visíveis que o residente sugerira que o restante da história fosse registrado na manhã seguinte. "Ah! não!", disse a mãe de Angie. "Eu não estarei aqui pela manhã. Virei buscá-la mais tarde." Ela se levantou e começou a caminhar para a porta. O resto da história foi literalmente obtido a caminho dos elevadores. A curiosidade do residente fora despertada e, considerando-se as circunstâncias adversas, ele fez um trabalho admirável. Descobriu que a mãe de Angie tinha fobia por operações desde que se submetera a uma pequena cirurgia ginecológica. Contou que "me fizeram alguma coisa" enquanto estava sob anestesia, e acreditava que fosse essa a causa de sua esterilidade. Referiu-se à cirurgia de Angie como "dilatação uterina" em vez de "dilatação uretral" e mostrou-se preocupada que a cirurgia pudesse interferir na futura maternidade da menina. O residente tranqüilizou-a e então perguntou a respeito das experiências anteriores de Angie, com referência a cirurgias. A mãe contou um incidente ocorrido no ano anterior, quando ela e as duas filhas pequenas foram simultaneamente admitidas para se submeterem a uma amigdalectomia. A mãe fora incapaz de permanecer no hospital, e saíra deixando Angie e a irmã sozinhas para serem operadas na manhã seguinte. Mais ou menos nesse ponto da história, as portas do elevador se abriram e, murmurando uma desculpa, a mãe de Angie foi embora.

O residente voltou à enfermeira e começou a ler os registros anteriores a respeito de Angie. Na época da amigdalectomia, o anestesista fizera algumas anotações em sua ficha, que podem ser resumidas assim:

Menina muito assustada, totalmente não cooperativa — chutando e gritando, a despeito da medicação. Indução anestésica só pôde ser realizada pela restrição física. Indução difícil — a criança lutou durante cinco minutos, mesmo após a perda da consciência.

Portanto, o residente não se surpreendeu ao constatar que não era capaz de obter a colaboração de Angie, não podendo examiná-la. Sua angústia era tão grande que durante as horas seguintes ele tentara telefonar para a mãe dela diversas vezes, para lhe pedir que voltasse ao hospital. Ninguém atendeu aos telefonemas. Finalmente, ele me procurou sugerindo que dispensássemos Angie sem completar o atendimento.

O residente apresentou um argumento bastante convincente para essa decisão. Angie iria novamente se submeter à anestesia geral em menos de 24 horas; sua primeira experiência com cirurgia fora bastante penosa e a mãe era incapaz de apoiá-la. Ele achava que essa nova experiência seria muito assustadora e traumatizante para a menina. Talvez se devesse esperar mais um pouco, até ela ficar um pouco mais velha — ou se se pudesse ajudar a mãe a superar o próprio medo...

Embora sabendo do perigo de danos aos rins que poderiam resultar de sua condição, compreendi seu ponto de vista. Porém, também conseguia vislumbrar outras possibilidades para a situação. Angie não estava apenas muito assustada, encontrava-se também muito brava. Uma decisão fora tomada por ela, e a única maneira que conhecia para afirmar sua própria autoridade era escolher o contrário, dizendo *"Não"*.

Ela fora informada da cirurgia, mas não lhe deram uma oportunidade de decidir se aceitava ou não a decisão; se pudesse escolher, talvez percebesse sua habilidade para agir em benefício de suas próprias necessidades. Foi o que sugeri ao residente. Embora duvidando que uma menina de dez anos fosse capaz disso, concordou em tentar. Juntos, fomos ver Angie e discutir o assunto com ela.

"Angie", disse eu, "por que você está aqui?". "Para ser operada." "Por que você precisa ser operada?" "Porque sinto dor quando faço xixi e molho as calcinhas na escola porque não consigo segurar." Começamos a discutir o que sentia por molhar as calcinhas e descobrimos sentimentos muito intensos. Esses acidentes involuntários deixavam-na envergonhada e faziam com que as outras crianças caçoassem dela, chamando-a de bebê.

O residente disse: "Angie, podemos dar um jeito para que isso não aconteça mais. Você gostaria?". Ela concordou com a cabeça. Encorajado, ele continuou: "Para que possamos dar um jeito, precisamos fazê-la dormir amanhã". Ela começou a gritar novamente: "Eu não quero que me façam dormir!".

Por entre lágrimas, ela disse que tinha medo da máscara, que segurariam a máscara em seu rosto como da última vez. Parecia ter medo de se sentir indefesa. Nossa conversa até aquele ponto deixou claro que Angie, embora tão jovem, desejava agir para resolver seu problema e precisava confirmar que estava escolhendo o procedimento, com o objetivo de satisfazer suas necessidades e metas. De repente, vi que, em vez de ser uma experiência de impotência, a anestesia poderia lhe oferecer a oportunidade de confirmar sua escolha pela ação.

"Você gostaria de colocar a máscara sozinha?", perguntei. "Gostaria." "Bem, vamos ver o que podemos fazer." Assim, fui conversar com a anestesista que cuidaria de Angie e expliquei a situação. Seria possível a menina colocar a máscara em si mesma? "Claro!", respondeu ela, "o agente que vou utilizar é inodoro e suficientemente forte para fazê-la adormecer após duas ou três inalações."

Ela me acompanhou, levando uma máscara idêntica à que Angie iria utilizar no dia seguinte. Angie a examinou com cuidado e lentamente colocou-a sobre o nariz e a boca. "Assim?", perguntou. "Certo!" A anestesista explicou que, de manhã bem cedo, Angie tomaria uma injeção que a deixaria relaxada e um pouco sonolenta. Então, ela seria levada numa maca e a anestesista lhe daria a máscara e ela mesma a colocaria, adormecendo em seguida.

Na manhã seguinte, durante as visitas, o residente disse que tudo correra muito bem. A anestesista contou que dera a máscara para Angie e que ela a colocara sobre o rosto e adormecera tranqüila e rapidamente. Parecia satisfeita. "Sabe, quando ela acordou na sala de recuperação, suas primeiras palavras foram: 'Eu mesma coloquei'."

Naquela tarde, a mãe de Angie foi à enfermaria para apanhá-la e levá-la para casa. Parecia mais assustada do que antes. Perguntou se a cirurgia correra bem. O residente começou a lhe contar o que acontecera, mas ela o interrompeu dizendo: "Bem, acabou — podemos ir agora?". A última vez que ele viu Angie, ela estava sendo arrastada pela mão em direção à porta da enfermaria, por sua ansiosa e apressada mãe.

Como muitas pessoas, Angie parecia ter mais medo de se sentir indefesa, "sem escolha", do que da própria cirurgia. Ao reconhecer a origem do medo de Angie e auxiliando-a a conscientemente escolher e confirmar sua escolha pela ação, a equipe profissional ajudou-a a transformar uma experiência traumatizante numa outra, capaz de melhorar sua saúde e a crença nela mesma. Sua experiência é o oposto daquela vivida por Mark, descrita na página 157, cujo medo da anestesia e da sensação de impotência persistiu durante trinta anos. Embora provavelmente ela não consiga explicar essa autoconfiança através de palavras, é algo que poderá se lembrar e confiantemente evocar no futuro.

A escolha verdadeiramente consciente também nos oferece a opção de abandonar alternativas e agir livremente dentro de determinada realidade. Quando nos deixamos levar pelo turbilhão dos acontecimentos sem fazer uma escolha, geralmente não abandonamos realidades alternativas e talvez não aceitemos totalmente o que é real, deixando assim de participar deles. Muitas vezes, uma pessoa concentrou sua atenção em uma única possibilidade: que uma criança nascerá de parto natural e não precisará ser realizada uma cesariana, que um diagnóstico será "tumor benigno" e não câncer, que uma perna machucada não precisará ser amputada. Quando os acontecimento demonstram o contrário, é preciso abandonar esses "futuros alternativos" para mobilizar nossas forças e enfrentar o que realmente está acontecendo.

Quando isso não sucede, grande parte de nossos pensamentos e sentimentos fica limitada ao que poderia ou deveria ter acontecido, restringindo a energia para viver o mais plenamente possível e aproveitar ao máximo aquilo que temos. A escolha de nossa direção, assim como a decisão de abandonar as coisas que estamos deixando para trás, é uma habilidade difícil e importante. Mas, para uma plena participação, com domínio total de nossos recursos, precisamos escolher não apenas nos submeter à cirurgia, mas também abandonar o "futuro alternativo", em que a cirurgia não seria necessária ou a doença não ocorreria.

Há uma outra dimensão da experiência que pode se tornar objeto de uma escolha consciente. Na introdução do livro de Viktor Frankl sobre campos de concentração, *Man's Search for Meaning*,* Gordon Allport descreve essa opção como "o último dos privilégios humanos — a capacidade de escolher nossa atitude num determinado conjunto de circunstâncias". Confrontados com a doença ou o sofrimento, podemos decidir considerá-los como um desastre ou como uma oportunidade de aprendizado. Avançamos rumo ao desconhecido com medo ou curiosidade. Consideramos um evento como o final de alguma coisa antiga ou o início de algo novo. Quando essa capacidade é reconhecida e utilizada com sabedoria, modificamos a natureza de nossa experiência e aprofundamos a qualidade de nossa vida.

Podemos também escolher nossa atitude com relação a nós mesmos. Em situações semelhantes, podemos nos considerar vítimas ou sobreviventes, fortes ou fracos, limitados ou desafiados. As escolhas proporcionam uma estrutura a partir da qual podemos viver nossa vida, moldar nossos relacionamentos e governar nosso futuro.

---

* Viktor E. Frankl, *Man's Search for Meaning*, Simon & Schuster, Nova York, 1970.

A discussão sobre a liberdade de escolha seria incompleta sem uma referência à resistência, muito comum, oposta à escolha consciente. É importante reconhecer e aceitar que muitas pessoas não desejam fazer escolhas em suas vidas. Cada um de nós é nitidamente responsável pelo resultado de nossas escolhas. Muitas pessoas sentem medo de responder por suas escolhas ou talvez desejem ocultar suas escolhas, *até de si mesmas*.

Naturalmente, a criação de uma doença é uma técnica clássica para se evitar uma escolha visível. Ficamos doentes quando existe uma tarefa desagradável a ser realizada ou quando realmente não desejamos comparecer a um compromisso ou encontro, e assim escolhemos e ao mesmo tempo evitamos quaisquer conseqüências desagradáveis de nossa escolha. Esse mesmo mecanismo, como todo médico sabe, é adotado *inconscientemente* por algumas pessoas como uma forma de evitar conseqüências dolorosas de sua escolha. *De certo modo, a pessoa que não utiliza a vontade para realizar suas escolhas está inconscientemente usando seu corpo para realizá-las em seu lugar.* É interessante refletir que aqui pode estar atuando algum mecanismo mente-corpo ainda pouco compreendido. Isto é, uma pessoa pode inconscientemente utilizar a doença em lugar da escolha como um meio para atingir determinado objetivo. Dessa maneira, alguém consegue aquilo que precisa ou que deseja evitando a responsabilidade e possíveis culpas; porém, o preço a se pago pode ser o da doença verdadeira e não inventada.

O exemplo seguinte, escrito por uma enfermeira, sugere esse curioso relacionamento mente-corpo.

Meu tio trabalhava há quarenta anos como chefe de seção de uma pequena fábrica de bandeiras e faixas para anunciar grandes acontecimentos. Meu tio é muito trabalhador. Ele é esse tipo de pessoa.

Há quatro anos, soube-se que estava com diabetes, que até sete meses atrás, quando começou a ficar deprimido, era muito branda. Naquela época, conversei com ele por telefone. Contou-me como era duro ter trabalhado durante toda a vida, e que agora ele e minha tia estavam envelhecendo e desejava se aposentar. Aí eu perguntei: "Por que você não deixa o emprego?". "Não posso", respondeu. "Por que não?" "Não posso abandonar o patrão."

Fiquei espantada. "Você quer dizer que, se deixar o emprego depois de ter trabalhado seis dias por semana durante quarenta anos, você estará abandonando seu chefe?" "Bem, não posso fazê-lo e sinto-me deprimido a respeito do assunto. Vamos falar sobre outras coisas." Conversamos mais um pouco e, então, desliguei o telefone.

Nos meses seguintes, ele se tornou ainda mais deprimido e começou a dormir e a se alimentar muito mal. Ele realmente desejava se aposentar, mas se sentia incapaz de colocar em prática a sua escolha. Durante essa época os negócios estavam ruins. A firma começou a perder dinheiro, meu tio precisou despedir a maioria dos empregados e aceitar a metade do seu salário normal. Contou-me que seu chefe, além de gritar com ele, culpava-o pelos problemas que estavam acontecendo. As coisas começaram a ir de mal a pior e o estado de espírito do meu tio passou a afetar sua diabetes. Uma grande quantidade de açúcar estava sendo expelida pela urina.

Comecei a ficar preocupada e voltei a perguntar: "Por que você não pára de trabalhar?". Ele respondeu: "Quem pode escolher? E, de qualquer forma, a fábrica logo irá à falência; assim, só preciso esperar um pouco". Mas a tensão aumentava. Ele começou a se sentir muito fraco e doente e pela primeira vez em quarenta anos faltou ao trabalho. Seu patrão lhe telefonou e gritou com ele, e minha tia disse que meu tio não estava se sentindo bem. Comecei a achar que sua doença era uma maneira de conseguir aquilo que desejava, mas que não podia realizar por si mesmo.

Continuei a fazer perguntas: "Por que você não lhe diz que não quer mais trabalhar para ele?". "Não posso fazer isso", respondeu. "Você quer dizer que *não quer* fazer isso". "Não posso, não quero, qual a diferença?" "Tio", disse eu, "toda a diferença do mundo." "Ahh..."

Tudo acabou de maneira bastante simples. Um dia, ele foi trabalhar sentindo-se mal, o patrão começou a gritar de novo, injustamente, culpando-o pelos problemas e acusando-o de ser um mau administrador. De repente, no meio da discussão, meu tio começou a gritar também. Ele berrou: "Eu *não posso* mais agüentar isso". "Então, Mary", contou-me, "lembrei do que você me disse e falei: '*Não quero* mais agüentar isso, eu vou embora!'. E fui para casa me deitar".

Uma semana depois, ele já estava ativo e começava a se alimentar novamente. A depressão desaparecera e ele e minha tia começaram a fazer planos e a esperar ansiosamente pelos momentos que poderiam passar juntos e com os amigos.

Mary ajudou o tio quando lhe perguntou se aquilo que estava dizendo — por meio de palavras ou ações — seria mais bem expresso pela frase "Eu não quero" ou por "Eu não posso". Essa técnica simples muitas vezes é eficaz para esclarecer as pessoas que se sentem "paralisadas" de que *podem* escolher. "Eu não posso" pode ser considerada uma afirmação de incapacidade ou impotência; "Eu não quero", uma afirmação de escolha. Portanto, "Eu não quero" encerra a liberdade do "Eu farei", enquanto "Eu não posso" não inclui nenhuma liberdade de ação. Mas "Eu não posso" é uma das frases mais ouvidas pelos médicos, e, embora muitas vezes seja adequada e *realmente verdadeira*, com freqüência não é *tão* verdadeira quanto o paciente imagina. Geralmente, ela oculta um intenso "Eu não quero" do qual nem o paciente nem o profissional estão conscientes. Mostrar isso às pessoas, como nesse caso, pode finalmente tornar claro que a opção de escolha se encontra aberta e que não é necessário ficar doente para se viver de maneira diferente. Essa técnica simples é útil para destruir uma falsa sensação de impotência e devolver ao paciente a percepção de sua verdadeira força e liberdade pessoais. Obviamente, este capítulo se refere apenas superficialmente a essas questões tão complexas. É necessário nos aprofundarmos no estudo da natureza da vontade para adquirir um domínio maior sobre a qualidade de nossa vida. Precisamos compreender melhor a dinâmica e os mecanismos de nossas escolhas cotidianas, assim como investigar e pesquisar mais as outras esferas de ação da vontade, como *a vontade de viver*.

Esse conceito, comum no folclore e nas lendas, talvez seja o relacionamento mais antigo supostamente existente entre a vontade, a saúde e a cura. Existem muitos casos na medicina, bastante engraçados, que se referem à vontade de viver, inúmeras histórias sobre pessoas que morrem por razões insuficientes e outras que vivem, a despeito de enormes dificuldades. Embora esses casos sejam comuns na experiência dos profissionais da saúde, esse tipo de vontade não foi totalmente explorado, pois anteriormente era considerado um fenômeno quase místico e insondável que ultrapassa a esfera do racional. O alcance do racional está rapidamente se ampliando e conceitos como a vontade de viver estão começando a parecer dignos da sistemática atenção que tanto merecem. Uma avaliação diferente desses tipos comuns de anedota desperta algumas perguntas interessantes e críticas: A vontade de viver existe? As atitudes são uma força real na determinação de quem fica doente ou não... quem reage à terapia e quem não reage? A vida, em si mesma, e não apenas a qualidade da vida, é uma questão real de escolha individual num nível mais profundo? E a mais curiosa delas: Existe uma maneira para se trabalhar essa vontade, despertando-a nas pessoas, em períodos de tensão?

Os dramáticos episódios a respeito da vontade de viver não são os únicos que vêm à nossa mente. De forma geral, pessoas que não tomam os medicamentos necessários, que "não podem" manter compromissos e que insistem em fumar demais, comer demais e outros abusos, podem estar tendo algum tipo de problema com sua vontade de viver.

O potencial de nossas escolhas para moldar as condições de nossa vida, assim como sua qualidade e duração, é enorme. À medida que se tornam mais capazes de escolher com liberdade e consciência, as pessoas adquirem a segurança interior de saber que podem depender de si mesmas, dirigir-se às metas escolhidas e melhorar sua saúde e sua vida.

A saúde das pessoas precisa de um sistema médico que aproveite todas as oportunidades para esclarecer opções e favorecer a habilidade de escolher com liberdade e sabedoria. Assim, de certo modo, a obrigação de promover a saúde e o bem-estar envolve um compromisso com a livre escolha, para apoiar e desenvolver essa força vital que existe dentro de cada pessoa, doente ou saudável.

6

Carinho cooperativo

A adoção de uma visão da natureza humana como um processo dinâmico e evolucionário é um convite à ampliação de nossas idéias sobre saúde e doença, à refocalização dos objetivos dos sistema médico e, finalmente, à redefinição da estrutura e da natureza dos relacionamentos envolvidos nos cuidados da saúde. Se há uma forma mais saudável de se ter uma doença, é necessário nos perguntarmos sob que circunstâncias e em que tipo de relacionamentos esse objetivo pode ser mais bem alcançado. Neste capítulo final, examinaremos algumas dessas questões, bem como algumas das barreiras que impedem uma interação, além de sugerir uma relação paciente/profissional suficientemente flexível para permitir o pleno florescimento do potencial humano.

Para existir maior realismo nos cuidados da saúde, é preciso que seus papéis e relacionamentos se originem de um senso de propósito mais preciso. O principal objetivo do sistema médico é auxiliar as pessoas a adquirir melhor saúde física: ampliar sua percepção das formas disponíveis para solucionar as doenças, reduzir as limitações e sofrimentos desnecessários e agir para que a saúde se mantenha no nível mais elevado possível. Se os profissionais da saúde pretendem alcançar esse objetivo baseados no princípio de afirmação da vida e de apoio ao crescimento, em vez da negação da morte e preservação do *status quo*, eles precisam estar sempre conscientes do contexto de seu trabalho — vendo a si mesmos como participantes de um relacionamento com as pessoas e com a doença.

Isso não significa que a medicina contemporânea ignore a "pessoa inteira". Na verdade, seria difícil encontrar um profissional da saúde que não concordasse com a noção de que o carinho é um importante aspecto da medicina ou que a atenção à pessoa inteira é outro importante fator. Mas devemos admitir que, embora essas opiniões sejam amplamente adotadas de forma intelectual e, muitas vezes, profundamente sentidas em nível emocional, talvez não se manifestem em atos. Freqüentemente, essas funções vitais dos cuidados com a saúde não são demonstradas pelas pessoas que atuam nas áreas de saúde, sendo relegadas a determinados profissionais cujas carreiras se baseiam na representação desse papel. Se o paciente está deprimido, chame um psiquiatra; se tem problemas em casa, recorra a um assistente social; se pensa que a vida não tem sentido, converse com um padre.

Qualquer exame imparcial do sistema de saúde vai concluir que a preocupação com a "pessoa inteira" muitas vezes é percebida como um ideal, difícil de ser incorporado à prática cotidiana. O que impede os profissionais de cumprir esse ideal em que acreditam, embora muitos possam realmente desejar alcançá-lo? A primeira coisa que vem à mente são questões como limitações de tempo e econômicas, embora as razões possam ser mais profundas, exigindo uma avaliação do efeito que os papéis de médico ou de enfermeira têm sobre o ser humano.

Um profissional da saúde é uma pessoa que sofreu profundas modificações como resultado do treinamento especializado, do conhecimento e da experiência; são pessoas diariamente expostas à dor, à doença e à morte, para quem essas experiências não são mais conceitos abstratos, mas, sim, realidades comuns. De muitas maneiras, é como estar sentado na poltrona da primeira fila no teatro da vida, uma oportunidade inigualável para adquirir um profundo conhecimento e maior compreensão da natureza humana.

Todos os dias, os profissionais da saúde se vêem confrontados com a vulnerabilidade humana, que aprendem a perceber durante o treinamento, e, diariamente, também encontram o espectro total da força e capacidade de recuperação humanas, as quais não percebem, pois não foram treinados para isso. Porém, se não houver capacidade e habilidade para enxergá-las, a vulnerabilidade pode se tornar esmagadora e dolorosa, fazendo com que eles se afastem e se distanciem na tentativa de se defenderem através de atitudes que os tornam mais frágeis e menos atuantes.

Mas, para cuidar da "pessoa inteira", é preciso estar presente como uma "pessoa inteira"; do contrário, a capacidade para compreender, responder e se relacionar torna-se limitada. A compreensão adquirida nessa tarefa complexa e estimulante é vivamente expressa nos comentários de um experiente médico:

> Minha própria experiência anterior está presente em cada novo relacionamento com um paciente. Quanto mais rica minha experiência, mais me sinto capaz de compreender o outro. Se já me senti preso dentro de mim mesmo, posso perceber como o paciente está confuso. Se já resisti a mudanças em mim mesmo, conheço a intensidade de sua luta. Se já experimentei minha própria tristeza ou fraqueza e consegui alcançar a felicidade ou a força, estou consciente do potencial que existe no paciente. Posso compartilhar sua excitação ao descobrir um processo semelhante. Quanto

mais tiver vivenciado a universalidade de minha própria natureza humana, através da família ou de amigos, da literatura ou do teatro, de um processo conjunto ou muitas outras maneiras de se valorizar nossa própria unicidade, mais posso sentir compaixão, pois minha luta é a dele, e a dele é a minha.

Portanto, essa é a questão: será possível que as pessoas que trabalham em circunstâncias tão tensas e difíceis aprendem a encontrar maneiras de estar totalmente presentes em seu trabalho sem que se sintam aflitas e dominadas pela dor, tristeza e perda que as rodeiam? Paradoxalmente, os aspectos que muitos profissionais relutam em levar ao trabalho podem se tornar as forças e recursos que necessitam para torná-los menos, e não mais, vulneráveis. As qualidades humanas que capacitam o paciente a enfrentar de modo mais eficaz a tensão da doença são igualmente úteis para que o profissional enfrente essa mesma tensão. Sem energia emocional, intuição, sabedoria, imaginação, criatividade, fé e senso de propósito e significado, o profissional da saúde facilmente fica esgotado e realmente bastante vulnerável.

Levar essa dimensão pessoal para a prática nos cuidados da saúde não é uma tarefa fácil e pode até mesmo se tornar mais difícil em virtude da imagem profissional predominante. A imagem profissional é um dos principais mecanismos através dos quais cada profissão perpetua práticas e atitudes habituais. A imagem contemporânea, embora em transformação, ainda não inclui o profissional como uma pessoa inteira. Particularmente, não estimula a desenvoltura para explorar e manifestar a experiência interior ou uma resposta honesta à experiência interior das outras pessoas. Ao contrário, parece exaltar uma certa distância e ausência de envolvimento pessoal, uma postura que o cientista físico valoriza como a demonstração da objetividade necessária para que o observador possa compreender melhor o observado.

Mas a prática da medicina difere da das ciências físicas. *Embora na medicina existam momentos em que essa postura objetiva se faz necessária, há muitas situações em que a distância, em vez de favorecer uma compreensão melhor, pode na verdade impedi-la. Sem uma sensível percepção dos sentimentos, sem mencionar os aspectos humanos mais elevados, como valores, objetivos e significado, não é fácil promover a saúde humana, pois o comportamento do homem geralmente é motivado por sentimentos, crenças, esperanças ou aspirações, bem como pelos pensamentos.* Para que o sistema médico intervenha de forma inteligente no processo da doença, talvez seja preciso que os profissionais aceitem, compreendam e manifestem de forma mais abrangente a totalidade de sua própria natureza humana, para compreender e promover a totalidade dos outros. A imagem do profissional torna-se assim uma barreira real para essa tarefa.

Os termos "médico" ou "enfermeira" exercem sobre o profissional o mesmo efeito dos termos "epiléptico" ou "diabético" sobre o paciente. Todas essas classificações fazem parte de sistemas de crenças, e as expectativas que criam em nós e nos outros são ao mesmo tempo limitantes e estimulantes. Essas expectativas podem vir a definir não somente os limites do comportamento e preocupações aceitáveis, mas também a percepção de quem somos, de nossa verdadeira identidade. Para o profissional, muitas autocrenças e auto-expectativas fazem parte de um código profissional comumente aceito.

Por exemplo, uma das maneiras de um médico elogiar outro médico consiste em dizer que ele lidou com a situação com "muito profissionalismo" ou que se comportou "profissionalmente". Essa imagem difusa de profissionalismo também influencia sutilmente outros profissionais da saúde, estabelecendo, por assim dizer, um padrão inconsciente nos cuidados do paciente.

Mas o que é esse padrão "profissional" de comportamento, que desperta admiração e, por conseguinte, reforça as atitudes de nossos colegas? Obviamente, a competência profissional, o uso habilidoso da razão e da técnica, o sucesso como resultado do diagnóstico e da terapia são uma parte importante da imagem do comportamento "profissional". Outra importante parte inclui as qualidades de bom julgamento e da ação rápida e decisiva. Não é preciso elogiar essas qualidades; elas são essenciais, vitais e básicas.

Entretanto, a imagem profissional, presente desde o primeiro dia de treinamento, enfatiza a idéia de que o médico, para ser um "profissional", deve *primeiramente* ser investigador, observador, catalogador, analista e técnico. Como "profissionais", eles se envolvem na coleta de informações. São encorajados a desenvolver um toque sensível, principalmente com o objetivo de favorecer o diagnóstico. Desenvolvem a habilidade de captar os sentimentos do paciente, principalmente para determinar uma "neurose", "reação de ansiedade", "depressão reativa", ou "sintomas de fundo psicossomático". Utilizam a intuição clínica, mas não a consideram seriamente como um aspecto a ser deliberadamente cultivado e utilizado ou como algo que podem discutir abertamente em reuniões com outros profissionais.

No relacionamento com pacientes, espera-se que sejam imparciais, infalíveis, racionais, incansáveis, auto-suficientes, honestos, totalmente responsáveis, eficientes, competentes e oniscientes, dia após dia, ano após ano. Com freqüência, é isso que os pacientes esperam deles; com certeza, os colegas também. Não nos surpreende que passem a esperar o mesmo de si mesmos. As auto-expectativas fazem com que os profissionais se considerem radicalmente diferentes daqueles que procuram sua ajuda, e a premissa básica de que médico e paciente compartilham forças humanas, perspectivas e *insights* comuns que podem ser utilizados em direção a um objetivo comum — o de elevar ao máximo a saúde do paciente — pode ser esquecida. A suposição de que esses papéis profissionais se fundamentam nas necessidades dos pacientes e a pressão da sociedade para que sejam aceitos motivam o profissional da saúde a lutar para manter essa imagem e resistir ao desenvolvimento de ações e interações mais humanas. Entretanto, esses papéis são mantidos à custa de um alto preço para o indivíduo. O índice de divórcios, de suicídios e a incidência de doenças provocadas pela tensão, como enxaquecas, úlceras e pressão sanguínea elevada, são muito maiores entre os profissionais da saúde do que entre profissionais de outras áreas e do público em geral. Talvez isso aconteça, em parte, porque muitos profissionais acreditam ser preciso suprimir determinados aspectos de sua natureza humana e assumir uma postura reprimida, durante a maior parte do tempo.

Essa penetrante imagem profissional gera uma imagem correspondente do "bom paciente". Em resposta a essa imagem, os pacientes criam expectativas a seu próprio respeito, igualmente irrealistas, que limitam sua capacidade de utilizar todos os recursos de que dispõem para reagir à doença.

O "bom paciente":
- É totalmente cooperativo.
- Confia de modo absoluto no profissional e não questiona os motivos ou os objetivos de testes ou terapias.
- Não é curioso.
- Não exige que o profissional dedique muito tempo a ele.
- Não tem parentes que possam ficar exaltados ou que exijam explicações.
- Mantém suas emoções sob controle; é estóico com relação à dor.
- É um observador cuidadoso e preciso dos sintomas e um perfeito conhecedor do seu histórico passado.
- Cura-se com rapidez e não apresenta complicações.
- Tem uma doença física que pode ser diagnosticada e curada.
- Não se torna um doente crônico nem morre.

Poucos seres humanos realmente se encaixam na imagem de profissional ou de paciente. O esforço para satisfazer essas expectativas irreais empobrece o relacionamento profissional/paciente e torna a experiência da doença e da prática dos cuidados com a saúde uma prática muito mais solitária do que o necessário.

O que terá sido sacrificado na educação que conduziu a essa imagem do médico e do seu relacionamento com o paciente? Parecem estar faltando algumas qualidades. Há poucas alusões ao carinho humano — ao fato de que o paciente procura o médico como um ser humano e que o médico responda com carinho, não apenas como médico, mas como outro ser humano. Não há nenhuma exigência para que os médicos aceitem a fragilidade e as forças de sua própria humanidade e, portanto, aceitem a fragilidade e as forças dos outros. O médico não é ativamente estimulado a aceitar e canalizar seus próprios sentimentos, ou a procurar compreender os sentimentos do paciente como elementos importantes e úteis para o restabelecimento da saúde, em lugar de considerá-los inconvenientes e obstrutivos na busca desse objetivo.

Não é sugerido ao médico que toque o paciente a não ser para obter informações clínicas, embora o toque carinhoso possa ser uma forma importante de se oferecer o conforto que somente um ser humano pode dar a outro ser humano, fazendo com que o paciente se sinta menos solitário em sua doença.

O médico não encontra apoio para buscar maneiras de descobrir o significado que a doença tem para o paciente ou o significado que seu trabalho profissional tem para ele próprio, embora o senso de significado possa ser um dos principais apoios em momentos difíceis.

E, finalmente, o médico não é sistematicamente ensinado a assumir, como parte de sua função, a responsabilidade de prover o crescimento do paciente como pessoa — um crescimento que se baseia na percepção da criatura que é o paciente e que ele é mais do que apenas a sua doença. Os médicos não são educados para reconhecer a força do paciente, nem para desenvolver as habilidades necessárias à colaboração com essa força, por mais que desejem fazê-lo. Existem poucos cursos no treinamento profissional que permitem aos profissionais aprender a colocar o paciente em contato com suas energias, melhorando sua percepção sobre a própria integridade, totalidade e capacidade para a cura.

Na verdade, a questão não é saber como o profissional pode cuidar da pessoa inteira, mas, sim, *como pode, enquanto uma pessoa inteira, interessar-se pelo outro como um todo*. Esse interesse exige que os profissionais também se encontrem presentes como pessoas completas, respondendo às necessidades do paciente com todos os aspectos de sua própria natureza: com a mente, intuição, *insight*, sabedoria, sentimento e compaixão. Esse tipo de resposta pode ser chamado de "uso terapêutico do *self*", a utilização de todos os recursos humanos do profissional para atender e favorecer o processo de cura. Ao discutir esse tipo de cuidado, Joyce Travelbee diz:

O uso terapêutico do *self* exige a utilização do raciocínio e do intelecto... não a atuação intuitiva ou métodos aleatórios... exige disciplina e *insight*, raciocínio e empatia, lógica e compaixão. O intelecto dirige as emoções sem, contudo, reprimi-las. Há um equilíbrio admirável entre eles; envolve o coração e a mente educados, utilizados em conjunto para o bem do ser humano que é o paciente...*

Um dos maiores recursos do paciente não se encontra apenas em suas próprias forças humanas, mas também nas da enfermeira, médico, assistente social, amigos, família e todos os que se preocupam com seu bem-estar. Os profissionais talvez precisem encontrar, em muitos casos, a coragem de se afastar de sua imagem profissional para que mobilizem o recurso saudável presente em sua natureza humana, convidando o paciente a mobilizar as energias que também possui. Para favorecer um relacionamento mais amplo nos cuidados com a saúde, profissionais e pacientes devem estar dispostos a abandonar algumas das atitudes e crenças que podemos estar levando para clínicas, consultórios e hospitais. Muitas dessas suposições têm relação com a importância de determinados aspectos da natureza humana — especialmente o significado, a intuição e a emoção — na tarefa que se tem pela frente.

Nestes últimos anos, tem crescido a convicção de que a saúde é profundamente influenciada tanto pela realidade subjetiva quanto pela objetiva, e esses aspectos do paciente estão se tornando objeto de atenção e preocupação. Mas, embora a legitimidade da experiência subjetiva do paciente esteja sendo cada vez mais aceita, para muitos a legitimidade da experiência subjetiva do profissional ainda está em discussão. Porém, ao aceitar a imagem do profissional e reprimir determinados aspectos críticos de sua experiência subjetiva, o profissional pode inadvertidamente estimular o paciente a reprimir esses mesmos aspectos de sua experiência. As regras do comportamento aceitável num relacionamento com freqüência são transmitidas de maneira clara e inconsciente. Se não é permitida a presença dos sentimentos do profissional numa sala de exame, o mesmo torna-se verdadeiro com relação às emoções do paciente. Os pacientes captam imediatamente o "profissionalismo" e podem hesitar em se revelar e compartilhar aspectos de sua experiência que são muito importantes para sua saúde e cura. Nessas situações, as pessoas não se relacionam e o profissional talvez não perceba tudo o que acontece nas salas de exames e clínicas que pode influenciar o comportamento posterior e a habilidade para melhorar a saúde física.

---

* J. Travelbee, *Interpersonal Aspects of Nursing*, F. A. Davis Company, Filadélfia, 2ª edição, 1976, p. 19.

A emoção parece ser a maior ameaça à auto-imagem do profissional, bem como a dimensão humana mais difícil de ser reincorporada aos relacionamentos contemporâneos nos cuidados da saúde. Porém, muitos profissionais talvez procurem encontrar formas para expressar seus sentimentos com relação aos pacientes e gostariam de ter o apoio de seus colegas.

Como médica interna do departamento de pediatria, eu era uma secreta beijadora de bebês. Embora gostasse do desafio intelectual do processo da doença e me orgulhasse de minhas habilidades técnicas e de diagnóstico, era o amor que sentia pelas crianças que me mantinha lá e fazia com que tudo tivesse um sentido. Eu rapidamente reconhecia que esse comportamento era "pouco profissional", e, sendo uma das raras mulheres da equipe, não podia me dar ao luxo de manter tal atitude. Assim, tarde da noite, alegando verificar a pressão sanguínea ou a troca de fraldas de uma criança, ia para a enfermaria e dava-lhe um beijo de boa-noite. Se houvesse um cobertor ou brinquedo favorito, eu me certificava de que estivessem perto da criança e, algumas vezes, se uma delas estivesse chorando, até lhe cantava uma pequena canção. Jamais mencionei a ninguém essa dimensão que fazia parte de meus cuidados, pois sentia que seria mal interpretada e que alguns até iriam rir de mim. O risco de perder o prestígio me deixava constrangida.

Certa tarde, estava no corredor conversando com o pai de uma criança quando, olhando por sobre seu ombro, vi Ed, o chefe dos residentes, inclinado sobre um berço, beijando a testa de um bebê que estava com leucemia. Naquele momento percebi que os outros também poderiam estar secretamente ultrapassando sua postura "profissional" e demonstrando carinho. Talvez houvesse uma maneira de conversarmos sobre isso — sermos mais abertos e solidários. Pensei nisso durante alguns dias e uma noite, quando estávamos esperando para entrar na sala de cirurgia para ver um bebê que iria nascer de cesariana, contei a Ed o que vira e como aquilo fora importante para mim. Embora estivéssemos sozinhos na sala dos residentes, Ed negou tudo. Embaraçada, não toquei mais no assunto. Durante o resto do ano continuamos a trabalhar juntos, em turnos de 36 horas de trabalho, com doze horas de folga. Tornamo-nos bons amigos, mas nunca mais mencionamos aquele fato.

Ed era um homem muito íntegro; jamais se precipitaria na interpretação de dados do laboratório e diria: "Eu não sei", se não soubesse traduzir as informações do teste. Mas ele teria de transcender, em poucos segundos, todo o seu perfil profissional e seu treinamento para admitir, honestamente, ter beijado um bebê doente, e isso era demais para se pedir a qualquer um. Muitos outros homens e mulheres teriam respondido da mesma maneira. Talvez até eu desse a mesma resposta se me fizessem essa pergunta. Demonstrar carinho diretamente e não através da disposição de trabalhar durante 36 horas ou da minuciosa atenção à literatura atual é uma transgressão a um código profissional muito grave.

Após anos de treinamento sem confiar nas emoções, é difícil para os profissionais reconhecerem a importância de se experimentar as próprias emoções com vistas a melhorar a qualidade dos cuidados oferecidos. Aprendendo de forma implícita que as emoções irão, de algum modo, prejudicar seu raciocínio, seu julgamento e sua habilidade para agir de maneira decisiva, é embaraçoso admitir que com freqüência nutrem sentimentos com relação aos pacientes. Portanto, não é de surpreender que muitos profissionais da saúde reprimam seus sentimentos, acreditando que assim poderão atender melhor as pessoas.

Entretanto, as suposições sobre a natureza mutuamente exclusiva e polar de sentimentos e ações, sentimentos e pensamentos, não resistem a um exame minucioso. O carinho com freqüência é uma fonte de energia que permite a realização de um melhor trabalho mental; muitas das contribuições mais importantes à ciência médica e à sociedade em geral vieram de pessoas profundamente interessadas, que amavam seu trabalho e perseveravam até encontrar respostas e modificar situações. As emoções geralmente são a força motriz que atua por trás dos pensamentos e das ações. A ação rápida e decisiva do heroísmo e a ação constante e paciente da dedicação não são possíveis sem um sentimento profundo.

Um dos principais efeitos provocados pela repressão da emoção é o esgotamento psicológico dos profissionais. Parte dessa fadiga é atribuída à árdua natureza de seu trabalho; mas parte dela é devida à necessidade de negar constantemente as emoções para adquirir a objetividade necessária.

Mas será que esse tipo de objetividade é realmente útil para se oferecer um cuidado eficiente? Essa é uma objetividade que exclui aspectos importantes da pessoa e da situação, tornando relativamente inacessíveis determinadas informações. Além disso, a repressão diária exige considerável energia psicológica que poderia ser mais bem utilizada de outras formas. Através da repressão, os profissionais perdem não apenas a força motivadora de seus sentimentos, mas, ao lidarem dessa forma com seus sentimentos, adquirem muita influência sobre nossos próprios pensamentos e ações. Muitas pessoas, aparentemente racionais, não têm consciência da freqüência com que utilizam seus processos mentais para encontrar fundamento lógico e motivos para realizar o que seus sentimentos reprimidos desejam que façam. Nessas circunstâncias, é muito difícil se obter uma verdadeira lucidez mental. Parece que atingimos um ponto em que o cultivo dessa prática se tornou muito caro em termos de cuidados eficientes e satisfação profissional.

Paradoxalmente, a noção errônea de colocar em prática a verdadeira intensidade de seu carinho faz com que os profissionais se mantenham distantes. A conquista de *uma objetividade, inclusive na presença de uma profunda preocupação*, é uma tarefa complexa na prática da medicina e um eterno problema das profissões envolvidas na ajuda às pessoas. Parece importante que o profissional desenvolva habilidades para utilizar os sentimentos de maneira a motivar pensamento e ação, que *aprenda a sentir plenamente suas emoções sem, contudo, ser dominado por elas*. A habilidade da *desidentificação*, discutida no capítulo 2, é tão útil para o profissional quanto para o paciente. A capacidade de nos afastarmos de nossos sentimentos, ao mesmo tempo que permanecemos conscientes deles, é o primeiro passo para utilizá-los como uma força motriz, permitindo-nos abrir uma variedade de opções de expressão, de acordo com as necessidades de cada paciente.

Após uma certa prática na desidentificação de seus sentimentos, um médico descreve sua experiência da seguinte maneira:

Digamos que eu esteja em casa jantando e ocorra um acidente em frente à minha casa. Ouço o barulho da colisão de um carro, e logo depois alguém começa a gritar de dor. Se consigo me desidentificar, posso reagir sentindo minha aflição pela desgraça ocorrida com outra pessoa, posso sentir minha compaixão, minha dedicação para diminuir a dor, minha tristeza, e até o medo de não chegar a tempo ou de não saber como ajudá-la. Se eu me *identificasse* com meus sentimentos, ficaria sentado e choraria. Mas, ao *experimentar* meus sentimentos e então me *desidentificar*, ao reconhecer minha emoção e depois *decidir utilizar a energia* de minha preocupação para motivar a ação partindo de outro lugar, mais mental, descubro que posso correr mais rápido, me lembrar melhor e agir com maior rapidez do que se fizesse o contrário.

E, à medida que penso e ajo, também consigo enxergar à minha frente não apenas uma tarefa a ser realizada, mas uma outra pessoa... cujos sentimentos posso compreender. Ao ser receptivo às minhas emoções, me torno mais receptivo às suas. Sei melhor o que ela sente e encontro palavras de conforto mais eficientes para diminuir sua solidão e medo de estar tão ferida. Geralmente, respondo e atendo às suas necessidades emocionais enquanto cuido de suas necessidades físicas. Atendo também às suas necessidades mentais, compartilhando informações a respeito de sua condição e do que está sendo feito para ajudá-la. Tudo isso em poucos segundos.

Que constraste com minha habitual maneira de fazer as coisas: antes, ouviria o barulho da colisão e, após anos de hábito, imediatamente reprimiria meus sentimentos... talvez reduzindo-os a uma única frase: "Droga! Gostaria que isso não tivesse acontecido". Então, deixaria o jantar e sairia para o local do acidente e realizaria um trabalho bem-feito, cuidando da pessoa cuja vida estava ameaçada. Provavelmente, estaria tão identificado com minha mente que poderia até mesmo me esquecer de falar com a pessoa acidentada. Se me lembrasse, talvez dissesse algo tranqüilizador como: "Sua perna está quebrada... ela já foi imobilizada; você vai ficar bom. Meu vizinho chamou a ambulância. Logo ela estará aqui". Essa conversa ajuda, mas é apenas um vestígio de um relacionamento humano completo.

No final desse encontro inesperado, talvez sentisse certo orgulho de meu desempenho, mas não acho que me sentiria tão completo ou pessoalmente satisfeito como me sinto agora. Talvez voltasse ao meu jantar, pensando amuado na comida fria. Duvido que sentisse ter estado completamente vivo e presente para uma outra pessoa, disposto a me dar em seu benefício. E como reprimi minha própria disponibilidade, não apenas para minhas emoções, mas também para meu *insight* e senso de significado, provavelmente não teria aprendido muito como pessoa... a respeito da coragem... da rapidez com que a vida pode mudar... da dedicação dos médicos... da capacidade para se confiar numa pessoa estranha em momentos de necessidade e ter essa confiança justificada. Como poderia aprender essas coisas se não me encontrasse realmente lá? Se estivesse presente apenas com a mente, só poderia ter visto e ouvido parcialmente.

Ao desenvolver essas habilidades, não é necessário que se decida ser um "profissional" e deixe de ser uma pessoa inteira, ser exato à custa de ser importante, e perder a oportunidade de compreender e aprender com os outros, ao mesmo tempo que cuidamos de suas doenças.

Assim como sentimos a emoção e decidimos quando e onde manifestá-la, também sentimos confortavelmente a emoção e decidimos não demonstrá-la. A habilidade na utilização precisa dos sentimentos é tão facilmente adquirida quanto a habilidade no uso preciso da mente, embora a princípio possa parecer mais difícil, por ser menos familiar. A manifestação da emoção de maneira a beneficiar os outros exige certa perspicácia e senso de oportunidade, que, com um pouco de experiência, logo se desenvolve.

Uma enfermeira recentemente submetida a uma cirurgia adquiriu *insight* sobre esse senso de oportunidade, durante sua internação. Antes da cirurgia, ela solicitou que lhe fizessem um teste que iria demonstrar a capacidade de seu corpo de deixar de sangrar após uma incisão. Estava bastante familiarizada com o teste, pois ela mesma já o realizara diversas vezes em outras pessoas. Ele consistia em cortar rapidamente a pele do antebraço com um bisturi bem afiado e então anotar cuidadosamente o tempo necessário para que a pequena incisão deixasse de sangrar e o sangue coagulasse. Porém, era bem diferente fazer o teste em si mesma, e ela estava aflita.

A despeito da aflição, conseguia manter a coragem. O técnico de laboratório que realizou o teste era um jovem muito gentil. Enquanto fazia os preparativos, olhou para ela e disse: "Detesto fazer esses testes. Cortar um outro ser humano é difícil para mim. Deve ser duro para você também".

Sua intenção foi boa, mas o efeito da afirmação não foi tão bom para a paciente. Ela ficou tão ansiosa que mal agüentou o teste até o final. Mais tarde, pensando nisso, percebeu que o técnico não apenas demonstrava seus sentimentos, mas também pedia de maneira sutil que ela fosse solidária... concordando com eles e compartilhando-os. Para ela, isso foi muito mais penoso do que o próprio teste.

Se a emoção partilhada pretende auxiliar o paciente, o senso de oportunidade é muito importante. Em momentos de medo ou ansiedade, as necessidades emocionais são mais bem atendidas através de uma abordagem gentil, suave e competente, pela evidente familiaridade com os métodos e pela habilidade em sua realização. O técnico poderia ter usado seus sentimentos para ajudá-lo a reconhecer os da paciente, respondendo às necessidades dela naquele momento. Mas, inconscientemente, pediu que ela atendesse às suas próprias necessidades. Se ele tivesse dito ao final do teste exatamente o que dissera no início, os dois poderiam ter discutido a dificuldade que ambos sentiram, a coragem exigida, podendo ter se aproximado e se apoiado mutuamente.

Com freqüência, os pacientes oferecem apoio emocional aos profissionais, talvez até espontaneamente, mas não à custa de seu próprio bem-estar emocional. O desafio consiste em se desenvolver a habilidade profissional de concentrar os sentimentos para poder acompanhar as necessidades dos pacientes; utilizá-los para compreender a posição dos outros — encurtando distâncias, diminuindo a solidão e demonstrando carinho e reconhecimento pela totalidade do outro, através de atitudes que possam ser compreendidas.

Mesmo quando nos desidentificamos com nossos sentimentos, eles ainda nos pertencem e geralmente provocam sofrimento. Para o profissional, a capacidade de aprender a abandonar uma emoção prejudicial é muito importante. Essa habilidade ainda não recebeu a atenção que merece, como parte da educação do profissional de saúde. Sentir a dor e a perda, sofrer por isso, é uma forma muito mais saudável de reagir do que reprimir a experiência. Para os profissionais, a habilidade de se libertar para obter a cura é muito valiosa, e eles deveriam reservar uma parte de seu tempo para esse fim. Parece que um ou dois dias ocasionalmente dedicados a esse objetivo talvez economizem muito tempo, evitando posteriores "esgotamentos" profissionais. Em geral, não é preciso muito tempo, apenas uma hora para dizer adeus a um paciente que morreu ou para abandonar a esperança de evitar uma difícil cirurgia ou chegar a um diagnóstico melhor é capaz de renovar a energia de um médico ou de uma enfermeira, garantindo que estejam continuamente presentes em sua prática.

É bem possível que os profissionais assumam a dor, o medo e a raiva dos pacientes mesmo sem terem plena consciência disso. Práticas simples que utilizam a imaginação podem ser preventivas e facilmente realizadas na prática cotidiana. A maioria dos profissionais lava as mãos após atender cada paciente e usa esse ritual para se lembrar de libertar quaisquer sentimentos assumidos e que possam, inconscientemente, afetá-los.

Para isso, existem diversas técnicas que parecem eficientes. É muito útil imaginar, enquanto se lavam as mãos, que se está sob o sol, permitindo que seu calor atravesse o corpo, diversas vezes, da cabeça aos pés, levando tudo embora. Técnicas respiratórias também constituem excelente ajuda nessa campo. Imaginar, enquanto se inspira, que a respiração vem do alto da cabeça e, enquanto se expira, que ela envolve o indivíduo e sai pelas mãos também é bastante útil para restaurar a energia. Essas técnicas são úteis para quem cuida de pessoas doentes, para amigos e familiares, bem como para os pacientes. Muitos profissionais adeptos dessas técnicas dizem que ao final do dia sentem-se menos cansados.

Assim como é importante reassumir e recuperar os sentimentos, também é importante ir além, levando para a prática profissional outros aspectos da experiência subjetiva. O simples fato de reassumir os sentimentos é um grande passo para aprofundar o relacionamento profissional/paciente, embora a natureza humana tenha muito mais elementos do que apenas a esfera emocional. Particularmente, os aspectos do inconsciente superior — entre eles, o significado e a intuição — são valiosos, pois proporcionam aos profissionais a energia necessária para continuar suas tarefas e aumentar a eficácia de seu trabalho.

A capacidade de conferir sentido às coisas é uma qualidade própria do ser humano e são poucas as tarefas difíceis realizadas sem que tenham algum sentido para o indivíduo. Para os profissionais, é valioso ter consciência do significado que conferem a seu trabalho e experiência. Muitas pessoas que decidiram se tornar médicos ou enfermeiros o fizeram devido a uma postura com relação à vida e às outras pessoas e pela escolha real de um tipo de relacionamento com a existência e com as criaturas. Muitos profissionais estão familiarizados com o efeito desse significado pessoal sobre sua habilidade para realizar esse árduo trabalho, uma vez que com freqüência ele os ajuda a perseverar durante os cansativos anos de treinamento, que não teriam suportado se o objetivo não fosse tão significativo. Entretanto, esse significado, que lhes foi tão útil enquanto estudantes, pode se perder devido às pressões do trabalho profissional.

A vida diária dos profissionais da saúde consiste na realização de muitas pequenas e rotineiras tarefas físicas, trocas de roupas, aplicação de injeções, exames de raios X, exames clínicos, infusões intravenosas etc. O próprio cuidado com os pacientes torna-se apenas a soma total dessas tarefas, e o significado maior, oculto em cada tarefa, pode não estar mais presente ou se tornar inconsciente.

É como se nos lembrássemos daquilo que precisamos fazer, mas tivéssemos esquecido, no momento, o que nos levou a fazê-lo e o porquê de estarmos fazendo. Assim, as tarefas tornam-se um fim em si mesmas e são confundidas com o objetivo pelo qual estão sendo realizadas. Ao reconhecermos e reexperimentarmos o valor que damos à vida de cada pessoa, e a motivação para ajudá-las a adquirir o melhor nível de bem-estar, transformamos essas tarefas em ações profundamente significativas, um meio voltado a esse fim — um significado que elas não possuem quando consideradas como um fim em si mesmas. A afirmação "Estou aqui para trocar suas roupas" conduz a uma experiência muito diferente da afirmação "Estou aqui para colaborar com sua cura e reafirmar a vida".

A importância de se tornar consciente do significado de uma tarefa é o tema de uma história apócrifa do livro de Assagioli, *The Act of Will*:

> Quando uma catedral medieval estava sendo construída, perguntaram a três operários que talhavam pedras: "O que vocês estão fazendo?". O primeiro respondeu, mal-humorado: "Como você pode ver, estou talhando pedras". O segundo: "Estou trabalhando para sustentar minha família". Mas o terceiro disse: "Estou construindo uma grande catedral". Todos eles estavam fazendo exatamente a mesma coisa, mas enquanto o primeiro tinha uma sensação de futilidade devido à natureza humilde e monótona do trabalho, o segundo encontrou nele um objetivo pessoal e o terceiro enxergou o objetivo maior de estar talhando pedras. Percebeu que, sem isso, a catedral não poderia ser construída e estava impregnado da alegria de participar desse objetivo tão expressivo.*

---

* Roberto Assagioli, *The Act of Will*, The Viking Press, Nova York, p. 110, 1973.

A alegria experimentada ao se realizar pequenas tarefas rotineiras que possuem um significado valioso com freqüência está tristemente ausente na prática da medicina contemporânea. A falta de alegria tem um papel causal no crescente predomínio daquilo que se denominou "esgotamento" ou "síndrome do médico esgotado" — a incapacidade de médicos e enfermeiras de continuar na prática de sua profissão, devido à falta de motivação e energia.

Os profissionais precisam proteger sua percepção do significado contra essa erosão diária, não apenas protegê-la, mas também mantê-la e ajudá-la a crescer. Os motivos que os levaram a escolher sua profissão são reais, e a alegria de satisfazer tais motivos diariamente, de maneira concreta, também é real. A percepção do significado do trabalho é uma das coisas mais valiosas que os profissionais devem promover, tanto para seu bem-estar quanto para o dos pacientes.

A preservação do significado não é uma função casual, mas uma disciplina diária, e talvez exija que os profissionais se lembrem, à medida que examinam cada paciente, da razão maior para estarem lá; para isso também é necessário abandonar metas irreais, como a de ser capaz de tratar e curar totalmente uma pessoa e se sentir culpado quando isso não for possível. Muitos pacientes se encontram em condições que não podem ser curadas, e muitos não se curam, no sentido de continuarem permanentemente livres da doença. Aceitando esse fato e tornando-se conscientes da utilidade do que podem e estão fazendo, os profissionais conseguem se libertar; para isso, é necessária a aceitação sincera e franca do fato de se preocuparem e de estarem trabalhando para modificar as coisas, fazendo sua parte para torná-las um pouco melhores, permitindo que aqueles que podem recuperar a saúde física a recuperem, e compartilhando com aqueles que não podem o esforço para se tornarem pessoas mais inteiras.

A consciência pessoal da importância do significado estimula médicos ou enfermeiras a reconhecerem mais facilmente a busca do significado em outras pessoas e permite que apóiem os pacientes enquanto também procuram o significado de suas próprias experiências. A busca do significado torna-se assim uma preocupação legítima e mútua na relação entre profissionais e pacientes.

Para auxiliar as pessoas na busca de um significado em suas doenças, o profissional deve estar aberto à possibilidade de que a doença tenha um significado profundo para aquela pessoa e de ajudá-la a enfrentar muitas dificuldades, ensinando-a a viver com o que não pode ser alterado. Como discutimos no capítulo 3, isso requer uma mudança no conceito comum de doença por parte do profissional e do paciente; isto é, de que o único significado possível da doença é o de que ela é indesejável e intrinsecamente ruim. *Isso não significa que devemos acreditar que a doença é, em si e por si, uma coisa positiva ou que seja preferível à saúde, ou mesmo que toda doença tenha um significado, mas, sim, que o significado pode estar presente e, quando estiver, pode ser encontrado.*

Em seu livro, *The Interpersonal Aspects of Nursing*, Joyce Travelbee discute a importância da busca do significado nos cuidados com a saúde definindo-o da seguinte forma:

> O significado é utilizado num sentido restrito e se refere apenas aos significados que permitem que a pessoa doente aceite a doença e a utilize como uma possibilidade de experiência de vida... os significados se originam no ser humano e não nas situações. Ele não é inerente às experiências da vida, pois somente o ser humano que se envolve e vivencia determinada experiência pode encontrá-lo.*

Para aceitar o significado de uma doença para determinada pessoa, é necessário que não se interprete uma situação conferindo-lhe o significado que tem para nós, mas reconhecendo que possivelmente sem informação e observação não podemos saber qual o significado de um acontecimento para outra pessoa. O significado da doença para o profissional da saúde pode ser radicalmente diferente do significado para o paciente. O profissional está bastante familiarizado com a patologia, o tratamento e o curso de determinadas condições que encontrou muitas vezes durante a vida profissional. Em outro nível, ele talvez considere a doença como um desafio às suas habilidades e conhecimentos profissionais, uma visão que de certa forma é semelhante à própria percepção do paciente, que a considera um inimigo. Em outro nível ainda, o profissional considera a doença ou determinada intervenção cirúrgica como algo com o qual jamais poderia conviver, algo que exige alterações no modo de vida ou mesmo na aparência física, o que, para um indivíduo saudável, seria considerado intolerável. Devemos nos lembrar de que cirurgias radicais e outros tratamentos que alteram o corpo não acontecem para pessoas sadias, mas sim para aqueles "que foram preparados pelos deuses", e podem ter um significado muito diferente para aqueles que se encontram doentes do que para as pessoas saudáveis.

Recentemente testemunhei um exemplo dessa dissonância a respeito do significado durante uma palestra dada por um cirurgião a uma classe de estudantes de enfermagem. O tema da palestra se referia a um procedimento denominado ileostomia. Essa cirurgia é rea-

---

* J. Travelbee, *Interpersonal Aspects of Nursing*, F. A. Davis Company, Filadélfia, 2ª edição, p. 162, 1976.

lizada quando o tratamento médico de uma grave doença do intestino grosso não apresenta resultados e exige a remoção cirúrgica do intestino grosso e a ligação do intestino delgado à superfície do corpo, por onde ele se esvazia dentro de um pequeno saco plástico. O paciente aprende a cuidar de sua condição: ele aplica o saco com um material especial na abertura do intestino delgado e o esvazia por uma abertura situada na parte inferior.

O cirurgião fez uma excelente palestra, descrevendo a patologia e a anatomia do procedimento. Enquanto falava, mostrou um torso de plástico em tamanho natural que se encontrava sobre a mesa ao seu lado. No abdome dessa peça existiam diversas aberturas que representavam as várias formas de ileostomia e colostomia. Enquanto descrevia os objetivos e as técnicas dos cuidados após a realização da cirurgia, observei a platéia. Muitos estudantes estavam sentados de pernas e braços cruzados. A maioria dos rostos estava impassível, mas os olhos pareciam agitados. À medida que ele se aproximava do final da descrição, os jovens começaram a se mexer nas cadeiras, obviamente ansiosos por deixar o recinto.

O cirurgião notou o desconforto deles e compreendeu-o. Quando era estudante, também passara por tudo isso. "Para encerrar a palestra", disse ele, "pedi a um de meus pacientes que se submeteram a uma ileostomia que viesse falar um pouco de sua experiência." Com isso, uma jovem vibrante levantou-se da platéia e caminhou para o palco. Ela também ficou ao lado do torso de plástico, e uma centena de pares de olhos foram involuntariamente atraídos para seu abdome; porém, não permaneceram nesse local por muito tempo. A história dela era profundamente comovente. Descreveu os dez anos de doença, da dor e diarréia constantes, da severa perda de peso e fraqueza. Falou de um período sem compromissos sociais, sem energia para fazer nada, a não ser atravessar mais um dia e ir para a cama. Serenamente, discorreu sobre a sua solidão e a aceitação de que a doença se tornasse uma barreira entre ela e outras pessoas.

Compartilhou a resistência que opusera à cirurgia quando ela foi sugerida pela primeira vez. Sim, ela queria ficar boa, mas não naquelas condições. Falou dos meses de reflexão que antecederam sua decisão de submeter-se à cirurgia e finalmente sua conclusão de que não desejava viver daquela maneira, que, para ela, só o fato de estar bem valia a pena, sob quaisquer condições. Então, descreveu a vida atual. A ausência de dor. A volta à escola, a participação nos esportes, o amor pela dança. Descreveu o noivo com afeto, e falou da sua compreensão e do orgulho que sentia dela. Só então ela se voltou para o torso e mostrou a ileostomia em seu abdome. "Eu não sei como vocês vêem isso", disse ela, "mas para mim é como uma porta de entrada para a vida. Algumas vezes penso no dia de minha cirurgia como se fosse o dia de meu nascimento.''

Desnecessário dizer como o efeito de suas palavras foi poderoso. O contraste visual entre o modelo plástico e o paciente vivo dizia tudo. A diferença entre o significado da ileostomia para a mulher e o significado desse procedimento cirúrgico para os estudantes foi demonstrada. O cirurgião conhecia, a partir de sua experiência, o significado que esse procedimento tem para muitos de seus pacientes. Ele também reconheceu que o significado da doença para a enfermeira que cuida do paciente limita sua capacidade de responder à pessoa que se submeteu a uma ileostomia. Como comentou um estudante na discussão ocorrida após a palestra: ''Antes, eu estaria disposto a ajudar o paciente, mas teria sido muito difícil para mim. O que ela disse me fez ver as coisas de maneira diferente''. Nem todos os pacientes encontrarão esse significado em tal procedimento.

O reconhecimento de que o significado é uma questão muito individual que varia bastante, não apenas entre o profissional e o paciente, mas entre os próprios pacientes, dependendo da natureza de cada pessoa e de sua experiência passada, é um aspecto importante no cuidado com outras pessoas.

Invariavelmente, as pessoas tentam explicar a doença e o sofrimento procurando encontrar um motivo para estarem vivenciando tal experiência. Uma das responsabilidades do paciente é a de tornar-se consciente de seu potencial para encontrar um significado na doença, aceitando-o, seja ele qual for. Isso não quer dizer que devemos procurá-lo ou forçá-lo, ou mesmo imaginá-lo, mas sim tornar-nos receptivos ao significado que pode estar presente.

Como discutimos no capítulo 3, uma doença tem diversos significados para diferentes pessoas em determinados momentos. O significado pessoal da doença geralmente se modifica com o tempo das primeiras impressões que a consideram um inimigo, um desafio, ou uma injustiça, para outros significados que podem ser bastante singulares ou individuais, e que a doença não teria para outra pessoa nas mesmas condições.

Atualmente dedica-se muita atenção, particularmente no movimento a favor de uma saúde holística, à ''mensagem'' transmitida pela doença, chegando-se até mesmo a especular se a experiência aconteceu em decorrência de uma negligência a essa mensagem. Aqui, podemos levantar questões sobre a causalidade e o objetivo contidos na doença: algumas tradições de cura chegam a afirmar que toda doença é o resultado de bloqueios na consciência e toda dor é conseqüência da desatenção e inconsciência. Essa abordagem filosófica sugere que muitas doenças têm um objetivo e foram ''escolhidas'' em algum nível profundo da pessoa como um meio para desenvolver a consciência.

Essa idéia traz consigo o perigo potencial de tornar um ponto de vista filosófico uma realidade clínica, fazendo com que as pessoas se "culpem" por suas doenças, encarando o sofrimento como algo "provocado" por elas mesmas. Um enfoque mais útil atribuiria a cada pessoa a capacidade de aprender algo valioso na maioria das situações, sejam elas deliberadamente escolhidas ou não. Portanto, estimular as pessoas a examinar sua experiência é aconselhável, mesmo quando o problema do paciente for "orgânico" e não obviamente escolhido ou provocado.

Nem todas as doenças têm significado. Mas, quando ele está presente, a descoberta do significado pessoal pode transformar, em maior ou menor grau, o papel que a doença desempenha na vida da pessoa e o valor definitivo da própria experiência. Como analogia, consideremos um objeto comum, encontrado na maior parte das cozinhas. Se uma pessoa bebe algo nele, torna-se um copo; se outra coloca nesse recipiente um cigarro, torna-se um cinzeiro; se outra coloca flores, transforma-se num vaso. A natureza do objeto não se modificou, mas seu significado se alterou; o papel que desempenha na vida da pessoa e seu valor para ela variam de acordo com o significado que ela é capaz de vislumbrar nele.

A natureza da doença também não se modifica — a doença é invariavelmente difícil, freqüentemente dolorosa e assustadora. Contudo, a receptividade para descobrir um significado pessoal amplia bastante a utilidade da experiência para o indivíduo: um momento de amargura e desapontamentos, ou um momento para compreender mais profundamente determinadas dimensões da vida e uma maior valorização daquilo que temos. Assim, o objetivo do profissional consiste em ajudar as pessoas a enxergar o significado que está presente em sua experiência e aquilo que aprendeu com ela, em vez de interpretar a experiência para elas e procurar erradicá-la.

Como sugerimos no capítulo 3, a experiência da doença pode ser utilizada criativamente para proporcionar novos *insights*, propor a reavaliação de metas, direções e valores na vida ou para afirmar as já existentes, favorecendo uma nitidez maior no estabelecimento de prioridades e modos de vida e permitindo que as pessoas se tornem conscientes de forças pessoais anteriormente desconhecidas para mobilizá-las em favor da sua cura. O profissional da saúde que se torna sensível ao uso potencialmente criativo da doença e desenvolve habilidades para apoiar essa sensibilidade está capacitado para auxiliar melhor as pessoas a obter um valor positivo na experiência da doença.

O profissional cooperativo utiliza muitos métodos para ajudar as criaturas a descobrir o significado que pode estar presente em sua doença, mas uma das técnicas mais eficientes consiste simplesmente em ouvir com receptividade. A atitude receptiva não deve ser confundida com passividade. Embora ambas sejam formas não invasoras de relacionamento, há uma grande diferença entre ser receptivo e ser passivo. O passivo é definido como "não participante, influenciado". Receptivo, por outro lado, é descrito como "agindo para compreender, receber, vivenciar". O profissional receptivo ouve ativamente; está disposto a ouvir e tem verdadeiro interesse em encontrar respostas.

À medida que o profissional percebe a direção, os objetivos e os valores do paciente, torna-se capaz de ajudá-lo a descobrir significados pessoais na doença, a integrá-los positivamente em sua vida ou a usar criativamente o tempo da doença. O profissional ouve duas coisas em especial: a percepção do significado e a direção da vida dessa pessoa.

A direção que as pessoas percebem em suas vidas e o objetivo que acreditam existir nelas contribuem para a recuperação. É importante saber se as pessoas percebem o valor de suas vidas, se têm uma razão para viver. O ginecologista dr. Arnold Kresch comenta: "A maioria das cirurgias realizadas em ginecologia é facultativa. Prefiro realizar uma cirurgia quando o paciente está de bem com a vida. Já adiei cirurgias por períodos de até um ano porque temia que o paciente não estivesse motivado para se recuperar".* Alguns cirurgiões não operam alguém que não demonstre interesse em se recuperar ou que se sinta extremamente temeroso de morrer como resultado da cirurgia. Sempre que possível, esses pacientes são encaminhados a aconselhamento antes da operação.

O ato de ouvir com receptividade inclui não apenas a anotação do "histórico" tradicional, mas também a de uma história "futura", por meio de perguntas ocasionais como: "Como você estaria preenchendo seu tempo se não estivesse doente?". Estimular os pacientes a pensar nessas questões aumenta sua motivação para a cura e, de algum modo, amplia sua capacidade de recuperação.

Na doença, o significado é considerado como uma parte do "médico interior" do paciente, uma capacidade que lhe permite utilizar a crise na saúde como uma oportunidade de crescimento e evolução. *O impulso em direção à saúde tem sua origem dentro de cada pessoa, e não é imposto ao paciente pelo profissional da saúde. O im-*

---

* "*The Healing Arts*", Relatório do Centro Médico da Universidade de Stanford, 3 de novembro de 1979, pág. 14.

pulso está intimamente relacionado à "tendência da matéria viva para se tornar um todo", ao desejo de cada um de satisfazer e realizar mais plenamente seu próprio potencial.

O impulso pode ser considerado como a disposição ou tendência de cada pessoa a perceber o *insight* e perspectiva do "médico interior" nas questões de saúde e de doença. O profissional da saúde atende melhor ao seu objetivo, que é o de promover uma saúde duradoura, comprometendo-se a eliminar todas as barreiras interiores ou exteriores a esse impulso inato e nutrindo-o enquanto conduz cada paciente em direção a uma responsabilidade maior e determinação mais ampla. Médicos e enfermeiros podem apoiar e reforçar esses aspectos da experiência do paciente ao se conscientizarem do potencial inerente à crise na saúde, bem como da necessidade de mudança e crescimento que ela impõe.

O inconsciente superior com freqüência está mais acessível em períodos de crise do que em épocas normais, e a crise é um espelho em que se pode enxergar o reflexo de qualidades maiores e perspectivas e valores mais extensos. Os acontecimentos externos geralmente não constituem um espelho perfeito. Em alguns casos, eles refletem o *insight* necessário com imperfeição e, em outros, as pessoas são incapazes de reconhecer o que a experiência está lhes mostrando, tanto no que se refere ao que precisam para melhorar seu bem-estar físico quanto para melhorar o bem-estar geral.

Um dos papéis do profissional da saúde é o de servir como um espelho bem nítido. Sem controlar a vontade do paciente ou agir como se fosse a sua sabedoria, o profissional consegue utilizar seu conhecimento e habilidade para reforçar a tendência natural da crise de promover o *insight* e consciência de uma capacidade pessoal mais abrangente. Ao colaborar com o "médico interior" do paciente, o profissional da saúde fica por trás da doença, encorajando a busca de um motivo, ampliando e esclarecendo o aprendizado e significado que a doença possa ter para o paciente, chamando sua atenção para padrões de pensamento, sentimentos e comportamentos que podem ter impedido o reconhecimento de escolhas e ações sensatas no passado, permitindo que ele tenha a oportunidade de se decidir a ultrapassar essas barreiras.

O "médico interior" abrange não somente as funções supraconscientes como significado, *insight* e perspectiva, mas também a capacidade de usar o bom senso. Grande parte dos cuidados com a saúde é bom senso colocado em prática. Encorajar e fortalecer esse recurso humano bastante comum também é muito valioso para o paciente. O caso seguinte, obtido da prática de um interno, é um exemplo de abordagem que trabalha com esse aspecto do "médico interior" do paciente:

Ted é um homem de 52 anos, familiarizado com a autoridade e acostumado a utilizá-la. O tipo de responsabilidade que provocaria preocupação e ansiedade na maioria das pessoas o estimula. Ele é executivo de um banco e diariamente toma decisões que envolvem grandes somas em dinheiro, decisões que influenciam a vida e os bens de muitas pessoas. É conhecido em sua área por seu discernimento, habilidade de assumir com calma e confiança somente os riscos necessários ao progresso.

Certa manhã, veio me procurar queixando-se de tosse e falta de ar. Como sempre, estava apressado e exigiu: "Qual o meu problema? Descubra e faça alguma coisa. Preciso estar no escritório esta tarde". Mostrou-se impaciente com minhas perguntas, mas insisti, e ele acabou contando uma história que sugeria uma pneumonia. Não fiquei surpreso ao descobrir que tivera febre e outros sintomas que pareciam confirmar esse diagnóstico; tiramos radiografias e fizemos exames de sangue; ambos comprovaram minha impressão de se tratar de pneumonia bacteriana.

Ele voltou ao consultório e sentou-se, com os olhos fixos em mim; era um homem muito vigoroso, mas obviamente doente. Durante a nossa conversa, tornou-se claro que ele não estava muito disposto a conceder a seu corpo o tempo necessário para curar a infecção. Naquele momento, não parecia ser capaz de agir com responsabilidade para satisfazer as necessidades de seu corpo. Por outro lado, seu sucesso como executivo dependia de seu bom julgamento, bom senso e capacidade de fazer boas escolhas. Comecei a imaginar como poderia convencê-lo a utilizar em sua doença as habilidades que tão eficazmente empregava na área profissional. Eu poderia ser a voz de seu corpo, seu porta-voz. De certo modo, falando com a autoridade de seu corpo, poderia lhe dizer aquilo que deveria fazer — a quantidade de repouso, os medicamentos, os exames. Mas esse homem orgulhoso, pouco acostumado a aceitar ordens, provavelmente se oporia às demandas de seu corpo se eu as mostrasse dessa maneira, em vez de assumir a responsabilidade.

Decidi dar-lhe a maior parte da responsabilidade nos cuidados e no tratamento e observar como lidava com ela. Assim, informei-lhe que estava com pneumonia e falei um pouco da natureza da doença. Mostrei-lhe as radiografias e disse: "Ted, essa densidade é sua pneumonia e a contagem de glóbulos brancos sugere que ela é bacteriana. Esse tipo de pneumonia geralmente não é curável sem tratamento. A julgar por sua história, a infecção está presente há pelo menos dois dias e está piorando progressivamente. O que você acha que deve ser feito?".

200

Ele pareceu um pouco irritado e me olhou da maneira que imagino olharia para um empregado que não estivesse cumprindo seu dever. Percebi que ele desejava que eu assumisse total responsabilidade por seu corpo e que, se eu assim fizesse, faria oposição. Eu ia sair do caminho e ver se o seu bom senso prevaleceria.

"Bem, você é o médico", disse ele.

"Sim, eu sei. Mas quais são seus pensamentos e sua opinião sobre a situação?"

Então, começou a considerar os fatos com seriedade e a formular um plano de ação.

"Parece que os dois pulmões estão com problemas."

"Certo", respondi.

"Bem, preciso parar de fumar e de beber durante algum tempo. Na verdade, acho que é melhor cancelar meus compromissos e ir para casa me deitar."

"Sugiro a mesma coisa", disse.

"E preciso de medicamentos. Você me daria uma receita?"

"Vou prescrever alguns antibióticos", respondi.

"Enquanto você cuida disso, por favor, prescreva algo para a dor — toda vez que respiro, sinto dor."

Assim, Ted foi para casa se deitar e comandou sua vida por telefone, durante uma semana.

Após alguns dias, eu lhe telefonei para ver como iam as coisas e se ele estava conseguindo cumprir os termos de nosso contrato terapêutico. Ele estava se sentindo melhor, não tinha febre e continuava a tomar regularmente os medicamentos. Pedi-lhe que voltasse ao consultório dali a cinco dias para que eu pudesse examiná-lo outra vez.

Quando Ted voltou, sua pneumonia estava curada. Ao sair, fez a seguinte observação: "Bem, doutor, acho que quando vim aqui pela primeira vez estava decidido a não fazer nada do que você mandasse. Se eu não acreditasse ter feito a coisa certa para mim, estaria pensando que você havia me enganado".

O médico de Ted era realista. Ele sabia o valor das informações que tinha sobre a doença e seu tratamento. Também tinha consciência de que, apesar de seu conhecimento ser necessário, não é suficiente para recuperar a saúde de uma pessoa. Com sensibilidade, percebeu que, da mesma forma que Ted trouxera o problema, ele também trouxera uma parte da solução. Ted possuía bom julgamento, decisão, bom senso e o potencial para assumir responsabilidades. Como a maioria das pessoas, tinha muitas informações sobre como fazer as coisas em sua vida. Sabia lidar com carga de trabalho, delegar tarefas, adiar compromissos e, no geral, como arrumar tempo e paz em sua vida para que pudesse ficar curado. Ao desmitificar o processo da doença e dar apoio às escolhas de Ted, o médico permitiu que esse homem perspicaz utilizasse seu bom senso e assumisse mais responsabilidades por seu bem-estar físico, o que não era seu hábito.

Essas e outras experiências de aprendizado levam a uma consulta inicial mais demorada do que o normal, mas *o tempo gasto na relação médico/paciente durante determinado ano pode permanecer o mesmo ou até diminuir.* Geralmente, os profissionais manifestam sua preocupação, pois praticar a medicina considerando a "pessoa inteira", embora mais satisfatório, exige mais tempo do profissional e, portanto, não é real. Aqui, o médico economizou cerca de vinte minutos de explicações, para alguém que poderia se mostrar resistente acerca do porquê da necessidade de repouso, da ingestão de líquidos, e assim por diante. Dar a Ted a oportunidade de usar seu bom senso tornou inútil a explicação dessas prioridades tão óbvias.

Seria absurdo esperar que todas as pessoas pudessem usar o bom senso da mesma forma que Ted. As pessoas possuem diferentes graus dessa faculdade e mesmo aquelas que têm considerável bom senso em determinada área de sua vida não são capazes de transferi-lo com eficiência para outras áreas. Porém, ao se dar às pessoas a oportunidade de usar seu critério justo e encorajá-las a desenvolver mais essa capacidade, elas conseguem participar melhor de seus próprios cuidados.

Paradoxalmente, não praticar a medicina dessa maneira pode até consumir mais tempo. Isso foi dramaticamente demonstrado quando eu era residente e, procurando ganhar um dinheiro extra, concordei em trabalhar para um conhecido pediatra e substituí-lo durante um fim de semana. Durante as 72 horas em que fiquei de plantão, recebi centenas de telefonemas dos pais de seus pacientes, alguns às duas ou três horas da madrugada. A maioria dos telefonemas era de natureza específica, fazendo perguntas simples, como: "Eddie não tem febre há dois dias, posso deixá-lo sair da cama agora?", ou: "Susan está com dor de cabeça, posso lhe dar uma aspirina?". Fiquei espantado pela quantidade de telefonemas, e quando terminou o fim de semana estava exausto. Mencionei isso ao pediatra, e ele afastou minha preocupação dizendo simplesmente: "As pessoas não têm o senso com o qual nasceram".

Mais tarde, descobri que esse médico quase nunca perguntava às pessoas o que pensavam ou o que já haviam feito para solucionar um problema, o que poderia ter lhes dado uma oportunidade para reforçar seu bom senso. Existem muitas maneiras de se tratar de uma assadura provocada por fraldas, a maioria bastante eficiente. No entanto, ele sempre insistira em que as mães seguissem seu método e suas instruções fielmente. As técnicas de tratamento eram excelentes e os problemas que as pessoas traziam geralmente eram solucionados. Porém, como não permitia que elas utilizassem o bom senso e sabedoria inatos, o tempo dele era desperdiçado.

Ajudar as pessoas fazendo as coisas por elas, sem primeiro descobrir o quanto podem fazer por si mesmas, sai muito caro em termos de tempo profissional. Infelizmente, ao se adotar essa abordagem, podemos tirar das pessoas mais do que lhes oferecemos, destruindo sua convicção nas próprias habilidades e o "senso com o qual nasceram".

Não apenas o senso de significado é importante para o profissional e para o paciente, mas a intuição também pode se tornar uma parte útil de seu relacionamento. Estar presente para as outras pessoas significa a permissão para que elas também estejam presentes para você. Não se deve enxergá-las apenas como se encontram naquele momento, talvez fracas, assustadas e com dor, mas também perceber e afirmar seu potencial. O tipo de visão dupla discutida no capítulo 2, que nos permite ver a presença do carvalho na bolota, é particularmente importante aqui.

A experiência de perceber intuitivamente o potencial de outra pessoa é bastante comum a qualquer pessoa que tenha se relacionado com um adolescente passando pela fase de auto-afirmação. Imagine-se uma menina de catorze anos deprimida porque tem acne e não foi convidada para o baile. Da nossa perspectiva, geralmente é fácil ver aquilo que, no momento, ela não consegue ver: as qualidades e esperanças que ela ainda não assimilou plenamente, a promessa de sua feminilidade.

Embora ela não tenha consciência disso, em algum lugar dentro dela também percebe esse potencial e talvez tenha passado pela experiência de utilizá-lo em rápidas ocasiões. Infelizmente, com freqüência não é possível transmitir-lhe diretamente a nossa percepção naquele momento, falando algo como: "Querida, algum dia você irá ser uma linda mulher". Raramente isso dá bons resultados e pode provocar raiva e a sensação de não ser compreendida em sua atual situação. Entretanto, ao permitir que o potencial que você percebeu estar dentro dela se torne real para você, e tornando-o uma parte de sua própria experiência interior, provavelmente o tornará mais real para ela. Isso pode modificar sutilmente o tom da sua voz e sua comunicação não-verbal.

Algumas vezes, é útil falar rapidamente com esse potencial, como se ele já fosse uma realidade. De vez em quando, ao cuidar de adolescentes, digo uma ou duas frases como se eles já fossem o homem ou a mulher cuja presença posso sentir. Algumas vezes, ao fazê-lo, obtive como resposta um instante de perspectiva e *insight*, como se tivesse ajudado o paciente a trazer seu potencial para a sala, por ter experimentado a sua presença como parte de minha realidade.

Enxergar e apoiar a esperança dos outros, seu senso inato daquilo que podem vir a ser, é uma atitude bastante solidária. Há muitos anos, meu pai fez isso por mim. Na época, eu era muito alta, magra, séria, terrivelmente tímida e socialmente constrangida. Numa noite de Natal, quando tinha treze anos e estava no auge de minha adolescência, ele me deu um elegante e caro par de brincos de ouro.

Fiquei encantada com o presente, por sua beleza e por saber que meu pai na verdade não podia me dar um presente tão caro. Ante sua insistência, experimentei os brincos e, ao me olhar no espelho, vi o contraste entre sua elegância e minha aparência, tão difícil de aceitar. Corri para a sala, chorando, e disse: "Como você pôde me dar estes brincos e gastar tanto dinheiro! Sou muito feia para usálos. Leve-os de volta!". Ele esperou tranqüilamente que eu me acalmasse e, então, disse simplesmente: "Eu os comprei porque algum dia eles ficarão perfeitos em você".

A convicção de meu pai em algo que eu ainda não conseguia ver e sua habilidade em demonstrar essa convicção de uma forma bastante real para mim naquele momento, deram-me algo em que me agarrar, fazendo com que eu me lembrasse de mim.

Acreditar no potencial de outra pessoa e encontrar maneiras de demonstrar essa convicção, de modo que o outro possa entender, é tão importante para um adulto quanto para um adolescente. *Se escolhermos essa atitude, precisamos acreditar de tal forma que nossa convicção não se torne uma exigência, ou mesmo uma expectativa. Nossa convicção não nega o momento presente, mas, simplesmente, reconhece uma promessa que pode ou não ser realizada e que, no entanto, está lá.* A intuição pela qual podemos perceber o potencial do outro não é estranha à prática da medicina; contudo, é uma habilidade fundamental para ajudar uma pessoa a se curar.

Existem muitas maneiras de a intuição e outros aspectos do inconsciente superior do profissional serem úteis no relacionamento dos cuidados da saúde. Alguns profissionais acham conveniente refletir a respeito de um paciente antes de vê-lo, tornando-se cognitivamente mais conscientes daquilo que intuitivamente podem saber sobre aquela pessoa e seu processo. Isso pode ser realizado em poucos minutos, formando na mente uma imagem do paciente com quem irá se defrontar. É bom dedicar alguns momentos para experimentar suas próprias boas intenções com relação a essa pessoa, seu compromisso para favorecer o bem-estar e autonomia que ela quer para si mesma.

Então, examine cuidadosamente a imagem. A pessoa parece assustada ou preocupada? Deixe que a imagem fale de suas necessidades e, em especial, daquilo que ela precisa que você lhe dê. Quais os aspectos, as qualidades e tipo de atitudes? Convém perguntar a si mesmo quais as questões que a crise de saúde trouxe para esse paciente. Qual a parte mais difícil da experiência? O que essa pessoa está tentando ser, ou vir a ser, ou abandonar? Quais os bloqueios ou barreiras para esse processo, para essa pessoa? De vez em quando, o profissional da saúde descobre que dessa maneira o *insight* sobre tais questões fica facilmente acessível, embora não perceba o que é necessário para apoiar o paciente, a fim de que ele obtenha maior compreensão e auto-responsabilidade. Nesses momentos, faça adaptações à meditação descrita no capítulo 2 e, levando consigo as perguntas que deseja fazer, escale uma montanha em sua imaginação, encontre em seu topo uma pessoa sábia cuja presença irradia sabedoria, compaixão, amor e cura que você tenta demonstrar em seu trabalho. Fazer a ela as perguntas que deseja e ser receptivo às respostas dela é muito útil para tornar sua intuição mais nítida, permitindo interpretá-la e incorporá-la de forma deliberada nos cuidados com o paciente. Essa reflexão pode ser boa para os amigos e a família do paciente, da mesma maneira que o é para o médico ou enfermeiro.

Como todas as outras técnicas e conselhos de colegas, aquilo que é obtido deve ser examinado com discernimento, à luz do que já se conhece, e considerado uma hipótese a ser examinada e revisada de acordo com os acontecimentos posteriores. Um pouco de prática nessa técnica torna-a bastante eficiente, além de favorecer o desenvolvimento da habilidade de ver as pessoas como indivíduos únicos, sentir afeto por elas e respeito por seu processo dinâmico.

Até aqui, examinamos alguns aspectos comuns à natureza humana, que, quando evocados e deliberadamente incluídos, enriquecem e aprofundam o relacionamento entre pacientes e profissionais. Resta examinarmos o relacionamento em si mesmo. O estilo dominante de interação dentro do sistema de cuidados com a saúde está atualmente em transição e é objeto de extensivas reflexões e debates. Geralmente, há duas posições extremas. Na primeira, o profissional é totalmente responsável pelos resultados, toma todas as decisões, e o paciente simplesmente executa suas ordens. Na segunda, o paciente é totalmente responsável, toma todas as decisões, e o profissional age como conselheiro e técnico. Nenhuma dessas posições parece levar em consideração o leque de opções de necessidades e qualidades humanas e nenhuma delas é particularmente viável na maioria das situações comumente vistas nos cuidados da saúde. *Se desejamos aproveitar ao máximo as forças e recursos dos pacientes e dos profissionais, parece haver necessidade não apenas de responsabili-*

dade, mas de graus de responsabilidade compartilhada, uma colaboração em direção a um objetivo mútuo.

O relacionamento nos cuidados da saúde deve incluir em sua essência um compromisso de permitir e estimular as pessoas a serem tão responsáveis quanto possível por seu próprio bem-estar. Cada pessoa é responsável por sua vida e pela direção dessa vida, embora para muitos indivíduos esse seja um conceito abstrato e não um princípio dentro do qual vivem e agem. Estimular essa responsabilidade significaria desenvolver maior sensibilidade às pessoas, ao seu modo de fazer as coisas, a suas necessidades educacionais, a sua capacidade atual para assumir a responsabilidade por si mesmas, tanto em períodos de saúde quanto nos de doença, a seus sistemas de valores, a suas convicções a respeito delas mesmas, a sua direção na vida e seus objetivos. Significa desenvolver técnicas e métodos para ensinar a auto-responsabilidade para aqueles que desejam aprender. Reconhecer e apoiar a capacidade para ser responsáveis, naqueles que já a possuem. É preciso também aprender a motivar as pessoas a assumir o máximo de responsabilidade que puderem, e talvez até mais do que já conseguem.

As questões sobre a responsabilidade compartilhada e colaboração entre profissionais e pacientes são muito complexas. Nem todos os doentes estão dispostos e são capazes de assumir responsabilidades que, quando assumidas, nem sempre são adequadas. *Aceitar a responsabilidade pelo bem-estar de uma pessoa quando sua capacidade para fazê-lo sozinha está ultrapassada é uma função do sistema de cuidados com a saúde.* A responsabilidade de fazer um diagnóstico e orientar o tratamento é a base de um relacionamento humano antigo e bastante valorizado. O princípio subjacente a esse relacionamento foi descrito por uma enfermeira:

A palavra "cuidar" está relacionada à palavra "nutrir" e essa é, na verdade, a essência da profissão. Vejo nosso trabalho como o de nutrir o paciente; o de despertar sua força para que ele tenha acesso a ela e possa atingir o melhor estado de saúde possível. Nos períodos de doença, quando o corpo está exausto e as pessoas sentem-se cansadas e desanimadas, é penoso conseguirem se afastar da dor e da fraqueza física, para enxergarem a si mesmas com algo mais do que sua doença. Algumas vezes também é complicado para o profissional da saúde enxergar o paciente como algo mais do que um "CA metastático" ou um "AVC". Quando as pessoas estão doentes, ficamos lá para que se apóiem em nós, e nossa disposição para agir em seu benefício é um conforto nesses momentos. Mas é imperativo enxergar e ajudar a *despertar as partes do paciente que não se encontram doentes,* que são fortes, para que ele utilize esses recursos a fim de recuperar e melhorar sua saúde e independência ao grau mais elevado possível. Cabe a nós, como profissionais, estimular e ajudar as pessoas a participarem do estabelecimento do curso de seu tratamento, de seu futuro e sua direção; ao fazê-lo, tornamo-nos seus aliados e não seus amos.

Na maior parte das circunstâncias, as pessoas cuidam de sua própria saúde, considerando suas necessidades físicas e agindo de forma a satisfazê-las. Contudo, quando a vida inesperadamente traz a doença, as pessoas descobrem que seu conhecimento está ultrapassado, que não sabem mais o que é melhor para si mesmas. Então, muitas procuram uma pessoa mais qualificada, em busca de conselhos e tratamento.

Em períodos de necessidades específicas, freqüentemente decidimos confiar em outras pessoas, que estudaram e foram preparadas para agir em nosso benefício, melhor do que faríamos sozinhos, dadas as circunstâncias. Dessa maneira, criamos muitos relacionamentos: com advogados, arquitetos, contadores, eletricistas e muitos outros, entre eles, médicos e enfermeiros. A criação desses relacionamentos é uma escolha responsável, uma maneira legítima de agir para satisfazer nossas necessidades.

Muitas pessoas que adoecem descobrem que preferem ouvir conselhos e segui-los cuidadosamente. Em situações de ansiedade, medo e dor, elas recebem de boa vontade o apoio e conhecimento daqueles que enfrentam diariamente situações semelhantes e que se prepararam durante muitos anos para essa atividade. O problema surge somente quando o sistema de cuidados com a saúde se restringe a esse tipo de relacionamento e deixa de reconhecer e responder aos diferentes graus de motivação e facilidade de cada indivíduo para ser cada vez mais responsável pelo cuidado de sua doença.

Muitos fatores fazem parte da motivação de uma pessoa para assumir a responsabilidade pelas necessidades físicas, entre eles, as atitudes habituais com relação ao corpo, a habilidade para avaliar realisticamente o perigo físico, a facilidade de pedir ajuda aos outros quando necessário. As pessoas diferem tremendamente em sua capacidade para cuidar de suas necessidades físicas. Algumas não têm dificuldades; outras as têm em demasia. O profissional precisa compreender onde cada pessoa se encaixa, atualmente, dentro desse espectro. Nesse momento, elas desejam receber cuidados e não participar muito? À medida que se sentem melhor e mais fortes, estão mais dispostas e capazes de aceitar um papel ativo na satisfação de suas necessidades físicas? O que, se é que existe algo, impede a participação responsável dessa pessoa, e como podemos chamar sua atenção para essa barreira, para que ela possa ser removida? Algumas vezes, a barreira é simplesmente a má saúde. Outras é o medo ou uma identificação exclusiva com algum aspecto de si mesma, cujo sistema de valores não inclui a atenção ao bem-estar físico. Algumas vezes o grau de dificuldade que uma pessoa sente para agir responsavelmente e satisfazer suas necessidades físicas reflete a quantidade de informações que tem sobre sua condição e os perigos de ignorá-la. Contudo, há pouca ou nenhuma correlação entre conhecimento e ação: saber o que é certo fazer e sentir-se motivado e capaz de fazê-lo são duas questões muito diferentes.

As pessoas precisam reconhecer também que, quando atravessam um período de grave enfermidade ou em momentos de medo e fraqueza, é aconselhável procurar outras pessoas e apoiar-se na força e conhecimento delas, mas que a responsabilidade por nosso bem-estar físico não pode ser permanentemente delegada a outros. Assumir a responsabilidade pelo próprio bem-estar físico é parte da responsabilidade mais ampla de cada pessoa pela qualidade e direção da própria vida. As pessoas com freqüência assumem mais responsabilidade no cuidado de sua doença do que acreditam ser capazes, se estiverem dispostas a aceitar a responsabilidade com a qual possam lidar e desenvolver as habilidades e informações necessárias para assumir maior responsabilidade.

O compromisso com a responsabilidade compartilhada no cuidado de uma doença traz consigo a obrigação de também compartilhar honestamente as informações. *Profissional e paciente trazem dois diferentes tipos de informação, que é importante para a tarefa que têm pela frente. Ambos devem estar dispostos a educar e a ser educado pelo outro, pois nenhum deles pode assumir a responsabilidade de desempenhar a sua parte na recuperação da saúde sem a informação fornecida pelo outro.*

O profissional, como resultado de anos de estudos e experiência, leva para o relacionamento um amplo conjunto de informações sobre o processo da doença e as diversas técnicas e métodos disponíveis para o tratamento. Contudo, um número surpreendente de pessoas não deseja ouvir esse tipo de informação, sendo pouco receptivas a ela. Muitas pessoas interromperão as explicações, dizendo algo assim: "Eu não preciso saber tudo isso, doutor, o senhor cuida desta parte". Um conhecido plano de saúde de San Francisco, antes de aceitar um novo associado, pede que ele preencha diversos formulários, entre eles, um que diz: "Se você prefere não saber nenhum detalhe sobre os riscos comuns ao seu tratamento, por favor assine aqui". Aproximadamente 40% das pessoas assinam. Mas, sem essa informação, elas ficam muito limitadas em sua capacidade de tomar decisões responsáveis.

O profissional precisa aceitar essa relutância e ser sensível às suas causas. O medo e a ansiedade com freqüência tornam as pessoas pouco receptivas às informações, e a escolha do momento e a quantidade de informações compartilhadas talvez precisem se ajustar a esses fatores. O profissional deve repetidamente oferecer às pessoas a oportunidade de obterem informações e também reconhecer que o que já foi compartilhado talvez não tenha sido totalmente entendido. A mesma informação pode precisar ser repetida em diversas ocasiões, com um intervalo suficiente entre elas, para serem assimiladas. O pai de uma criança com leucemia pode ter ouvido o diagnóstico e prognóstico em duas ocasiões e voltar uma terceira, preocupado com a quantidade de medicamentos que a criança toma diariamente e perguntar: "Ela terá que tomar todos esses comprimidos pelo resto da vida?".

Os profissionais precisam reconhecer a importância de avaliar se as pessoas realmente compreenderam o que foi compartilhado. Fazer perguntas como: "Fui bem claro?", ou: "Você compreendeu por que esse procedimento é necessário?", e depois ouvir a explicação do paciente lhes dá uma oportunidade de corrigir quaisquer distorções devidas às barreiras da linguagem ou à tensão emocional, certificando-se de que as informações estejam realmente sendo compartilhadas.

Os pacientes trazem também outro tipo de informação que é vital para a recuperação da saúde, o conhecimento pessoal que têm a respeito de si mesmos, como indivíduos únicos. Eles estão conscientes de suas emoções, necessidades, valores e prioridades, de suas esperanças, das metas e direção de sua vida, da percepção do que lhes é importante e daquilo que dá sentido à sua vida, de seus relacionamentos e recursos sociais, que são importantes nas decisões que precisam ser feitas no momento. Além disso, as pessoas conhecem seu corpo, não por meio de anos de estudo, mas pelo tempo de vida. Elas conhecem seus corpos, não como um mecânico conhece um carro, mas como a pessoa que o dirigiu diariamente passa a conhecê-lo. É sua responsabilidade decidir como o carro deve ser usado e dirigido, em que direção, a que velocidade e com que objetivo. Esse conhecimento também lhes permite saber o grau de atuação necessário para atingir esse objetivo e as coisas que não podem ser toleradas. *De muitas maneiras, a saúde física é um conceito bastante subjetivo.* Um atleta tem uma idéia do nível de atuação física que considera ótimo, enquanto um intelectual tem um conceito bem diferente. Os sintomas e as limitações que seriam intoleráveis para um podem ser aceitáveis e não limitadores para o outro.

Informações desse tipo são muito importantes. Os pacientes devem estar dispostos a compartilhá-las e os profissionais a ouvi-las. A informação trazida pelo profissional e pelo paciente influencia os objetivos do relacionamento e os meios mutuamente escolhidos para alcançar esses objetivos.

A colaboração nos cuidados da saúde se baseia num acordo mútuo entre as pessoas no que se refere a seus papéis e responsabilidades individuais em busca de um objetivo comum. Os termos desse acordo dependerão da natureza das necessidades de cada um, bem como das forças e habilidades das pessoas envolvidas. Os termos do acordo que um profissional mantém com diferentes pacientes serão bem diferentes, e os termos do acordo mantido com um único paciente podem variar muito durante o decorrer de uma doença. A colaboração com uma pessoa que acabou de sofrer um ataque cardíaco é muito diferente da colaboração com a mesma pessoa duas semanas depois.

A variação da natureza desses acordos terapêuticos é enorme. Num dos lados do espectro está o acordo em que o profissional assume total responsabilidade pelo bem-estar da pessoa, tomando decisões unilaterais sem a participação ativa do paciente. Na verdade, é comum que as pessoas escolham se relacionar nesses termos apenas em determinadas circunstâncias bem definidas, como emergências agudas e que colocam a vida em risco, coma ou durante uma cirurgia. No outro extremo do espectro está o acordo em que o paciente procura o médico, ocasionalmente, para confirmar a exatidão e sensatez do tratamento que escolheram seguir. A pessoa que sofre de uma condição crônica de longa duração, que se tornou hábil no autotratamento, a mãe que cuida de um filho com sarampo ou catapora, a pessoa com dor de ouvido, resfriado ou gripe, com freqüência se relacionam dessa forma com o médico. Entre esses dois extremos encontra-se a maior parte dos acordos terapêuticos que são bastante individuais em natureza e estilo e na forma de compartilhar a tomada de decisões.

Atualmente, os acordos em que os cuidados se baseiam são, em grande parte, inconscientes. Ao adquirir maior consciência deles pode-se fazer adaptações de ambas as partes, quando eles não parecem estar satisfazendo os objetivos desejados ou quando os termos mutuamente acordados não estão sendo cumpridos. Basicamente, o acordo terapêutico foi criado para atender às necessidades individuais do paciente, e este deve assumir a responsabilidade de verificar se suas necessidades realmente estão sendo atendidas. Ao escolher um profissional, as pessoas devem levar em consideração essas necessidades e procurar alguém que pareça capaz de atender a elas.

A escolha de um profissional talvez seja mais bem-sucedida quando estamos saudáveis, embora mesmo em períodos de doenças as pessoas devam se perguntar: existe alguém em cuja competência posso confiar? Qual a universidade que freqüentou, qual sua idade e experiência? Qual sua reputação na comunidade? Que espécie de hospital contratou seus serviços e admitiu seus pacientes, o que indica que o profissional satisfaz os padrões de atendimento dessa instituição? Posso perceber nele o grau de sinceridade e compromisso com meu bem-estar que, para mim, são importantes? Confio em seus conselhos e desejo seguir suas recomendações? Ele pode reconhecer e responder à minha capacidade para participar dos cuidados com meu corpo, minha necessidade de compreender a natureza de meu problema, minhas opções e razões para os diversos tipos de terapia? É uma pessoa que fará o possível para que eu possa escolher livremente entre minhas opções, permitindo que eu me torne o mais independente possível? Alguém cuja forma de praticar a medicina é adequada às minhas necessidades? Se precisar dele num momento de necessidade, estará disponível?

Essas e outras perguntas precisam ser respondidas ao paciente no início de qualquer acordo, e o paciente deve constantemente verificar se suas expectativas estão sendo respeitadas à medida que o relacionamento progride. Se isso não acontecer, deve assumir a responsabilidade de explicar suas necessidades e renegociar os termos do acordo, para que elas sejam atendidas.

Os profissionais também assumem a responsabilidade de providenciar que os termos do contrato realizado com um paciente sejam cumpridos e podem renegociá-lo quando isso não ocorrer. Consideremos o caso de Paul, o médico citado no capítulo 2 que tinha úlcera. Inicialmente, o médico de Paul considerou que o paciente poderia assumir a maior parte da responsabilidade nos cuidados de sua saúde. Paul concordou com isso, e o acordo foi inicialmente realizado nesses termos. A princípio, tudo correu bem, mas sob o estresse e as exigências de uma vida profissional agitada, a capacidade de Paul para se responsabilizar pelo cuidado de sua saúde diminuiu. Seu médico compreendeu isso e, ao reavaliar a situação, percebeu que deveria intervir para ajudar Paul a reconhecer sua momentânea incapacidade para cuidar de si mesmo. Através do diálogo com o estômago, o médico permitiu que Paul enxergasse com clareza a necessidade de reexaminar os termos do acordo, aceitando ir para o hospital, onde poderia receber os cuidados de que precisava. Esse caso mostra que a habilidade de uma pessoa de participar do cuidado de sua saúde varia de acordo com a situação e tensão do momento. Nessas situações, o profissional deve intervir, estimulando as pessoas a agirem com maior responsabilidade com relação às necessidades de seu corpo ou, se elas não conseguirem, fazendo com que aceitem ajuda externa.

Não somente cada indivíduo é um processo, mas também todo relacionamento é um processo dinâmico. O espectro dos acordos terapêuticos, desde o relacionamento ativo-passivo das salas de emergência até o telefonema de um paciente para confirmar a exatidão de determinado curso de ação, é às vezes considerado estágio de um processo de colaboração. O uso criativo da doença parece exigir a disposição de ambas as partes de desenvolverem o relacionamento no decorrer de uma doença. Essa colaboração flexível é a base do cuidado eficiente da saúde. O perigo surge quando nos tornamos presos a um tipo de relacionamento, não reconhecendo que possivelmente ele é apenas um estágio dentro de um processo que finalmente levará à independência mútua. O profissional que se prende a um tipo de relacionamento e é incapaz de realizar mudanças em seu estilo de acordo com a facilidade das pessoas para assumirem graus cada vez mais elevados de responsabilidade no cuidado de suas condições, inadvertidamente interrompe esse processo.

A capacidade de se relacionar de maneira colaboradora, por meio de um acordo, é uma habilidade aprendida e que precisa ser mais amplamente ensinada. Atualmente, a maior parte dos profissionais da saúde é produto de um sistema educacional que enfatiza uma forte competitividade. Pouca coisa em sua formação ou em sua experiência os ajuda a dominar as habilidades cooperativas dentro de sua profissão ou a desenvolver a larga flexibilidade necessária para se relacionarem com os pacientes de forma a reconhecer suas forças e capacidades individuais. A linguagem da medicina sugere um outro tipo de relacionamento: os profissionais são treinados e "treinam" os pacientes; eles "controlam" o paciente e, naturalmente, dão e escrevem "ordens". Assim, não é surpreendente o fato de a colaboração, um tipo de relacionamento adequado a muitas situações dentro da medicina, não ser a forma mais comum de relacionamento entre os profissionais e as pessoas que eles assistem.*

Em grande parte, a disposição de devolver às pessoas a responsabilidade pelo cuidado de suas doenças se baseia no quanto os próprios profissionais são controlados por suas autoridades. *É muito difícil, se não impossível, as pessoas mudarem um sistema quando dependem dele para receber a aprovação e valorização de seu trabalho.* Os profissionais que percebem a necessidade de mudanças devem encarar o fato de que o simples ato de se exigir mudanças não é suficiente; precisam estar dispostos a realizar essa mudança neles mesmos e, ao fazer isso, podem ficar sujeitos à desaprovação de um sistema tradicional que tende a se modificar mais lentamente do que as pessoas que fazem parte dele.

---

* S. Weiss e N. Remen, *Final Report*, The Collaborative Health Program, The Health Care Consortium, D-HEW-NU 00597-04, San Francisco, 1980.

O relato a seguir, cômico e desidentificado, de como um pediatra resolveu seus próprios problemas de autoridade para ajudar uma criança a exercer sua responsabilidade pessoal, de forma modesta mas muito útil, é uma fonte de estímulo:

Minha maneira de praticar a medicina, o grau de cuidado e conservadorismo, de liberdade e inovação, parecem estar fortemente influenciados pela percepção que tenho de quem está observando. Há uma grande coleção de espectadores reais e imaginários: meus professores da faculdade, companheiros de profissão, colegas da comunidade, pacientes com conhecimentos médicos mais sofisticados — ou, pelo menos, seus pais — e, naturalmente, eu mesmo. O último espectador é, na verdade, uma multidão de subpersonalidades — o Supermédico, o Clube Geriátrico, o Menininho Assustado, o Explorador, o Perfeccionista, entre outros. Dessa assembléia, sinto dizer, o Menininho Assustado é o mais barulhento e o mais difícil de ser tranqüilizado. Ao usar novas idéias e abordagens, ele se *preocupa terrivelmente* se alguém irá considerá-lo *tolo, ingênuo* ou *imprudente*. Parece necessitar de um fluxo constante de aceitação positiva de todos aqueles que fazem parte da assembléia de espectadores para meus métodos de prática. Não consegue suportar uma crítica.

A voz, com freqüência estridente do Menininho Assustado, tem sido uma característica supreendente de minha vida adulta. Quando criança, eu considerava os adultos maravilhosamente seguros. Quando atingi a maioridade, sem conseguir a esperada segurança, presumi que algo estava errado comigo. No decorrer dos anos, tornou-se dolorosamente óbvio para mim que meu Menininho Assustado era permanente; nossos diálogos às vezes são embaraçosos, mas, gradativamente, aprendi a ouvi-lo com certa simpatia. E fiquei aliviado ao descobrir que muitos adultos parecem possuir vozes interiores semelhantes, com freqüência tão eficazmente ocultas dos outros quanto a minha.

Algumas de minhas outras subpersonalidades têm vozes bastante estridentes também. Os membros do Clube Geriátrico — uma subpersonalidade composta de um comitê de profissionais idosos — são unânimes em sua convicção de que qualquer abordagem nova é um erro. O novo é, por definição, o não experimentado, o incerto: e se não funcionar? O Supermédico geralmente é ambivalente e deseja experimentar as duas maneiras: o novo *e* o comprovado, a excitação de abordagens experimentais benéficas *e* a execução certa, fácil, do que já é aceito.

De vez em quando, apesar da tagarelice e dos conflitos, surge um problema clínico que parece apresentar a oportunidade de ajudar um paciente a aprender a lição da auto-responsabilidade. É interessante notar como chego a essa decisão: se o problema é de natureza importante e coloca a vida em perigo, é muito difícil pensar ou agir inovadoramente. Tantas coisas estão em jogo, o envolvimento emocional de todos é tão intenso, a desaprovação presumida dos outros médicos envolvidos no caso é tão opressiva que minha tendência é agir de forma conservadora, mesmo sabendo que o tratamento habitual provavelmente irá fracassar. É como se estivesse respondendo a uma imposição interior: "Melhor fracassar com honra do que arriscar o sucesso e a vergonha".

Um exemplo recente em minha prática é a verruga comum, a *verruca vulgaris*. Os tratamentos habituais são cansativos, caros ou dolorosos, e uma alternativa seria bem-vinda. Recentes trabalhos com a herpes simples, outra doença provocada por vírus, demonstraram que o desenvolvimento da infecção depende das mudanças na temperatura da pele. Isso me levou a refletir sobre a hipótese de fazer com que meus pacientes utilizassem o *biofeedback* ou treinamento autógeno para voluntariamente alterarem a temperatura da pele ao redor da verruga. Para esfriar a área, seria preciso ensinar a pessoa a aumentar o tônus vasomotor, o que me parece um tanto não fisiológico. Ensiná-las a auto-regularem seus corpos, aquecendo a área, tem uma vantagem, pois estou familiarizado com essa técnica e já a ensinei para o controle da enxaqueca; além disso, ela faz parte da abordagem de relaxamento geral do treinamento autógeno, que me agrada. Pensei também em pedir às pessoas que imaginassem estar enviando um processo de cura para a área, à medida que a aqueciam. Assim, decidi sugerir uma técnica de aquecimento-curativo como alternativa terapêutica para os pacientes com verrugas.

Como exerço a medicina em Berkeley, uma cidade progressista, com muitas famílias que constantemente experimentam novos modos de vida, a oportunidade logo se apresentou. Uma menina de dez anos, com verrugas na mão, comentou que seu amigo fora curado pelo ritual de sobreposição das mãos, receitado por uma "mulher mágica". O que eu achava disso? Respondi que ela própria poderia fazer o mesmo se quisesse, em vez de deixar alguém fazê-lo para ela. Sua mãe, esposa de um médico pesquisador da faculdade de medicina local, ouviu com aparente surpresa enquanto eu instruía Joan a passar três minutos, duas vezes por dia durante um mês, praticando um exercício simples de aquecimento da mão. Ela deveria fechar os olhos, relaxar-se e dizer silenciosamente para si mesma que sua mão estava ficando mais pesada e aquecida e que as verrugas estavam diminuindo. A menina foi embora deliciada com a idéia de usar o próprio poder em sua cura. A continuação da história foi instrutiva; incapaz de atingir a sensação de aquecimento na mão, Joan decidiu simplesmente se concentrar na cura. "Eu apenas imaginei que as verrugas estavam diminuindo." Em três semanas, elas haviam desaparecido.

As três crianças com verrugas que me procuraram mais tarde eram receptivas à idéia da autocura, três minutos, duas vezes por dia, "visualizando" o desaparecimento das verrugas. Por acaso, todas eram filhas de médicos; as reações dos pais variaram desde o espanto até a surpresa e desaprovação, branda. As verrugas das três crianças desapareceram em um mês.

À medida que esses pacientes surgiram, senti o prazer de compartilhar uma nova idéia e ensinar uma pequena lição de responsabilidade, e, no entanto, me sentia tolo e exposto. O que as pessoas irão pensar? Uma resposta parcial a essa pergunta surgiu durante um jantar. Um médico amigo meu, cujo filho fora uma das crianças que eu tratara, comentou o método com ceticismo. Quando lhe falei de minha preocupação com a reação pública a essa pequena heterodoxia, ele concordou. Sim, ele já ouvira comentários adversos de outros médicos da comunidade.

Minha vontade de estabelecer um relacionamento novo com um paciente e tentar uma terapia original despertou o interesse de profissionais, mas o aparente sucesso do tratamento e suas implicações foram ignorados. Achei essa reação fascinante; a resistência de suas mentes às novas idéias estava diminuindo. Contudo, eu não fizera grandes alardes científicos, apenas observara fatos interessantes e excitantes. Eu realmente possuía uma platéia exterior, crítica, de profissionais espectadores. Fico satisfeito ao ver que eles se preocupam o suficiente para observar, e genuinamente triste quando se mostram tão apegados à rotina ou tão assustados com as mudanças, para se permitirem a excitação de considerar novas possibilidades. Como eu mesmo já fui assim durante muito tempo, acho que sei exatamente como se sentem.

É interessante perguntar se a visualização *realmente* curou as verrugas das crianças, mas obviamente esse não é o ponto. A opinião internalizada da comunidade médica é uma força muito real na preservação do atual relacionamento convencional entre provedor e paciente, e a atitude da comunidade profissional externa influencia profundamente a atitude dos profissionais. Esse médico não estava apenas oferecendo ao seu paciente uma considerável responsabilidade, mas também utilizando uma nova técnica que o tornou capaz de agir dessa forma.

Parecem oportunas algumas palavras sobre essas técnicas. Muitos fatos sugerem que a natureza do relacionamento nos cuidados da saúde, que pode favorecer ou inibir o crescimento, é menos uma função de determinado procedimento ou técnica interpessoal do que um reflexo das atitudes das pessoas com relação às outras pessoas. Novas técnicas são necessárias; porém, não são o suficiente para criar mudanças duradouras. Entretanto, as atuais tendências na educação dos cuidados da saúde podem levar a uma imagem profissional que enfatize a competência no uso das técnicas e fazer com que o profissional que se apóia nelas obtenha os efeitos desejados. Portanto, é compreensível o interesse cada vez maior nas técnicas "alternativas",* como forma de favorecer as prioridades humanas na prática da medicina. Com certeza, é válido buscar métodos e técnicas mais novos e eficazes, mas, com freqüência, é desapontador confiar *apenas* na técnica para facilitar mudanças.

A colaboração se baseia na sensibilidade e receptividade aos recursos e potenciais do outro. Os profissionais podem colaborar e favorecer o uso criativo da doença ao retirar amostras de sangue, durante cirurgias, ou na prática de técnicas habituais, se estiverem dispostos a permitir a si mesmos e às pessoas que estão sob seus cuidados serem plenamente aquilo que são. Por outro lado, o profissional que utiliza técnicas alternativas mais exóticas também pode se relacionar com as pessoas de uma forma que as faça se sentirem pequenas, diminuídas e invisíveis. *Uma técnica é, no final das contas, apenas um método para se manifestar alguma coisa.*

A colaboração com o paciente humano é um relacionamento que ocorre em muitos níveis. Há a colaboração com a fisiologia ou com os processos corporais do outro, que é o tipo mais comum de colaboração e que pode ocorrer até dentro da sala de emergência, quando a pessoa está inconsciente. Há a colaboração com os sentimentos do outro, que constrói uma ponte de empatia para diminuir o medo e aliviar a solidão. Há a colaboração com a vontade do outro, que a liberta do domínio exterior e interior, permitindo que as pessoas escolham entre suas opções, de acordo com seu senso de integridade individual. Há a colaboração com os processos de pensamento do outro, que educa e facilita a compreensão de situações de doença e de saúde e favorece o aprendizado a partir da experiência. Finalmente, a colaboração em todos esses níveis é parte de uma colaboração mais abrangente com o "médico interior" do paciente, cujo bom senso, sabedoria e perspectiva, quando compreendidos e ouvidos, permitem que o paciente melhore sua saúde e qualidade de vida ao máximo.

Essa colaboração flexível é um relacionamento que reconhece as forças individuais e que está atenta à direção individual. Nesse relacionamento, os profissionais tratam honesta e deliberadamente

---

* Como *biofeedback*, acupuntura e outras.

por meios que reconheçam a total humanidade do paciente, assim como a sua própria; meios que admitam o potencial dos outros e favoreçam sua integridade, autonomia e crescimento. Através desse relacionamento podemos atingir melhor o objetivo básico dos cuidados da saúde. Nas palavras simples de Abraham Lincoln:

"Você não pode ajudar os homens fazendo por eles, constantemente, o que podem e devem fazer por si mesmos".

Rachel Naomi Remen, é pioneira no aconselhamento transpessoal de pessoas com doenças crônicas e terminais e seus familiares. É professora-assistente em medicina familiar e comunitária na Escola de Medicina de São Francisco, Universidade da Califórnia e trabalha no Behavioral Medicine em Sausalito, Califórnia. É fundadora e diretora do Institute for the Study of Health and Illness at Commonweal, um instituto que treina profissionais da saúde que desejam atender pessoas com doenças graves. É também diretora médica do Commonweal Cancer Help Program. Foi diretora associada da Clínica Pediátrica do Centro Médico da Universidade de Stanford, diretora da Divisão de Pediatria do Hospital Mt.Zion em São Francisco e professora associada de Psicologia da Saúde no Instituto Saybrook em São Francisco.

A Dra. Remen tem uma história pessoal de 37 anos de doença crônica e seu trabalho representa uma combinação única das perspectivas do médico e do paciente.

A edição brasileira deste livro foi feita por sugestão do ReVida — Grupo de Apoio Psicoterápico para Pacientes de Câncer — movido pelo intuito de dar aos leitores a oportunidade de conhecer um dos mais atualizados enfoques terapêuticos holísticos.

O ReVida é uma instituição fundada em 1989 pelo psicólogo Edmundo S. Barbosa, que prefaciou este livro, com a direta colaboração de Edith M. Elek, Maria Edirle Barroso, Ruth Rejtman e Virgínia Garcia de Souza. Atualmente conta também com a participação de Vera M. Bertacchi Palma.

O grupo surgiu em função da formação profissional de seus integrantes, da prática com grupos congêneres e de suas vivências pessoais com a doença. O programa, segundo o qual atuam, foi criado pela própria equipe e compõe-se da soma de várias técnicas e abordagens.

Suas principais atividades são: atendimento a pacientes de câncer em grupos; orientação e aconselhamento individual a pacientes e seus familiares; orientação e treinamento a profissionais na área da saúde.

Endereço:

Rua Maysa Figueira Monjardim, 67 — CEP 04042-050
São Paulo, SP — Fone: (11) 5581-6766

www.gruposummus.com.br